詩人 吉丸一昌のミクロコスモス

詩人

子供のうたの系譜

中村雪武

コールサック社

詩人 吉丸一昌のミクロコスモス
──子供のうたの系譜──

中村雪武

序　　吉丸　昌昭

　最近、吉丸一昌を研究するそれぞれの立場ある識者からの論文が何点か公表されている。そんな研究者のひとり中村雪武氏が『詩人 吉丸一昌のミクロコスモス　子供のうたの系譜』を上梓した。

　私ごとで恐縮だが、今年三月に出版した拙書『早春賦をつくった吉丸一昌』は表題に「早春賦」と入れるよう出版社から言われた。吉丸の孫が書けば当然のように表題は「早春賦」と書くことで１冊でも多く販売に寄与できるということらしい。

　しかし、一般的には吉丸一昌は『早春賦』の作詞者として有名であるが、明治42年6月に立ち上げられた国家的プロジェクト《文部省唱歌》の編纂委員作詞部会主任という重要な立場で中心的な役割を果たしたことが、忘れられている。一方で、作曲部会主任には盟友の島崎赤太郎が担い、それぞれが重責を担いながらプロジェクトを推進していった。

　今でも愛唱されている名曲『故郷』、『朧月夜』、『紅葉』などが、なぜか高野辰之作詞、岡野貞一作曲と言われている。平たく言えば、どうして名曲ばかりを二人がコンビを組めたのだろうか。このプロジェクトは作詞者、作曲者11名の編纂委員が合議制で作っており、特定の作者の名前は伏せられているはずだ。いつの時代からか、この説は当たり前のように、誰もが疑いを持たずにいる。

　中村氏の著書は、大きく４つの"楽章"から構成されており、随所に"高野辰之作詞、岡野貞一作曲説"の疑問が分かりやすく解説されている。特に第二楽章《文部省唱歌》では私の言いたかった《文部省唱歌》120曲はすべて、合議制で作られたことが書かれている。

　ひきつづいて高名な国文学者・金田一春彦氏の著書『童謡・唱歌の世界』を引用しながら、金田一氏の「作者探し」では"あの高名な学者が言っているから正しい"と曖昧な表現も定説になってしまうという危うさを鋭く追及している。

　第３楽章は若手作曲者の登竜門になった東京音楽学校学友会雑誌「音楽」を吉丸一昌が創刊し、その後、日本の音楽界を牽引する作曲家たちが育つ役割を果たした、一昌の代表的唱歌集「新作唱歌」全十集をつぶさに紹介分析をしている。

　吉丸一昌を調べれば調べるほど、その人間的な魅力の虜になってしまう。どうやら中村氏もその人間的な魅力の虜になってしまったようだ。

　中村雪武氏は自称作曲家と謙遜しているが、今までにない作曲者としての目線で書かれた一級の論文であり、「吉丸一昌伝」としても読み応えがある著書である。

吉丸一昌顕彰会　　吉丸　昌昭

推薦のことば　　　中村　節也

　中村雪武氏とは半世紀近い交遊がある。彼は作曲とギターの本業のほか、唱歌・童謡の研究家でもあり、講演活動も精力的に行っている。私も近世の邦楽の研究をしているので共通の話題も多かった。

　このたび彼の長期にわたる研究の成果が本になるという。友人として喜ばしい限りである。対象が唱歌・童謡の系譜でもあり、学術的な堅いものになるのを危惧していたが、その心配もなく読み物としてもよい仕上がりである。内容もじつに緻密な考証に基づいていることにおどろく。疑義あるごとに古きに戻り、楽譜も何度か推敲され、その根気のよさにはただ敬服するほかはない。

　明治５年に学制が発布され、当初の小学校は実学中心だったが、やや遅れて音楽は米国留学を終えた伊沢修二によって企画された。彼は恩師メーソンを招聘して、唱歌教科書の協力を仰いだ。その成果が「小学唱歌集」で、五音音階の国にはじめて七音音階が輸入され、伊沢の理想は和洋折衷を基にして新しい国楽を作ることを考えていた。その功罪についてはいまだに結論は出ていないが、読者それぞれ本書から検証してほしいと思う。

　吉丸一昌は多くの歌詞、訳詞を書いた人である。私たちはいままで彼の歌詞とは知らずに歌ってきた。また「新作唱歌」のなかの滑稽歌曲とも見られるジャンルに著者は注目している。これは川柳や俳画の省筆、洒脱に愉楽する境地である。また「差別用語考」は過去にあまりとり上げなかった問題提起でもあり、世間では差別用語を避けることで、かえって窮屈な壁をつくってしまった感がある。著者はこれらの歌を開放して、大らかな暖かい眼差しでみつめている。大切なことは用語の表現ではなく、一人ひとりの心のなかにある意識であろう。とにかく学ぶことの多い内容である。

　私はいつか雪武氏がこのような本を書いてくれる人と思い、そのときはなにかお手伝い出来ればと考えていた。本書が今後長く評価され、参照される貴重な糧となることを期待しつつ、広く推薦する次第である。

作曲家、宮沢賢治学会会員、作曲塾「木菟舎」主人

中村　節也

序・推薦のことば

吉丸昌昭 ……………………………………………………… 2

中村節也 ……………………………………………………… 3

序奏 …………………………………………………………… 8

第1楽章　唱歌小史（明治の子供のうた）

第1楽節〈唱歌史初期〉 ……………………………………… 12

第2楽節〈小学唱歌を繙く〉 ………………………………… 15

第3楽節〈唱歌史発展期〉 …………………………………… 46

第4楽節〈唱歌史完成期〉 …………………………………… 53

第5楽節〈三つの言文一致体による唱歌集〉 …………… 65

第2楽章　吉丸一昌の足跡

第1楽節 ……………………………………………………… 86

第2楽節〈北村季晴以前の中学生音楽教科書〉 ………… 92

第3楽節〈北村季晴編中等音楽教科書〉 ………………… 99

第4楽節〈「尋常小学唱歌」への道程〉 …………………… 112

第5楽節〈尋常小学唱歌（文部省唱歌）考〉 …………… 125

第3楽章　吉丸一昌のミクロコスモス

第1楽節〈学友会雑誌「音楽」の創刊〉 ………………… 152

第2楽節〈幼年唱歌・新作唱歌〉 ………………………… 173

第3楽節〈高学年の唱歌〉 ………………………………… 219

第4楽節〈滑稽歌曲〉 ……………………………… 232

第5楽節〈差別用語考〉 ……………………………… 238

第6楽節　補遺 ……………………………………… 245

第7楽節〈コーダ「新作唱歌」からのメッセージ〉 ……… 252

第4楽章　数え歌　教え歌

第1楽節〈かぞえ歌とこどもたち〉 …………………… 256

第2楽節〈**教え歌と大人たち**〉 ………………………… 262

新作唱歌名曲選

荷車 ………………………………………………… 277

冬の夜のひびき …………………………………… 278

つばめ ……………………………………………… 280

木の葉 ……………………………………………… 282

なんだっけ!? ……………………………………… 283

かくれんぼ ………………………………………… 284

雲雀 ………………………………………………… 285

お祖父さん　お祖母さん ………………………… 286

早春賦 ……………………………………………… 288

歌詞 ………………………………………………… 290

〈エピローグ　言い訳と謝辞と〉 ……………………… 292

著者略歴 …………………………………………… 293

序奏

序奏

　私の事務所兼宿泊所の隣のビルの地下にカラオケ店がある。週末は明け方まで若者達の怒鳴り声で結構賑わっている。特に深夜2時3時になると事務所のトイレまでガンガンと響く。バッハ、モーツァルトが大好きな自称作曲家には拷問そのものである。その下手さに出かかったものは止まり、彼等の気くばりのない無神経さに殺意が湧く。

　ある2月の深更、トイレに起きてオヤと耳を疑った。普段と違う。何だこれは。中年のややか細く頼りない音程で╲**はるゥはなァのみィのォ〜**╲………嬉しくなってすっかり目が覚めてしまった。夢か。幻聴か。少し違う言い方だがはきだめの鶴か。まさに広大な砂漠の中に一粒の真珠を見つけた様な喜びであった。

　一般に吉丸一昌という詩人の名前は余り知られていない。「早春賦」の詞を書いた人だといっても「？」。「╲ララーラララーラララーラ」とメロディを口吟むと「あ！たしか森繁の」それは知床旅情だっちゅうの。ここでも起こる殺意。気を取り直して「春は名のみの……」と歌うとやっと納得顔。明治は遠くなりにけりだ。だから寒い夜中、トイレの窓から聴いた歌は、丁度、吉丸一昌研究の緒についたばかりの私には大きな喜びであった。朝まで平和な心でぐっすりと寝た。

　長い前置きになってしまった。ここで取り上げる吉丸一昌は、上記の様に現在では「早春賦」の作詞をしたという事位にしか一般には記憶されていない。しかし明治の終りから大正の初めにかけてのわずか8年間の短い創作期間に、吉丸の遺した作品群は、大きなものを後世に伝えた。

　それは明治時代の「唱歌」から大正時代の「童謡」への単なる結節点として、あるいは「童謡」の先駆けとしての役割だけではない。本書では、芸術至上主義の先生方の主張する「童謡優位」の考え方に与せず、唱歌と童謡という分け方でなく「子供の歌」として捉える。何故なら「童謡」が大正時代の子供の歌の代名詞になったのは、吉丸一昌の薫陶を受けた教え子達の作品であり、すぐに子供の心から全く乖離した「芸術」的な詩になり、いたずらに雑誌やレコードの売上げを競い、子供の心に阿る作品や、時代の要請と共に童謡軍歌になったりと変貌してしまったからである。

　吉丸一昌の後期の作品、明治45年〜大正4年に刊行された「新作唱歌1〜10」では、従来の唱歌にはない「人間」を描いた。加えて障害を持つ人、あるいはごく当り前の庶民の感覚を滑稽唱歌というジャンルを作って、人間そのものを描いた。尊皇愛国、徳性の涵養という大義名分の元に国策推進の為の道具としての唱歌しかない時代である。

　更にこの新作唱歌では、従来の「小さな大人」として皇国の為に身命をなげうつ尊皇愛国唱歌は取り上げていない。子供の目で物事を見、子供の立場で考えるという、今までに

なかった子供観で創作を行った。それは、唱歌とか童謡とかいう単純な言葉で括り仕分けされるものではない。吉丸一昌の世界、ミクロコスモスが歌として展開されているのである。本書の名前の由来である。

　勿論、吉丸一昌は当初からその様な思想のもとに詩作した訳ではない。初期の作品、北村季晴編「中等音楽教科書巻1〜巻4」（明治41〜43年）には尊皇愛国、国家主義の作品が数多く見られる。その国家主義教育の申し子の様な吉丸の初期の作品群と、後年の子供の立場で物を見るという「新作唱歌集」の作品群の間には大きな隔たりがある。何故。丁度彼の創作期間の中間に当る明治44年頃、思想的変換をもたらす程の何らかの事情があったのか。それとも、同じ個人の中に、相反する二つの考え方が何の矛盾もなく同居していたのか。疑問は深まる。

　吉丸一昌自身、自分の作品について、あるいは自作の創作態度については、これ見よがしの喧伝は一切していない。真摯に一作一作、全身全霊を込めて創作している。真の創造者には当りまえの事であるが、後年の小器用に言葉をもて遊ぶ自称「詩人」には、是非共見習って欲しい創作態度である。本書では、彼の作品を一作ずつ丹念に読み取り味わう事で、先程述べた疑問は勿論、吉丸一昌の思想、その移り変り、更には彼の人柄迄を考察してみたい。真の作品は、創作者の人間そのものである故。

　加えて、吉丸一昌の重要な仕事として、文部省唱歌の編纂に携わった事が挙げられる。正式な辞令は小学校唱歌教科書編纂委員である。明治42年6月より始まり大正3年6月迄の5年間に亘って刊行されたこの教科書制作に、彼は特に歌詞担任委員の主任としてその重責を荷った。明治14年〜17年に刊行された「小学唱歌集」以来の公的な小学生の音楽教科書である。

　この唱歌教科書は、一学年から六学年迄各20曲、計120曲が収められている。例えば、「春が来た」「茶摘」「案山子」「朧月夜」「故郷」と、今でも愛唱されている曲が多いため、一般に「文部省唱歌」と言えば、この教科書の掲載曲を指している。

　又、この文部省唱歌は、作詞、作曲者名が伏せられている。一曲毎に、編纂委員の合議によって制作されたものである。よくある様に、「故郷」の作詞者は誰々、作曲者は某氏と色々の説を唱える研究者が多いが、本書ではその方法は採らない。作詞者作曲者の名前を出すという事は、創作者の個性を出すという事であり、その詞の一言一句、その旋律の一音一音に、創作者が全責任を負うと言う事である。だから120曲の官制の合議に基づく作品に、原創作者を特定するという作業は、決して意義のある事ではない。

　本書では更に、唱歌の誕生から完成までを概観し、その中で文部省唱歌を含む、吉丸一昌の作品群がどの様な位置にあるかを考察する。そのために、唱歌の誕生期から完成期ま

序奏　　9

でを大きく三つの区分に別ける事から始める。

　先ず明治14～17年「小学唱歌集」（初編～第三編）を唱歌誕生期の作品として、西洋音楽との関わり方を。次に発展期としての軍歌を含む作品群を見る事で、日本人の本来持っている音感覚を。最後に完成期として文部省唱歌を始め、子供のための日本人の作詞作曲による曲集を取り上げ、音楽的な事を含め、子供観の変化等を考察してみたい。欲張りではあるが、ついでに唱歌を通して「明治時代」を垣間見る事が出来ればと考える。

　吉丸一昌は詩人であると共に優れた教育家であった。東大在学中は、経済的に困窮している学生の為に、修養塾という私塾を設けて援助したり、東大卒業後赴任した府立第三中学の頃は、夜間中学を設けて何らかの事情で中学校進学を断念した人に、学問への門戸をひらいたりと心底熱心な教育家であった。

　吉丸一昌は、屢々「童謡の時代」を最初に作った人だと評価されている。筆者は先述の様に、童謡優位の考え方には与しない。しかし敢えて言うなら、大正期の子供の歌を作った作曲家達を育てたと言う事は大きく評価されよう。「新作唱歌集」には、女性3名を加え、才能溢れる若い人達に、責極的に作曲させた。そこで育った人達が後年「童謡の時代」の中核を作った。吉丸は作品に加えて、作曲家達を育てた教育者であった。

　よく、「作曲は学ぶものではなくするものだ。」と言われる。ソナタ形式がどうの、ここの部分の対位的な動きは音の進行規則に反してはいないか等、頭で考えないで、とにかく拙くとも全霊を込めた作品を沢山書き、発表し、批評され打ちのめされる事でしか作曲家は育たない。

　当時の音楽学校では、学校の音楽の先生を育てる師範科が主で、声楽部、器楽部の学生はほんの少数。作曲部が最初の卒業生を出すのはずっと後の昭和11年である。そういった中で、明治43年に吉丸一昌は、東京音楽学校学友会機関誌「音楽」を創刊し、編集長として、若手を育てた。こちらでは子供の歌に限らず幅広いテーマの詩を発表し、若い才能を育てた。作品発表の場を提供したのである。

　ここでは吉丸が育てた若い才能たちが、後年どの様な作品を書いたかという事まで言及してみようと思う。

　ここで取り扱う資料は殆ど手元にある原書である。主に古書店や、図書館からが中心となっている。止むを得ない場合、インターネットより国会図書館のものをという方法を取っている。原本主義を自称しているが、二次三次資料のコピペ（最近知った変な日本語）による誤謬を避ける為である。

　また年代表記は、論考のテーマが国内での事柄と短い明治時代にほゞ限定されている為、西暦に依らず和暦（明治、大正）にした事を予じめお断りしておきたい。

第１楽章

唱歌小史（明治の子供のうた）

第1楽章
唱歌小史（明治の子供のうた）

第1楽節〈唱歌史初期〉
唱歌の定義

「唱歌と童謡を歌う会」という会が現在では年配の方々を中心に、静かにそして大きな広がりを見せている。私達大人の愛唱する新しい作品が皆無の今、豊かな旋律の宝庫である、明治大正期の子供の歌が愛唱されるという事は、一方では喜ばしい事であるし、一方では悲しむべき事である。

現在の音楽産業では先ず売れる事が最優先。為には、歌は二の次のタレントのダンス（？）中心。ターゲットは小、中高生相手の使い捨て。相手にされない高齢者の僻言と一笑に付されようが、それにしても悲しむべき現状である。

さて時が経つという事は大変な事で、現今では「唱歌」と「童謡」が何の区別もなく混用されている。又、それに関する解説書も数多く刊行されている。更にどういう訳か、しばしば「童謡」が「唱歌」より高く位置付けされる場合が多い。勿論大正中期に「赤い鳥」「金の船」「童話」等の雑誌によって童謡はすなわち童心芸術であると喧伝され、後年それを讃美する評論家等の力に依る所が多い。

しかし「子供のうたう歌」として考える時、童謡が立派で唱歌は劣るという考え方は誤りである。子供は良い歌を子供達の感覚ではっきりと理解出来るし、自分の価値観で曲を選ぶのである。ここでは、その大人達の価値観を無視して「子供が好んで歌う歌」すなわち「子供のうた」を中心に考察を進めよう。

とり敢えず「唱歌」は明治時代に発祥をもつ教育用の歌であると規定しておこう。勿論、当時の概念では「君が代」も「どんぐりころころ」も同じ唱歌である。「君が代」は他の「紀元節」「一月一日」等と同じ儀式唱歌として。「どんぐりころころ」は大正10年梁田 貞 作曲「かわいい唱歌」として、当時最盛期の「童謡」よりも子供に愛される歌になっている。

一方童謡は大正中期、鈴木三重吉の雑誌「赤い鳥」を嚆矢として現在まで。それぞれの大まかな時代区分ができる。

内容を中心にすると、唱歌は日本の将来を背負う国家の役に立つ人になれと教え訓す教材として、いわば「父性」の音楽として。童謡は子供の身の囲りの細かい事象や感動を伝える材料、いわば、こまごまとした世話を焼く「母性」の音楽として大別出来る。

もっとも、「どんぐりころころ」の例を引くまでもなく時代区分にも、父性か母性かによる内容区分にも沢山の例外はあるが、とりあえず子供の歌をどの様な視点で捉えられたかという観点での区分けである。

　そして「子供の歌」という概念をここではっきりさせておこう。

　今からほぼ900年前、院政時代後白河院の選による、梁塵秘抄巻2に次の様な今様がある。

　──遊びをせんとや生まれけむ　戯れせんとや生まれけん　遊ぶ子供の声聞けば　わが身さえこそ揺るがるれ　　　　　梁塵秘抄　新開進一校注・訳（日本古典文学全集25　小学館）

　ここで謡われているのは、無邪気に遊び戯れている子供を、素直な心で見て感じて、同化する大人の姿である。この心は900年前からでなく人間の持つ本能的な精神ではないだろうか。子供の歌う歌は、子供のための歌や子供を教え育てる歌ではない。又、ケーキやチョコレートの甘いお菓子の様な、子供の御機嫌伺いの歌でもない。遊び戯れる子供と同じ純粋な心で子供を描いた歌が子供には必要なのだ。

　数年前、ある童謡を作る人たちの会で、「何故、自分の作品が売れないのか。それは一つには、テレビやラジオが積極的に取りあげてくれないのが一つの原因ではないか。」と仰有る方が居た。確かに先述の様に電波を通して流れてくる音楽は若い人相手の音楽が中心であるが、少くとも創作者たる者は、売れない責任を他者に転嫁するのでなく、自作品に子供の歌に対する理念がない事を反省すべきであろう。

〜　〜　〜〈間奏曲〉〜　〜　〜

　筆者の事務所の隣のマンションの子供の遊び場に、ある日、工事用の資材が運びこまれ、何やら工事が始まった。数日後、四隅にカラフルなポールが立ち、天井と周囲をやや目の粗いネットで囲んだ「お砂場」が完成。さて翌日の土曜日の午後、幼児を伴った3名のママさん達が来た。何とはなしに眺めているとママさん達、子供を砂場の囲いの中に入れると、一緒に遊ぶかと思いきや、何とすぐ囲いの外に出て、三人共思い思いにベンチに座りスマホに夢中。檻の中の子供達、遊び方もわからず、ネットを登ろうとしたり、ネットの囲いに添ってぐるぐる囲ったり。子供達を不審者から守ったり、あるいは野良猫の糞害から守ったりする為ではなく、マンション自治会のかなりの予算を費やしたのは、ママ達が安心してスマホに熱中出来る為の檻作りだった。「遊ぶ子供」の声をきいて、「我身さえこそ揺るがるれ」の子供に対する純真な大人の心はここにはない。もっとも、子供の騒ぐ声が静かな高級住宅地に騒音被害をもたらすという事で、保育園の新設が出来なくなるという御時世である。

〜　〜　〜　〜　〜

第1楽章　唱歌小史（明治の子供のうた）　　13

唱歌の時代区分

◇初期（明治14年〜明治20年代）

外国の旋律に日本語の詞を当て嵌める。決して翻訳ではない。主な作品に、「小学唱歌集初編〜第三編」（明治14年〜17年。文部省音楽取調掛編纂）。「幼稚園唱歌集」（明治20年。同音楽取調掛）。「中等唱歌集」（明治22年。東京音楽学校）等が挙げられる。

現在でもよく歌われている曲は、「小学唱歌集」では、蝶々。見わたせば（現在むすんでひらいて）。美しき。螢（現、螢の光）。霞か雲か。あおげば尊し。才女（現、アニーローリィ）。船子。菊（現、庭の千草）花鳥（現、野ばら）等々。「幼稚園唱歌集」では、進め進め（雀、雀お宿はどこだ）、うずまく水（現、きらきら星）蜜蜂（現、ぶんぶんぶん）数え歌。等々。「中等唱歌集」では、埴生の宿。凱旋（ヘンデルのユダスマカベウス）保昌（モーツァルトの魔笛より）等々。

と、思い付くだけでもかなりの数である。勿論筆者の不勉強のせいでこの数だが、もっともっと御存知の方は多いと思う。

◇発展期（明治20年代）

それまでの西洋旋律中心から、邦人の作品が加わって来た時期。音楽取調掛（何とも厳めしい名前であるが）とその後改称した東京音楽学校の卒業生、及び宮内省伶人（雅楽奏者）達による邦人作品の萌芽期。主な作品は、「明治唱歌全六集」（明治21年〜25年。大和田健樹、奥好義共編。）「小学唱歌全六巻」（明治25年〜26年。伊沢修二編。）「祝祭日唱歌」（明治26年）等。

◇完成期（明治30年代〜大正5年）

邦人による作品が主流となる。明治27〜28年の日清戦争。10年後日露戦争を機に作られた大量の軍歌。新体詩の完成期と相俟って、教育用の長大な四七抜き、七五調、ピョンコ節による唱歌（鉄道唱歌、電車唱歌、歴史唱歌、散歩唱歌、公徳唱歌等々）。言文一致の試みによる、作曲家、詩人の主張をもった唱歌集「幼年唱歌集全10冊」・納所弁次郎、田村虎蔵共編（明治33年〜35年）。「幼稚園唱歌」・東クメ、瀧廉太郎（明治34年）。「日本遊戯唱歌」1〜4編・鈴木米次郎編（明治34年）。育児唱歌・春〜秋三巻、旗野十一郎詞渡辺森蔵作曲（明治36年〜37年）。「言文一致唱歌」・言文一致会編、鈴木米次郎、野村仁成、稲岡美賀雄作曲（明治36年）。「お伽唱歌」上下・巌谷小波作歌、東儀鉄笛作曲（明治40年）。が挙げられる。そして吉丸一昌が編纂委員として関わった明治43年〜大正3年にかけて刊行された「尋常小学読本唱歌」及び「尋常小学唱歌全6冊」。最後に明治45年7月30日〜大正4年10月3日にかけての「新作唱歌全10集」。編著吉丸一昌の刊行である。この時代の区切りは、本書のテーマである吉丸一昌の没年をもって最後とした。

第2楽節〈小学唱歌を繙く〉
初期の作品　小学唱歌集第一編～第三編
（明治14年～明治17年、文部省編纂）

　この唱歌集は文字通り日本で初の小学校の音楽教科書である。その成立過程は「近代日本洋楽史序説」中村洪介著（東京書籍）に詳しいが、ここでは、当時の音楽取調掛長伊沢修二及び文部省の音楽教育行政に携わる人々が、子供の音楽教育に何を求めていたかを考察する。

　先ずは「緒言」を引用。

　「凡そ教育の要は徳育智育体育の三者に在り、而して小学に在りては最も宜く徳性の涵養するを以て要とすべし」

　──小学校の教育は智識を育てる事も体力作りも重要であるが「徳性の涵養」（道徳心を養い育てること）が最も重要である。続いて、「今夫れ音楽の物たる性情に本づき人心を正し風化を助くるの妙用あり故に古より明君賢相特に之を振興し之を家国に播さんと欲せし者和漢欧米の史冊歴々に徴すべし……以下略」

　──音楽の本質は人の心を正し風化（君の徳に臣が感化される）する為に最もすぐれている。だから古くより賢明なる為政者たちはそれを振興し人民に広げようとして来た事は、数々の歴史書で明らかにされている通りである。

「歌曲の其当を得、声音其正を得て能く教育の真理に悖らざるを要すれば……以下略」

　──声に出して歌う事こそ教育の真理に背かないと「唱歌教育」を優先させる事を格調高く謳っている。「奏楽」（器楽）が小学校の授業で遅れたのも頷ける。

　話は遡るが、明治12年時の文部大輔田中不二麿はそれまでの「学制」の理想主義からアメリカ式の、夫々の生活状態に即したいわゆる自由主義教育令を発布。ただその翌年には、民衆の自由思想にかぶれての過激な行動を禁じ「祖宗の訓典により仁義忠孝を明にし、孔子の教を主として道徳を重んじて教育せらるべし」との明治天皇の教育意見「教学大旨」を盛り込んだ「改正教育令」が発布。

　板垣退助らを中心とした自由民権運動が大きな広がりを見せていた時の右傾的反動であり、これをもって教育方針が天皇主義教育統制大制、国家主義教育へ大きく転換した。

　これを受けて小学校の教育は明治14年「小学校教員心得」が出され、「教育の目的はもっぱら尊皇愛国の士気を振起せしめるにあり、教員は生徒をして、皇国に忠にして国家を愛し、父母に孝にして長上を敬し、朋友に信にして卑幼（身分が低い者と年が若い者と）を慈し及び自己を重んずる等……」を教育の方針と定めた。加えて小学校教育を学校、児童教師の各方面から官僚の統制下に置き、教員の政治活動を禁止、意に沿わない教員の処分

追放が行われた。　　　　　　　　　　※参考文献「明治教育百年史」島為男著

　この教育方針が明治23年の「教育勅語」へと繋がってゆく。そこでは、子供を自立した人格として認めず、卑幼として捉えお国の言う事に従順な人間を作る道筋が作られていった。

　それはさておき、小学唱歌集初編、緒言で述べられている事は、まさに「教学大旨」の唱歌版である。唱歌教育によって子供を風化（教化）させるという意図で、音楽の有しているリズムの楽しさ、メロディから喚起される豊かな感受性等々、本来の持つ意味が、徳育優先つまり歌詞優先へ巧みに替えられていった。中村節也氏が定義した唱歌の「詞主曲従」の始まりである。

　当時は宮内省伶人（雅楽奏者）の他に西洋音楽の作曲に適応出来る人は皆無に近かった。そこで明治政府御雇音楽教師Ｌ・Ｗ・メーソンの持参した彼自身の著による音楽教科書「National Music Readers」を元に日本語の歌詞を当嵌める事から始まった。歌詞は当時を代表する国学者達が集められた。

　とり敢えず楽譜と一緒に考えてみよう。尚、歌詞の英文は「近代日本洋楽史序説」中村洪介著（東京書籍）P.604、P.608 よりの引用。
　この日本で一番最初の音楽教科書は、西洋の音楽文化をそのまま受け入れたものである。その受容の歴史的過程は、様々な研究がなされているが、ここでは、その受容された文化が、日本ではどの様に解釈され、伝播されたかを考察してみたい。

第一　かおれ

1　かおれ　におえ　園生（そのお）の桜
2　とまれ　やどれ　千草（ちぐさ）の螢（ほたる）
3　まねけ　なびけ　野原のすすき
4　鳴（な）けよ　起（た）てよ　河瀬の千鳥

英文の原詞は、「美しい五月」という意か。モーツァルト、メンデルスゾーン等の作品例を見るまでもなく、西欧では長い冬が終り春を迎える喜びを歌にした作品は多い。この Lovely May もメーソンの作曲による春の歌である。

先ずは、ドとレの二つの音の練習曲。第2「春山」でミが加わりという風に、曲毎に一音ずつ増え第14番「松の木陰」でオクターブドレミファソラシド $\overset{1}{ド}\overset{2}{レ}\overset{3}{ミ}\overset{4}{ファ}\overset{5}{ソ}\overset{6}{ラ}\overset{7}{シ}\overset{8}{ド}$ の全部の音が揃う。

拍子は基本的な2／4拍子。リズムパターンは、いわゆる3・3・7拍子が中心。この型は西欧の子供達が一番理解しやすく好まれるリズムパターンである。後年のリトミック等でも多用されている。第1から第7「春は花見」まで7曲中5曲がこの3・3・7拍子が使われている。

単純な音程練習の8小節単位の短い曲であるが、軽やかな3・3・7拍子に乗せて春の喜びをメロディーに乗せ、音楽の第一歩を学ぶ子供達に、興味を持たせ飽きさせない工夫をしている事がうかがえる。

そして我が国では、どう受け止められたか。こちらは歌詞選定委員による合議、特に文部省のお役人を加えての細かい討議が重ねられた。文部省のお役人には、楽譜を通して本来の音楽の意味が理解出来る筈はなく、選定委員の詞の言葉使いについてあれこれ注文をつけるだけであった。つまる所、歌詞はあくまでも学問的に、内容は徳育中心。音楽本来のもつリズムによる躍動感、メロディがもたらす感情のうねり等々の音楽教育は全て二の次というより置き去りにされた。

さてこの小学唱歌集が刊行されて25年後、東京音楽学校国語教授、旗野士郎（十一郎）は、「小学唱歌集評釈」（明治39年同文館）を著わしている。ここで、第1「かおれ」から第91「招魂祭」に到るまで全曲の詞の文法及び解釈を行っている。旗野士郎は明治26年東京音楽学校が高等師範学校附属音楽学校と改編された年に中村秋香と共に文学を教えている。「川中島」「港」（空も港も夜は晴れて…）「雁の叫び」（ボルガの舟歌）等の作品があり、明治41年まで東京音楽学校で長く教鞭をとった。吉丸一昌の前任者である。旗野の著書による評釈の第一を少し長くなるが引用する。当時の音楽学校の生徒達がこの小学唱歌集から何を学んだか興味深い資料である。

「全章は都（す）べて勧励の意より出たる歌にて桜は原来（ママ）、芳艶（うつく）しきものなるに、更に薫れ匂えとすすめ……略 （既に然るものに伺い、殊に勧むるか、詩趣のある所、表視して謬（あやま）る勿れ）皆児童のいたずらに月日を消費せず、勤学して、各々天賦の美を全うせよとの意を寓じたるものなり。句体は3・3・7にて古格也。仁徳記の、『うべな、うべな われをとはすな、』の類。」

誤解を恐れず要約すると、桜はもともと美しいものなのに更に薫れ匂えとすすめ、千草（ちぐさ）

に住む螢には止れ宿れとし　（すでに当り前の事に対してことさらに勤めているが、表面だけを見てはいけない）子供達が、いたずらに日々を無駄使いせず、各々の天から与えられた美を全するように例えてある。句体は3・3・7の古格である。

1　はるやまに　たつかすみ

2　あきやまに　わたる霧

3　桜にも　もみじにも

4　きぬ着する　心地して

　次に第2「春山」は、ミの音が加わりやや旋律的になった。句体は5・5調。旗野評釈では、5、5（8句4連）の古格。万葉集の「たかひかる、日のみこの、きこしをす、みけつくに」の類として例を挙げてある。「たかひかる」は高光るで次の句「日の皇子（みこ）」の枕詞。「きこしをす」は「聞こし食（め）す」で飲む、食うの尊敬体。「みけつ国」は「御饌（みけ）つ国」で天皇の食料を献上する国。転じて天皇の統治する国。古語辞典片手にやっと「小学唱歌集評釈」の意味が理解出来た。「評釈」も「小学唱歌集」も、古典に対する高度な知識が要求された。

　何度も言う様だが、ここでは、子供のための音楽教科書でなく、字句解釈を中心とした「学問」として伝播した。

〜　〜　〜〈間奏曲〉〜　〜　〜

　「歌」に限らず音楽は、「言葉」と同じ自己表現の一手段にしかすぎない。現在でも、「どうも私は音楽は苦手で……」「楽譜が読めなくて……」という人達が多いのは、はるか昔、明治14年からの「音楽は特別な学問である」と祭り上げた事に起因している様である。

　私が基本にしている楽譜は、古書店から購入したもので、初編は、裏表紙に「明治二十三年五月吉日　花渕亀代」と墨痕あざやかに署名が入っている。明治23年は、東京女子高等師範学校（現在のお茶の水女子大学の前身）が設立された年であり、恐らくこの本の持主の花渕嬢の署名の筆勢の強さからみても、当時の女子教育の最高学府に入学した意気がうかがえる。古書は書き込み、署名があると値が下るというが、私にとっては、それら全てが貴重な資料となる。で、ここで旧持主の名前を披瀝するのは、個人情報の漏洩になるとためらわれたが、既に100年以上前の事とお許し願いたい。

ところで、花渕嬢は、学習した歌は全て数字譜が書き込まれ真摯に勉強された痕跡が印されている。それによると第1「かおれ」と第2「春山」はカットされ、曲としてはこの第3「あがれ」から始めた様である。確かに三つの音だとより旋律的になってくるし、前の二曲は、当時としては不要とされた様だ。

～ ～ ～ ～ ～

第4「いわえ」及び第5「千代に」は、第4音（下属音）が加わる。後年の文部省唱歌では1学年後半「月」（出た出た月）より少しずつためらい勝ちに出てくるが、ここでは、3度音程あるいは、ファミの半音の音程練習として出てくる。後年の文部省唱歌が、子供にわかりやすい日本的な旋律（四七ヌキ音階、ドレミソラド）から入るのに比べ、西洋の七音階（ドレミファソラシド）を指向している。全てが手探りの状態であった。

歌詞は、この「小学唱歌集」の最も重要視する徳育、国家主義の育成の為の詞となってくる。

第1楽章　唱歌小史（明治の子供のうた）

　　　　和哥の浦わに　　夕しおみちくれば

　　　　岸のむら鶴　あし辺に鳴きわたる。

　詞は、山部赤人の「若の浦に　潮満ち来れば　潟を無み　葦辺をさして　鶴鳴き渡る」を唱歌用に改作したものであるが、詞と旋律の流れが一致していない。音楽上の目的は、楽典でいう弱起（アウフタクト）の練習である。理解しやすい様に旋律の最小限の纏まりを孤線（スラー）で括ってみると＊の所で旋律が一段落する。詞もそこで落ち付くべきであるが、その一つ前の音で終っている。歌ってみると理解できるが「わかのうらわ　にゆうしお……」と全く意味不明。原詞では次の音で、はっきりと day, で終り息つぎをして改めて And と始まっている。「評釈」の方では、句体7・9調で古格とし定義しているが、8・8調で考えなければならない。

　この様な雅な歌詞は、恐らくゆっくりと歌われたと思われるが、その通りにうたうと息つぎも出来ず、お経を読んでいる感じになっている。英文の方は弱い拍には短く弱く発音する語、The, to, us, And, 等の音を使い、この曲の弱い拍から始まる感覚をうまく伝えている。音と詞が完全に一致した旋律になっている。

第七　鶯

《黄金虫　（1923年—大正12年）より》　　作詞:野口雨情　作曲:中山晋平

　　　1　うぐいす　き鳴け　うめ咲く園に
　　　2　かりがね　わたれ　きりたつ空に

　句体は4・3の7・7調。解釈は不要な読んでそのままの詞。7・7調は民謡等に使われるがその場合は3・4・4・3という調子であるが、こちらは音符の数に合わせ4・3のくり返しになっている。

前の「春は花見」で第５音（属音ソ）が出た。この「鶯（うぐいす）」は応用編とも言うべきか。作曲者メーソンのちょっとした遊び心か。譜の下に念の為に音名の振りガナをつけておいたが、右から読んでも左から読んでも同じ、いわゆる回文構造の旋律である。＊この逆行形による回文旋律は、バッハなどが好んで用いた技法で、主題を展開させる為の重要な技法である。勿論、音の数が少ないと偶然に出やすい可能性はあるが、バッハが自分の子供達に、「どう、解るかい？」と自作のエチュードで問いかけ一緒に楽しんだ様に、ここでもL・W・メーソンが、学習者に向かって問いかけていると考えてみると、この教科書はもっと楽しいものになっていたと思う。因みに40年後の大正12年、中山晋平は童謡「黄金虫（こがねむし）」で２小節単位の逆行形（回文旋律）で作曲している。（譜例8'）日本語のアクセントに厳格であった晋平が、後半「くらたてた」の平板型を無視し頭高型「くらたてた」としているのは偶然の産物ではなく、考え抜かれて作曲した結果である。唱歌、童謡にこの逆行形による作品はこの２曲だけである。　　＊参考文献　中村節也『宮沢賢治の宇宙音感』（コールサック社）

　第９「野辺（のべ）に」は３拍子の曲である。後年の文部省唱歌では第５学年「海」（松原とおく　消ゆる所……）でやっと３拍子が出てくるが、拍子感を養うには、この様な早い時期に教えた方が効果的である。但し、この「野辺に」は詞の内容から、極めて遅く厳粛に歌う事を要求したと考えられる。そこには、３拍子の持つ活き活きとした躍動感は全く無視されている。この曲の場合英文がなく推定するだけだが、例えば譜例１－９'の様な音型だったら本来の三拍子が理解出来る。しかし詞（ことば）を重視する余り、単に均等な長さの音を３つ毎に縦の棒で仕切っただけの別物が出来てしまった。縦の棒、小節線は襖（ふすま）や障子（しょうじ）の役目ではなく、棒の右側の音にアクセントがあるという意味である。日本語は高低のアクセントで強弱のアクセントはない。だからこの曲もこの歌詞だとわざわざ小節線を書かなくても

十分に詞意は伝わるのだが……。

　日本人は3拍子に弱いと現在でも音楽指導者の先生方がよく指摘するが、そもそもの原因は、この様に西欧のアクセントを無視し歌詞優先にした結果であり、3拍子だけに弱いのでなく「拍子」そのものの感覚が日本にない為である。むしろ学習者が3拍子に弱いのではなく指導者の先生達の拍子感のなさを嘆くべきである。

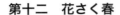

　第6度ラの音が加わり、和声（主和音ドミソ、下属和音の代理レファラ）の練習曲。次第に音楽的に高度になってきたが、歌詞は相変わらず日本の美を謳い上げている。終止は、今迄殆どが上からミレドと終っていたが、ここでは属音ソから下降して終る。

　終止には、(1)（ミ）レドと下降して終る。(2)（ラ）シドと上向して終る。(3)（ソ）ソドと属音から終る。と、3種の終止が挙げられる。（譜例1-10' ①、②、③）

　文部省唱歌では、殆どが(1)の下降終止、あるいはレミドとアクセントにより入れ替わった形が中心で、(2)例あるいは(3)例は、ずっと後の学年で出てくるのに対し、ここではごく早い時期に出てくる。(2)の上向終止は第14、松の木陰で勉強する。

　西洋音楽の移入期は音楽の本来持っている表現技法をそのまま躊躇なくとり入れていたが、次第に取捨されて日本化されていったのは、惜しむべき事である。

第十三　見わたせば

  1 見渡せば青柳　花ざくらこき交ぜて
    都には道も狭に　春の錦をぞ
    佐保姫の織りなして　降る雨にそめにける
  2 見渡せば山辺には　尾上にもふもとにも
    うすきこきもみじばの　秋の錦をぞ
    立田姫織り掛けて　露霜に曝しける

　歌詞１は、古今集春ノ上　素性法師「見渡せば柳桜をこき混ぜて都ぞ春の綿なりける」の翻案。一番の春の女神、佐保姫に対し、二番は秋の女神　立田姫を配し、日本の美をみごとにうたいあげている。素性法師は、平安時代前期六歌仙の一人遍照を父とし、百人一首「今来むと言いしばかりに長月の　有明の月を待ち出でつるかな」で今も広く知られている歌人。

　かなり高度な文学的素養が必要な歌詞で、東京音楽学校ではこの様な歌詞を「美妙的」と呼んで大切にしたそうな。勿も、この様な日本の美をうたいあげるという事は別項「かぞえ歌考」で掲げた「六諭衍義」の「和睦郷里」（ふるさとを大切に）の事で、明治天皇のもとに統一された日本の国を、美しいふるさととして捉える事が必要であった。「故郷の空」「故郷の廃家」「ふるさと」等々のふるさとを謳う唱歌が多いのは、その為である。

　たった六つの音（ドレミファソラ）で作られたこの曲は「むすんでひらいて」ジャン＝ジャック・ルソーの作としてよく知られている。その作品の由来と、日本へどういう形で伝わり広がったかについては海老沢敏氏「むすんでひらいて考：ルソーの夢」（岩波書店）あるいは同氏「ジャン＝ジャック・ルソーと音楽」（ぺりかん社）に詳しい。両著は広範囲な資料をもとに緻密な考証を行い、第一級の名著である。その貴重な労作の結末だけ取

り上げるには、かなり忸怩たるものを覚えるが。

　原曲は、ルソーの代表的なオペラ作品「村の占師」第八場「パントミム（黙劇）」の冒頭の部分とされている。「ジャンジャックルソーと音楽」（P.420〜421）その旋律が、幾多の作曲家によりピアノ変奏曲、ギター変奏曲、あるいは歌曲として、アメリカでは「ロディおばさんに」の歌詞がついて民謡となり一般に広がり愛される様になった。

　日本では明治初頭、賛美歌（ルソーの夢・グリーンヴィル）。フレーベルの教育思想（キンダーガルテン）の音楽体操的運動として幼児のために。更にこの「小学唱歌集」では、音楽教科書「見わたせば」として移入された。更に、明治二八年、音楽取調掛第一期生鳥井忱（「箱根八里」の作詞。作曲は瀧廉太郎）の「大東軍歌雪月花」に同氏の作詞で納められている。

　——見渡せば寄せて来たる　敵の大軍　おもしろや
　　すわや戦い始まるぞ　いでや人々攻めくずせ
　　弾丸込めて　うち倒せ　敵の大軍　突き崩せ（2番略）

　更に明治三十年後半から四十年にかけて、「むすんでひらいて」の歌詞と振り付けで、東京女子高等師範付属幼稚園（お茶の水幼稚園）で幼児の教育用として使われる様になった。

　自分の拙い筆力では「あらすじ」にもならない紹介で恐れ入るが、興味のある方は前記の二著作を読まれる事をお勧めしたい。

　同じ旋律が、美妙的「花鳥風月」を詠んだ曲になり、讃美歌になり、戦闘歌になり、最後に幼児の歌となり、特に軍歌と幼児歌は相反するものであるが、西洋文化の受容の過程を知るいい材料となっている。

　もっとも「子供の時代」という発見をしたルソーにとっては「むすんでひらいて」として日本に定着した事は、彼の本望でないだろうか。

第十四　松の木陰

```
1    松の木陰に　立寄れば　　2    梅の花笠　さしつれば
     千年の緑ぞ　身には染む　　     頭に春の　雪つもり
     梅が枝釵に　挿しつれば　　     鶴の毛衣　重ぬれば
     春の雪こそ　降りかかれ　　     秋の霜こそ　身にはおけ
```

　美妙的且つ長寿を讃える歌意であるが、ここでは詞を紹介するだけにしておく。
　この曲は、第7音シの音が加わり、ここで始めてドレミファソラシドの全部の音が揃った。
　譜例1−12、と1−13を較べてみると、恐らくこの曲の骨組は1−13の様に㋑ドとシ、㋺ファとミ、㋩シとドの半音の関係を把握させる事が主目的であった。特にシはドを出す為の「導音」と称し終りには必ず使われる重要な音とされている。がこの曲では、四分音符の連続に書き換えられ詞の意味を味わうだけになっている。
　後年の文部省唱歌では第二学年第五曲「小馬」、第九曲「蛙とくも」、第十二曲「富士山」で、下降の経過音として（ドシラ……）ごく控え目に、第三学年で少しずつ出てくる事を考えれば、たとえメーソンの教科書の引き移しと考えてみても、非常に有用な音楽教育手段である。

　「第十五　春のやよい」「第十六　わが日の本」二曲とも、同じ旋律に違う歌詞をつけてある為に、折角の苦心の作詞であるが、同一旋律に八番までの歌詞をつけたものと考えても差し支えないと思う。従って「第十六わが日の本」は割愛させていただく。

第十五　春の弥生

1　春の弥生の　あけぼのに　四方の山辺を見わたせば
　　花ざかりかも　白雲の　かからぬ峯こそなかりけれ
2　花橘も　におうなり　軒のあやめも　かおるなり
　　夕暮さまの　さみだれに　やまほととぎす　なのるなり
3　秋の始めに　なりぬれば　今年も半端は　過ぎにけり
　　わが夜更けゆく　月かげの　傾く見るこそ　あわれなれ
4　冬の夜寒の　朝ぼらけ　契りし山路は　雪深し
　　心の跡は　つかねども　思いやるこそ　あわれなれ

　詞は、僧慈円（慈鎮和尚）作「越天楽今様」として知られている。雅楽の越天楽に当世風の（今様の）詩をつけて歌うために作られたとされている。句調は７・５調４句。この７・５調４句の句調は後年**今様体**としてもてはやされた。さらに７・５調は軍歌、鉄道唱歌等の地理、歴史教育唱歌、寮歌、はては、読みこなすだけでも数時間かかる程の長大な詞「孝女白菊」（落合直文作）等々が作られ、明治唱歌を代表する句調となった。

　旋律は　讃美歌490番「あまつみくに」チューンネーム（讃美歌で使われる曲称の意）ハッピーランド（インディアン　エア）からの転用である。（安田寛者　「唱歌と十字架」P.106〜より）伊沢修二の解説によれば、インド民謡——天竺国より出でて……　とあるが後年の研究では否定する学説もある。

　又、メーソンが御雇音楽教師として文部省に招かれた1880年（明治13年）3月6日付「ザ　ジャパン　ウィークリーメイル紙」は「メーソン氏は日本の音階が５つだけのちがった音をもちイタリア式音階の第４音（ファ）と第７音（シ）を欠くことをみつけた。こういう旋律はそのままにしてそれらにふさわしい伴奏がつけられよう」と記している。（中村洪介著「近代日本洋楽史序説」P.574）

　メーソンは「ファ」と「シ」を欠いた５つの音から成る曲を日本人の本来持っている音感覚とし、音楽教育の方向性を考えていた。つまり、この唱歌集初編の14番までに、西洋の七音階の基礎を学習し、その後の応用編として日本民族の固有音感としての四七抜き五音階を学ぶという方針であった。因みに当時はイタリア式の「ドレミファソラシ」はなく数字譜（後年略譜と呼ばれた。）「１２３４５６７」が使われた。4番目はファ、7番目はシで、四七抜き音階と呼ばれた。

　この四七抜き音階は、７・５調と同じく、軍歌、寮歌、唱歌、大正時代の童謡、昭和の歌謡曲（お座敷小唄、お富さん等々）夫々の中心旋法として活用されている。

　明治唱歌を代表するものとして「四七ヌキ、七五、ピョンコ節」と揶揄的に言われているが、ここでは教育目的の理念があった訳だ。後年の研究者達は、御自分が携わっている

童謡を高級とし、唱歌を低級なものと見做す傾向が強い。しかしそれは浅薄な見方にすぎない。要はくり返して言うが、子供の立場に立った歌であるかどうかが作品の良否を判断する基準になるのではないだろうか。

〜　〜　〜〈間奏曲〉〜　〜　〜

　筆者が作曲を始めた頃（20代の後半からでかなりの晩学である）大学の後輩で雅楽奏者が居た。宮内省伶人の末裔ではなく、天理教の雅楽部に所属した、いわゆる民間雅楽界と称される所で活動していた。穏やかな性格ではあるが、大学の卒業試験時の事。採点が厳しく落第する者が半数を超えるという科目で、案の定、設問の意味さえ理解出来ない。白紙提出もシャクだから、思い切って早稲田大学校歌を1番から4番まで、答案用紙一杯に書き、裏には応援歌を書いたそうな。結果は「良」という及第点。（その大学は、優、良、可、不可の判定基準。）当時は学生も教授も大層な人物が居た。

　で、その彼に自分の作曲のために雅楽の基礎を教わりに岐阜に。再会を喜ぶも束の間、早速講義に。「フムフムこれがヒチリキか」と手に取ろうとすると、温厚な彼が、ピッと私の手を押さえ、厳かに「先ずはショウガから始める」と宣言。キョトンとしていると、雅楽では、夫々の楽器に入る前に、その楽器の旋律を何度も声に出して歌い、躰に覚え込ませるという事で、唱歌（しょうが）と書くと教わった。

　彼の先導で、平調（ひょうじょう）越天楽（えてんらく）の唱歌に入る。「チィラァロォルロタァルラア〜」。「ダメダメ！メリハリがない！」と叱責のダメ出し。気まずい沈黙のあと気を取り直し何とか最後まで辿りつくと、「今の様な、アナタの唱歌をロレツが回っていないと言う。」と冷ややかな宣告を承わった。後で彼の解説を聞くと、「メリハリ」は雅楽用語で、息の調節で音程を微妙に上げ下げする事で、沈（め）り、浮（う）りと書くそうな。ロレツも雅楽用語で呂旋法と律旋法の区別もつかない程の最低の演奏の事を言う。まあ、初心者なのだから仕方がないかと自分に言いきかせた。

　明治のごく始めの頃、西洋文化を移入した頃、日本の社会になかったもの、概念として存在しなかったものの訳語の工夫としては、「Song」の訳に、雅楽用語の「唱歌（しょうか）」を用いた事は、大した知恵であろう。何しろ「年金」の訳語として「捨扶持（すてぶち）」としていた頃の話である。最も現今の政治をみていると、筆者を始め社会の役に立たない者、障害者、老人に対する態度はまさに「捨扶持」を与えられている様なものである。

　尚、別項の催馬楽（さいばら）と、越天楽今様についての詳細は、筆者の後輩で雅楽の師・松久佳立（よしはる）氏とその御子息松久貴郎（たかお）氏の研究に基づくものである。父君の佳立氏は熱田神宮桐竹会、御子息貴郎氏は、天理教音楽研究会雅楽部部員。お二人の学識と御厚情にここで篤く鳴謝致します。

〜　〜　〜　〜　〜

第1楽章　唱歌小史（明治の子供のうた）　　27

第十七　蝶々

1　蝶々蝶々　菜の葉に止まれ

　　菜の葉にあいたら　桜に止まれ

　　桜の花の　栄ゆる御代（みよ）に

　　とまれよあそべ　あそべよとまれ

2　起きよ起きよ　ねぐらの雀

　　朝日の光の　さしこぬさきに

　　ねぐらを出でて　梢にとまり

　　遊べよ雀　うたえよ雀

　1番の歌の原詞は、江戸時代中期享保の頃（1716年頃）の童唄（わらべうた）「ちょうちょうとまらば　菜の葉にとまれ　菜の葉いやなら　わが手にとまれ」から。あるいは少し時代が下って明和年間（1764年頃）当時の民謡を諸国毎に集めた「山家鳥虫歌（やまがとりむしのうた）」の大和国の歌として「蝶よ胡蝶よ　菜の葉にとまれ　とまりや名がたつ　浮名（うきな）たつ」が、元歌となっている。*
恐らくは江戸時代に流行していた、先に紹介した童唄（わらべうた）が、手を加えられ大人の謡として定着したのではないだろうか。後者は「とまれ」は「止まれ」と「泊まれ」を掛け言葉にして何とも小粋な歌である。そのあとに「泊れよ遊べ　遊べよ泊まれ」となるとこの可愛い曲が、あらぬ方向へ行ってしまう。

　明治七年愛知県師範学校校長伊沢修二が同校教員野村秋足（あきたり）に詞をつけさせたというが、野村先生、この元歌を「さくらの花の　栄ゆる御代（みよ）に」と書き変えてしまった。現行では「さくらの花の　花から花へ」と変わり、子供の歌として息をふきかえした。

　　　　　　　　　　　　　　　　　　＊参考文献　浅野健二校注「山家鳥虫歌」（岩波文庫）

　歌詞の戦前版と戦後版とでは大きな違いを見せてはいるが、時代を超えて現代でも子供の歌として歌われている曲はこの曲だけではないだろうか。それは、たった5つだけの音で作られている単純な旋律の持つ力でもある。

　曲の由来は、伊沢修二の紹介文によるとスペイン民謡となっているが異説も多い。

　その異説の一つ。

　本来は1711年頃の古いドイツ民謡〝Fahret hin〟「出て行け」を起源とする。次に〝Mein Kinderliederbuch〟（ショット版）によると、〝Hänschen klein geht allein〟「幼いヘンスヒェンは一人で行く」の題名でヴィーダーマン（1821 – 1882）詩、あるいは〝Alles neu macht der Mai「五月には全てが新しくなる」詩ヘルマン・アダム（1818）と、歌詞がつけられた。念の為に以上3詩の邦訳を。〝Fahret hin〟はドイツ在住のピアニスト、ヴォルフガング朋子氏（著名な指揮者サヴァリッシュの親戚にあたる）に。あとの2つは、元ベルリン芸術大学講師、ピアニストの水上尚子（みずかみたかこ）氏の邦訳である。

　　　〝Fahret hin〟「出て行け」　　　　ヴォルフガング朋子 訳

　　1.　出て行け　出て行け

バカな事（無意味な思考）は頭から出ていってしまえ

おい兄弟、酒を注いでくれ、楽しくやろうじゃないか！

バカな考えが遠くに消えて無くなるように

（心の）静けさを邪魔するような（バカな）考え

そんなもので（詩を）詠う気は起らない。（熱心にはなれない）

2．バカな考えも、幻想も頭の中から出て行ってしまえ

大きな森で「タララ」とホルンを吹いたら

狩人人生は良いものだ

心臓が冷たくなる（最後）まで森の中に留まろう

3．兎、狐、狸に山猫。みんな俺の銃で撃つ

そうすりゃ（大抵の）苦しみも悲しみも追い払える

ライオン、熊に豹、猪に虎

みんな本物の狩人の鉛玉から逃れやしない

4．ヤッホー！雄鹿に小鹿、遠くから狙って

そのどちらかが　間もなく俺の獲物になる運命

神よ、私に（それを）お許し下さい

撃ち損じない様に

パンッ（銃声）そして　ドサッ！　雄鹿が倒れる音がする

幼いヘンスヒェンは一人で行く　　　　ヴィーダーマン　詩　水上尚子　訳

幼いヘンスヒェンは一人で遠い世界へ旅立つ。

ステッキと帽子が良く似合い、彼は上機嫌だ。

しかし、母はひどく泣いた。

なぜなら、（母にとっては）いつまでも小さなヘンスヒェンだから。

「幸運を祈っている」と言いながら彼女の眼差しは、

「じきに帰ってきてね」と言い表していた。

五月には全てが新しくなる　　　　　　ヘルマン　アダム　詩　水上尚子　訳

五月には全て新しくなる。

魂は生き生きと開放される。

家を離れ、外へ出て、花束を作ろう！

いたるところに太陽はきらめき

おぼろげに光輝く牧草地と林、

小鳥のさえずり、角笛の響き、
　　　森を通って鳴り渡る。

　3詩ともに逐語訳であるが、歌う為の詩として第三者（詩人）の手が入っていないだけにより正確な意味が伝わってくる。最も古い詩 Fahret hin はやや内向的だが誇り高い狩人の歌。次のは幼いヘンスヘェン坊やの冒険行か、最後の詩は西欧の歌材に多い「五月の歌」である。ともあれこの3詩が筆者が知り得る最も古い歌である。アメリカでは、「ボートソング」あるいは「そりすべり」の名で親しまれている。スペイン民謡と断定するのには、伊沢修二の解説だけで、傍証としてのスペインに於ける旋律は見当らない。中にはドイツ民謡起源で、吟遊詩人がスペインに伝えたと訳のわからない苦しい説明もあるが。

　先の「みわたせば青柳」（むすんでひらいて）の例で見た様に、同じ旋律が和歌の本歌取りとなり美妙的と称されたり、軍歌になったり、保育唱歌となったりと、その時々の編者の意志、政治状況で変化した。この「蝶々」も同じ事が言える。しかもドイツでは、「狩人の歌」と、子供の冒険談と、春が来た喜びの歌と、全く異なるテーマで詞がつけられ、日本では　江戸時代の民謡が元になって、改変されている。但し二番「おきよ　おきよ　ねぐらの雀」は、早起きを勧める詞として現在まで不動の位置を占めている。
　要は単純で親しみ易い旋律程、訳詞者達の格好の改変、当て嵌めの素材となっている。詞主曲従の極みと言えるだろう。

1　うつくしき　吾が子やいずこ
　　うつくしき　吾が上の子は
　　弓取りに　君のみさきに
　　勇みたちて　わかれゆきにけり

2　うつくしき　吾が子やいずこ
　　うつくしき　吾が中の子は
　　太刀帯きて　君のみもとに
　　勇みたちて　わかれゆきにけり

3　うつくしき　吾が子やいずこ
　　うつくしき　吾が末(すえ)の子は
　　矛(ほこ)取りて　君のみあとに
　　勇みたちて　わかれゆきにけり

第四一　岸の桜（部分）

出典は、安田寛氏によると、「讃美歌幷（併と同じ意）楽譜」からのものである（「唱歌と十字架」P.272)。この小学唱歌集の編にあたった、メーソンと、最初の楽譜付讃美歌集「讃美歌幷楽譜」の編者ウィリアム・ウィリス・カーチス宣教師との交流を様々な方面から検討し、立証した信頼に足る説である。

現在では、スコットランド民謡「スコットランドの釣鐘草」として知られている。大意は、1番は「ハイランドに居る私の子供は、旗を翻し崇高な行いのある所（戦場）に行った。彼が無事に帰って来る事を心より願っている」。2番は「若者はかぐわしい釣鐘草の咲いているスコットランドに住んでいた。心より私の若者が元気である様、案じている。3番は「もし彼が殺されたら」という問いかけに激しく反発し「本当の愛は彼が無事に帰る様に導く筈であり、もし殺されたなら、胸がはりさける程悲嘆にくれてしまう。」

半世紀程前の受験英語しか知らない私のあまりにも非芸術的な拙い訳で恐れ入るが、大意は御理解願えると思う。

詩を、わざわざ拙い訳で紹介したのには理由がある。この「美しき」は原詩にある程度添った訳となっているという事である。伊沢修二の解説にも「古来、スコットランドに伝わりて戦場に赴きたる人を思う歌なり」とある。「ハイランド　ラディ」が戦に行ったという訳については、原詩「ハイランド」は、スコットランド北部の高地一帯を言う。（イングランドに近接する、グラスゴー、エディンバラの都市部をローランドと区別）又、ラディは若者でこの「ハイランド　ラディ」は、高地地方に居る若者の意である。その若者を長男　次男　三男として、夫々を勇躍「君」の守りにつかせたという訳詞は、まさに先人の驚くべき英智（？）である。本来は、愛する若者が戦場から無事に帰還する事を冀(こいねが)う内容の歌を、みごとに軍歌仕立てにすり換えてしまった。

子供達を「小さな大人」と捉え、明治の国家主義を支える存在として扱っている。この

教科書の編者伊沢修二は前記の様に、原詩の意味を完全に把握しているだけに、かなり悪質なすり換えである。もっとも、我々から見れば悪質であるが、当時は当り前の事であった。

露骨であるだけに明治政府の「子供」に対する考え方が解りやすい。特にこの国家に於ける子供観はずっと続き、戦前では山本有三提唱の「小国民」となり、挙国一致の体制のシンボルとなった。

私達が今でも口吟むこのきれいな旋律は、譜例15にあるように高いド（1）から低いド（1）まで1オクターブの音を全部使った、完全な西洋音階である。

先述の様に、筆者の手元にある古書「小学唱歌集初編」の本来の持主の花渕嬢は、かなり熱心にこの唱歌集を学ばれた様で、殆どの曲に数字譜の書き込みが入っている。問題は、この書き込まれた数字譜である。

この「美しき」は一回だけ変化音♯（シャープ）が付いた所がある。（譜例15の＊の所）本来の数字譜は4に♯をつけて「みさきーに」とすべき所がそのまま4になっている。単なるつけ忘れで♯を落したと考えたが、次の「第十九閨の板戸」の4小節目の所でも同じ「♯4」の音が出ているがこれも省かれている。

加えてこの「小学唱歌集第二編」。こちらは、元の持主は群馬県師範黌佐藤勇、（明治十八年）を見てみよう。

佐藤氏も熱心に学ばれた様子。各曲毎に ƒ から p、＜　＞ の発想記号が万年筆で丁寧に書き込んである。第二編ともなるとかなり高度な曲が多く、必要な曲だけを抜萃して学ばれた様だ。

この第二編「第四十一岸の桜」も「美しき」と同じ様に変化音が出てくる。曲の中間部の山場の抜き書きを譜例1－16に示したが、ここの数字譜の書き込みは＊（ファ）は5・4・6となるが、2小節後の＊＊（♯ファ）は2・3・4・5と4に♯をつけるべき所をそのままにしてある。

「美しき」「閨の板戸」「岸の桜」に出て来る変化音♯は、和声学では、ドッペルドミナント（二重属音）とややこしい名前がついているが、要は次の音を、劇的に、あるいは優しく導びく為の変化記号である。西洋音楽では屢々用いられる重要な作曲技法のひとつである。

「美しき」では、この書き込みの様に変化記号を取って歌っても音楽の流れには影響はないが、一箇所だけ4の音が高くなる事で、今までにないきめ細かい情感が感じとれる。「第41岸の桜」では劇的な盛り上がりが感じ取られる所である。両曲共、変化音を取ると平坦に流れになってしまう。当時の教育方針であったのだろうか。たしかに半音のない五音階で育った日本人の音感覚では、この様な突然の変化音を習熟させるにはかなりの時間が必

要になってくる。その手間暇を惜しんだのだろうか。

　教科書の書き込みの細い所をあげつらって西洋音楽の換骨奪胎だとまでは申すまい。ただ教育の理想に燃えて一途に勉強していた花渕嬢、佐藤勇氏やその教え子達にもこの教育方針が伝わり広がっていった事を思うと、変化音のある本当の西洋音楽の世界を学べなかった事は残念である。

　ただこの時代よりほゞ10年後明治34年刊行「女学唱歌壱・弐」（山田源一郎著）には巻末に音階練習、二度から始まり八度までの音程練習、短音階、半音階と練習曲が附録として並んでいる。察するに、当時の音楽教育の中心にいた音楽家には、半音もたらす効果、重要性は当然理解されていた様で、時を重ね乍ら次第に教えられていったと思われる。

　因みにこの「女学唱歌壱・弐」は女子師範学校、高等女学校、その他同一程度の女学校の教科用として刊行。自身の作品を始めとしてジルヘル、ウェーベル（ウェーバー）モーツァルト等の芸術的歌曲を集めた画期的な教科書になっている。編作曲者の山田源一郎は、明治22年東京音楽学校専修部卒業後、作曲活動を行い特に「大捷軍歌」では、当代一流の作家作曲家の新作を集め、歴史的軍歌集と評価されている。私事で申し訳ないが、自分の手元にある古書「女学唱歌」は本の扉に「呈多君　山田生」と墨書きされ「多蔵書」の刻印がある。多君とは、山田源一郎と親しかった、「鉄道唱歌」の作曲者「多梅稚」の事である。山田源一郎から多梅稚へ贈呈されたもので、当時の音楽家達の交流がうかがい知る事が出来る貴重な資料である。

第二十　螢

1　螢の光　窓の雪
　　文読む月日　重ねつつ
　　いつしか年も　すぎの戸を
　　あけてぞ今朝は　別れゆく

2　とまるもゆくも　限りとて
　　互に思う　千萬の
　　心のはしを　一言に
　　幸くとばかり　うたうなり

3　筑紫のきわみ　陸奥
　　海山遠く　隔つとも
　　そのまごころは　隔てなく
　　ひとつに尽せ　国の為

4　千島のおくも　沖縄も
　　八洲のうちの　守りなり
　　到らむ国に　勇雄しく
　　つとめよ吾兄　つつがなく

　万葉の防人の歌の明治唱歌版とでも言うべきか。もっともこちらの方は送り出す側で「勇雄しく、一心に尽せ、国の為」が主題である。先の「美しき」と併せてここでやっと人間を描いた歌詞が出て来たが、内容は、日本男子たるものかくあれと教え訓すものである。

第1楽章　唱歌小史（明治の子供のうた）　　33

先に唱歌を父性の歌、童謡を母性の歌と分けて考えたが、この曲は正に明治唱歌の典型「父性」の歌そのものである。この支配する側が大所高所から、「皇国の男子ら」に、忠孝の道を教え訓す内容が、この小学唱歌集の基本的主題である。

さて曲は、スコットランド民謡。原詞はロバート　バーンズの Auld lang syne（今は昔）。長い間疎遠にしていた友達に再会、先ずは乾杯といった内容の詞である。18世紀後半に活躍したこの農民詩人は、スコットランドを代表する詩人として、彼の誕生日（1月25日）を記念し、毎年バーンズナイトとして世界中で祝われているそうな。

*参考文献　小林麻衣子「イギリスの歴史と文化」ミネルヴァ書房 P.105

この「螢」は先の「春のやよい」と同じく句格7・5調4句4連の今様体。47抜き音階である。

明治の唱歌の典型である47抜き7・5調はこの曲をもって嚆矢とするという説がある。しかし、明治14年頃の詩壇は、やっと外国の詩を7・5調に翻訳する「新体詩抄」が刊行されたばかりで、外国の旋律に日本語を当て嵌めるという試みは、この小学唱歌集が始めてである。句調は、3・3・7調、5・5調、7・7調、5・5・7調あるいは　起首の2句が7・5、3句目以下5・7・5、7・5・5と変格等々、様々な試みがなされまさに新体詩の句格の研究の場である。その中でこの曲をもって7・5調は明治唱歌の典型と断ずるには早計である。

それでもいつの頃か「螢」が「螢の光」と改題され、第三連と第四連が省かれた。防人の歌が卒業生を送る歌として再生。そして卒業式の儀式唱歌として代々、歌い継がれ誰もが詳しい意味も解らないながらも国民的唱歌になった。47抜き7・5調は小学校五年生で、確実に子供達の感覚に埋め込まれた。但し、歌詞の意味は子供達が皆理解していたとは思えない。自分の体験からも「文読む」は「踏みよむ」と長い間信じていたし、「杉の戸」と「過ぎ」は掛詞と言われても何故？「かたみ」はこれも長い間「形見」であったし、教えてくれる先生の様子からこれはただならぬ言葉と理解出来た位である。

〜　〜　〜〈間奏曲〉〜　〜　〜

学生の頃、パチンコに夢中になった時期があった。勿論アルバイトで生活費を出していた苦学生（？）であったが、懐が多少豊かになると、学校の近所の3軒あるパチンコ屋に駆け込んだ。初めてしばらくの頃、ビギナーズラックと言うべきか、思わぬ大当りを出した。その店は大当りの時は、「ラデツキー行進曲」（軍艦マーチではなく）であった。それからというものは、この金を使ってしまうと明日からは飢えなくてはならないと思いつつパチンコ屋通い。今で言うギャンブル依存症。お店の閉店時間に鳴るのがこの項のメイン

テーマ「螢の光」である。この曲が鳴る頃になると急に出玉が良くなる事がしばしばあった。お店の方も、なけなしの金を注ぎ込む学生さんに多少の同情もあった古き良き時代の話である。

　で、どうして卒業式の歌が、パチンコ屋さんの閉店曲に結びついたか。まさか学生さんよ、遊び過ぎの戸を開けて、幸くあれという店側の親心でもなかろうに。長い間の疑問であったが、つい近年何気なく見ていた映画のＤＶＤがその疑問を解決してくれた。戦前に制作された、ヴィヴィアン　リー、ロバート　ティラー主演の「ウォーテルロー橋」（邦題「哀愁」）の終盤、舞踏会のシーンで、この旋律がワルツとなって流れてくる。年老いた筆者にも思わずグッと胸に熱いものがこみ上げる名場面である。曲名は「別れのワルツ」。そういえば、パチンコ屋さんだけでなくデパートでも流れていた旋律は卒業式の歌のそれでなく3拍子の「別れのワルツ」であった。永年の疑問が氷解。おまけに老いさらばえた筆者にも、純愛ものに感涙する若さがあった事を発見。友人に言わせると、「何の何の、年取ると感情のコントロールが出来ず、涙もろくなったんだよ。」と……　ともあれ明治14年に発表された「螢」が現代まで100年以上も、我々庶民の間に息づいている過程を考えてみた。

第二一　若紫

1　若紫の　めもはるかなり　武蔵野の
　　霞(かすみ)の奥　分けつつ摘む　初若菜

2　若菜は何ぞ　すずしろすずな　ほとけのざ
　　はこべらせり　なずなにごぎょう　七つなり

3　七つの宝　それよりことに　得難(えがた)きは
　　雪消の間(ひま)　たずねて摘む　若菜なり

第1楽章　唱歌小史（明治の子供のうた）　　35

第二二　ねむれよ子

A(a+b)+B(c+b') の2部形式

1　眠れよ子　よくねる乳子は　ちちの実の①
　　父の仰せや　守るらむ　眠れよ子
2　眠れよ子　よくねる乳子は　ははそ葉の②
　　母のなさけや　慕うらむ　眠れよ子
3　眠れよ子　よくねて起きて　父母の
　　変らぬ御顔　おがみませ　眠れよ子

①　乳の実は銀杏の事。その実が乳房の様に垂下る事から、次の「父」の懸詞。
②　ははそ葉は柞葉で、クヌギ、ナラの葉の総称。「母」の懸詞

　へ長調の練習曲。前の「螢」がト長で、やっとハ長調の５がト長調の１になるのに慣れて来た所に急に４が１になって、えーと。頭の中でかなりの混乱をきたす配置である。次の曲はニ長調で又々、１の場所が変わり、再びト長調、そしてへ長調と、調性の練習と思われるが、初学者にとっては大変な所である。

　ここで、二一番と二二番を同時に掲げたのは、どう考えても一曲を二つに切って、前半と後半に違う歌詞をつけたものである。譜例１－17で示した様にＡ（a+b）＋Ｂ（c+b'）の二部形式である。へ長調の練習曲が足りなかった為だろうか。但し何度も歌ってみると、何となく違う曲になって感じられるのは不思議だ。ただ、原曲の歌詞とは正反対の歌詞であってもオリジナルの歌の様に感じられるのはその辺の感覚であろうか。詞主曲従の別の意味を見た。

　第二一「若紫」はともかく第二二「ねむれよ子」で子守歌が出てきた。日本の四季を美妙的にうたい上げるか、尊王愛国をこれでもかと教え込むかのどちらかの詞が多い中、乳のみ児を寝かしつける優しき曲はここで初めて出てくる。

　日本の子守唄は、どちらかといえば寝かせる為の唄よりも、奉公人が傭い主の冷たい仕打ちを恨む唄が多い。ここで初登場した子守歌は、三大子守歌と称される様な泰西の名曲には及ぶべくもないが、子供を見守る目があったという事は評価しなければならない。

　ただ言葉数が多い。寝かせる為の実用にしろ、描写曲として鑑賞する曲にしろ、言葉は

少く、意味は単純明快の方が子守歌の本質である。乳の実や柞など万葉集の古語や、懸詞（かけことば）は必要ではない。もっとも四分音符をずっと並べて、むずかしい言葉を並べられると子供に限らず大人まで眠ってしまう効果は十分にある。丁度、読経の最中ついウトウトしてしまう様に。

　尚、文部省の意見は後の〈コーダ「終止部」〉欄で。

第二三　君が代

1　君が代は　千代に八千代に　小礫（さざれいし）の　巌（いわお）となりて　苔のむすまで
　　動きなく　常磐堅磐に　限りもあらじ
2　君が代は　千尋（ちひろ）の底の　小礫（さざれいし）の　鵜の居る磯と　顕（あら）わるるまで
　　限りなき　御代の栄を　祝（ほ）ぎ奉る

　1番は、古今集より、2番は今撰和歌集より源三位頼政（げんざんみよりまさ）の詠。それぞれに取調掛の国文学者が、旋律の長さに合わせてつぎ足した詞である。明治13年には既にいわゆる現行の「君が代」が作られ、この小学唱歌集の曲は、余り歌われなかった様だ。作曲者はサミュエル・ウェブ1世（1740〜1814）。イギリスの貴族とジェントルマンたちの世俗的な歌と会話を楽しむ男性のためのクラブ「キャッチクラブ」があったが、その頽廃的な言動が非難の的となり健全な「グリークラブ」となった。サミュエル・ウェブ1世はそこで中心的役割をつとめ、そこで歌われた歌の一つであろう。グリークラブは、現行の男声合唱団の代名詞となっている。

　この項は、内藤孝敏著「三つの君が代」（中央公論社）からの引用である。この書は、「君が世」の成立過程から完成までを綿密な考察によって纏めた第一級の研究書である。

　確かに、歌ってみると違和感がある。現行の雅楽様式（壱越調（いちこつ））に慣らされた為でもあるが、どうも旋律と歌詞がしっくりとこない。イギリスのキャッチクラブの歌の様に軽いのである。我が花渕嬢も数字譜の書き込みはしていない。この前後の曲は、丁寧な書き込みがあるのに。明治23年当時は既に廃曲となっていた様だ。

　この小学唱歌集の中心テーマは、尊王愛国である。初編の第四「祝え」から最後の曲第九一「招魂祭」までほぼ30曲がこの内容の曲で、全体の1／3にあたる。手を替え品を替え「君が代祝え」がテーマとなってくる。

　まだ自分達の作曲で自分達の主張を表現する事が出来なかったこの頃、方々の国から旋律を集め、それが合おうと合うまいとお構いなしに、詞（ことば）をつけた。うまく合致して残った曲もあるが、殆どはこの「君が代」の様に廃曲になった曲が多い。詞主曲従のもう一つの面である。

第二四　思いいずれば

1　思いいずれば　三年の昔
　　別れしその日　我父母の
　　頭撫でつつ　真幸くあれと
　　言いし面輪の　慕しきかな

2　朝になれば　門おし開き
　　日数よみつつ　父待ちまさむ
　　我想い子は　事成し果てて
　　はやいつしかも　帰り来なむと

3　夕辺になれば　床打ち払い
　　お指折りつつ　母待ちまさむ
　　我想い子は　事成し果て
　　はやいつしかも　帰り来なむと

4　朝になれば　門おし開き
　　夕辺になれば　床打ち払い
　　父待ちまさむ　母待ちまさむ
　　早く帰らむ　もとの国辺に

　前曲「君が世」の尊皇愛国の教えに次いで今度は六諭衍義の「孝順父母」「和睦郷里」をここで勉強させられるのかと目角を立てる事もなかろうかと思う。勉学の為に旅立つ時、自分の頭を優しく撫で、ひとこと息災であれと送り出してくれた父母。帰る日を待ちわびて、自分の為に門を開け、陰床を敷いている父母。早く帰ろう父母の待つ故郷へ。蛇足と

して当時の学制によると3年の間の勉学期間は中学校（下等中学3年上等中学3年）のどちらかであろう。いずれにせよ、エリートが行く所であった。

　今迄にない細かい描写が多い。この時代の表現方でもあるが、抑制された表現乍らその裏の感情表現が巧みである。唱歌は徳育であるという考えの下に、教育目線の詞の中で、「個」を抑えているこの小学唱歌集では、「ねむれよ子」に続いて特異な存在である。

　10年後には「故郷の空」更に明治末期の♪いかにいます父母（ちちはは）……　♪恋しや故郷　なつかし父母……　にと故郷の父母を恋い慕う唱歌が多くなってくる。大正期になると父は追放され母が中心になる。抑制された感情表現を故郷の父母に託して抑制から徐々に解放させようという意志だろうか。歌の本質は感情の噴出である。自分の思いを大きな声で旋律に託す。西洋の名曲に恋歌が多いのはその為である。歌は自由そのものである。そこに到るまで、まだまだ数十年を待たなければならない。

　旋律はスコットランド民謡とされている。確かに「螢」と同じ流れの5音階、3拍子の旋律であるが、音の数と言葉数が合わない。言葉の数が足りないため、やたらと音を延ばしている。譜例1－18で示したが （スラー）が多い。特に＊頭撫（かしらな）でつつからはこの曲の山場になる所がどうしてもしっくりいかない。和歌等の朗詠は、一つの単語を一息に、最後の文字を延ばす為に、はるすぎてーの様に意味は十分伝わるが、♪かしーらなーでつーーつーまさーきくーあれーーと分断され、なかなかリズムに乗れない。第9「野辺」の譜例で示した様に、言葉の数が多い為わざわざ二分音符を二つに分けて言葉を押し込め三拍子の拍子感をなくしてしまった逆の事が行われた。

　詞が当時としては特異であるだけに、後世に伝わらなかったのは惜しまれる。

第三一　大和撫子（やまとなでしこ）

　1　大和撫子　様々に
　　　おのがむきむき　咲きぬとも

　2　野辺の千草の　色々に
　　　おのが様々　咲きぬとも

生ほし立ててし　父母の　　　　　　　生ほし立ててし　天地の
庭の訓えに　たがうなよ　　　　　　　露のめぐみを　忘るなよ

　第25「薫りに知らるる」からずっと、日本の美を讃美し、第30「雨露」第31「玉の宮居」で、仁徳天皇、醍醐天皇の庶民に対する思召しを讃えと国家主義育成の内容が並んだ。この「大和撫子」も、親の教えを忘れないように、聖明の君の露のめぐみを忘れない様にと教え訓す内容である。

　ここで、わざわざ取り上げたのは、やっと邦人の作品が出てきた為である。作曲は芝葛鎭。宮内省伶人で、明治7年欧州楽伝習を申し付けられ吹奏楽を習う。明治12年洋琴伝習を申し付けられ松野クララにピアノを学ぶ。当時の伶人達は、熱心に西洋音楽を学ぶ傍ら作曲を行った。明治10年〜13年の「保育唱歌」の作曲や明治13年からの音楽取調掛で、唱歌作成に従事と、初期の西洋音楽の導入の中心を構成していた。この小学唱歌集では「大和撫子」次の第32「五常の歌」第39「鏡なす」が芝葛鎭の作である。

　（◇参考文献「明治の作曲家たち」P.6、日本近代音楽館編）

　この芝葛鎭作曲の二つの曲は、メーソンに絶讃されたと言う。それまでの保育唱歌の雅楽調ではなく、西洋音楽の作曲技法に則った作品である。特に「大和撫子」の譜例1－19の7（♯ファ）は、6にすれば四七抜きになり日本人には親しみ易かったと思うが、本人がそこから脱け出そうとした結果か、メーソンが手を加えたのか、全体の流れではキラッと光る所である。形式は8小節単位の2部形式で4小節毎に起（a）承（b）転（c）結（d）の旋律構成になっている。3+4+5の7・5調のせいもあるが、各歌い出しの音はa b c dと共に長い音（二分音符）を用い、リズム感を出し乍ら、曲調を整えている。

　次の「五常の歌」は、4音抜きの5つの音だけで作られたニ長調の曲。4小節単位の起承転結の構造。

（歌詞、4、5連略）

この二曲の作曲パターンは、後年の文部省唱歌の作曲の様式となった。ファの音を抜いたドレミソラだけの曲は、文部省唱歌一学年に多く出てくる。（日の丸・鳩・おきやがりこぼし・人形・ひよこ etc）。そして、3つの言葉を4拍子にする $\frac{2}{4}$ ♩ ♪♪ ‖ c ♩ ♩♩ のリズムパターンが、中心的リズムパターンとして用いられた。

　特筆すべきは「五常の歌」の旋律の単純さである。後年、「地理教育鉄道唱歌」を始めとして、暗記を助ける道具として、単純な旋律に長大な7・5調の詞をつけた唱歌が流行した。この「五常の歌」はその嚆矢となった作品と言える。

　この「五常の歌」と次の「五倫の歌」で、小学唱歌集初編は終る。2曲共この唱歌集の本質をなすものである。因みに五常とは、「仁、義、礼、智、信」。五倫とは「父子親あり」「君臣義あり」「夫婦別あり」「長幼別あり」「朋友信あり」で、人たるものが守るべきものとして儒教思想の中核を成すものである。

　この五倫五常の考えは、すぐ後の明治23年発布の教育勅語と共に、国家主義教育のゆるぎない柱として戦前迄続いた。

コーダ（終止部）

　小学唱歌集初編は明治十四年十一月出版とされているが実際には翌十五年四月であった。（中村洪介著「近代日本洋楽史序説」P.597）文部省のお役人は、楽譜の事はさっぱり解らない。だから権威を保つためか詞に注文をつける。何度も出来上がった詞に注文をつける。その為に表記の明治14年より5ヶ月程遅れたのが事実である。音楽取調掛の歌詞選定委員稲垣千頴（いながきちかい）と文部省側の委員佐藤 誠実（じょうじつ）らとのやりとりは、「東京芸術大学百年史」第一巻P.97〜P.108）に詳しい。それによると助詞の使い方等文法から用語まで微に入り細に入り訂正している様子がうかがえる。

　例えば**「第二十螢」**の三連目の初稿は「つくしのきわみ　みちのおく。別るる道は変るとも　変らぬ心ゆきかよい　ひとつに尽せ　国の為」

　意見　此歌は児女の歌うものではない。変らぬ心ゆきかよいとは、男女間に契る詞である。父子兄弟姉妹朋友には決して使われない。徳性の涵養を目的とする唱歌教育には甚だ不適当である。よって削除！で修正して「海山遠く隔つとも　その真心（まごころ）は隔てなく」で審査合格。もう一つ。

第二十二「ねむれよ子」の初稿
　1　ねむれよ子　よく寝る子には

第二十二「ねむれよ子」の決定稿
　1　眠れよ子　よくねる乳子は

お目ざめの　そのもちあそび

なにやろぞ　ねむれよ子

2　ねむれよ子　よく寝る子には

風車　つづみに太鼓

笛やろぞ　眠れよ子

3　ねむれよ子　よく寝る子には

犬張子　おきあがりこぼし

鞠やろぞ　ねむれよ子

ちちの実の　父の仰せや

守るらむ　眠れ子よ

2　眠れよ子　よくねる乳子は

ははそ葉の　母の情けや

慕うらむ　眠れよ子

3　眠れよ子　よく寝て起きて

父母の　変わらぬ御顔

おがみませ　眠れよ子

　意見　この三句は「ここまでおいで　甘酒進上」と俗世間で言うのと同じ類で併害を生ずる唱歌である。この様な唱歌を謡い甘言を略して小児を眠らせ、目覚めた時にこれに賞品を与えればいいが、与えない時は欺きて眠らせる事になる。小児のうちから保姆（乳母、子守り）が欺きつづければ、それが習性となりどんな子に育つだろうか。又、この唱歌が広く世に出て保姆がこれを歌えば、徳性の涵養どころではない。よって三句共削除！（現代語訳中村）

　結果として子守唄とは言いながら、毒にも薬にもならない言葉遊びの平凡な歌詞に落ちついた。（筆者だったら、その役人の小面を思い切りひっ叩いて、辞表をたたきつける所だが。）

　少し時代は後になるが、「諸国童謡大全」（明治42年）より、俗世間の子守唄を紹介。

　◇ねんねんころころころころよう、ねんねの守はどこ往った、お山を越えて里へ往た、お里の土産に何貰た、でんでん太鼓に笙の笛、おきやがり小法師に振鼓、叩いて聞かすに寝んねしな。——東京地方。

　子守唄のパターンは色々あるが、この詞が一般的である。恐らく、訂正前の歌詞はこのパターンを使ったものであろう。この唄の隣にこんな唄もあった。

　◇ねんね寝てくれ、およ（寝）て呉れ、およれば子も楽、親も楽、守は楽な様で辛いもの、親に叱られ子に泣かれ、友達小供にゃいじめられ、早く三月来ればよい、風呂敷包みに下駄さげて、おカミさん左様なら、旦那さんによろしく、今に見やがれどうするか、どぶの中へけっころがして泳がせる。

　◇ここの御寮さんな　ガラガラ柿よ　見掛け良けれど渋ござるゥ。ヨウイヨゥイ—筑前国博多（大和田健樹著「日本歌謡類聚下」）

　生活苦の為、子守奉公に出され、「貧乏人の子が」と蔑まれ、卑められていた年端もいかない子守りたち。文部省のお役人にその幼い時からの辛さ、苦しみが理解出来たであろ

うか。この教科書作成に当っての役人の態度には、恐らく「ふん、貧民らが」位の捉え方であったろう。いくら、何かと言えば「徳性の涵養」を錦の御旗の毎く振りかざしても、そこには、冒頭に記した様な、素直な心で子供を見、子供の立場に立って物を見るという考えはどこにもない。ただひたすら、徳性徳性と称え、尊皇愛国の国家主義を教え込む姿勢しか見えてこない。もっとも、庶民の間で唄われている詞を禁止され、徳性の涵養一すじに（保母の甘言に欺かれず）育てられた私達の御先祖のおかげで、今日の私達があるのだ。文部省のお役人の先見の明にただ感謝。

音楽として見てみると

これまで小学唱歌集初編を「詞主曲従」という面で見てきた。これから音楽面での事を少し考えみたい。

先ず、単旋律が中心である。第三編第六三「富士筑波」第六四「園生の桜」に、箏の伴奏がある。第六八「学び」から輪唱。第73「誠は人の道」から二部合唱、最後第91「招魂祭」の三部合唱で終る。後半になって高度になり色々忙しくなって来る。合唱の勉強の過程で音楽の三要素「リズム、メロディ　ハーモニィ」のハーモニィ（和声）感覚を勉強したのであろうか。

日本の伝統音楽は、フシと呼んで旋律を重視してきた。だから単旋律で歌うだけの「唱歌」による教育は、西洋音楽に対し何の術もなく始まった明治初期には当を得たものだった。初学年には、先生のオルガンに合わせて、お口をそろえて歌い、ムチを持った先生から「まだまだいけない」と注意される授業であった事だろう。歌う言葉が「チィパッパ」ならまだしも「わかのうらわにゆうしおみちくれば」では一年生には意味も解らず「も一度一緒にチィパッパ」であったろう。このオウム返しの口伝による教育は音楽の授業の基本となって現在まで伝わり根付いてしまった。この意味が理解出来ようが出来まいがお構いなしのオウム返しの教授法は、論語の素読と同じで、学習者に旋律つきの詞を刷り込んでしまった。旋律を聞くと自然に言葉が出てくる方式である。この学習効果は評価された。例えば明治43年「尋常小学読本唱歌」（文部省唱歌の前段階の教科書）の緒言二の後半に「水師営の会見」「鎌倉」「国産の歌」の三篇は、学年の程度にしてはやや簡易だが、主に児童の記誦を助ける為に作曲したとある。

又、後年の「鉄道唱歌」に代表される様に単純な旋律に長大な歌詞をつける曲が流行した。

～　～　～〈間奏曲〉～　～　～

明治42年生れの筆者の母は、唱歌・童謡が大好きであった。筆者もそれこそ子守唄代

りにそれらを聞かされて育った。母の晩年、認知症がかなり進んでも歌はよく歌っていた。筆者も介護に疲れると「あれ歌え、この歌知っているか」と小さい頃の様にせがんだ。歌詞も旋律も驚くほど正確で、童謡の名曲はもちろん文部省唱歌は殆ど空んじていた。特に得意だったのが、「水師営の会見」〽ひらめき立てり　日の御旗〽と9番の最後のフレーズまできちんと歌ってくれた。次には吉丸一昌詞、梁田 貞作曲「お祖父さん　お祖母さん」を一度で覚えて先生に褒められたという自慢話付きで。一緒に歌う事は介護疲れしてイライラ気味の筆者と、はるか遠い所へ思考が飛んでしまった母とを結ぶ唯一の至福の時間であった。しかしあれだけ正確に詞を覚え歌える能力（勿論、母は楽譜など読めない）と現在の出来事を正しく把握する能力とは別物なのだろうか。

〜 〜 〜 〜 〜

次にリズムについて。リズムは4つの要素から成り立つ。速度・拍子・アクセント・パターン（長短の組み合せ）の4つである。

この曲集の全てに「速度」表示はない。早い、遅いの区別ぐらいはあったろうが、恐らく現場の指導教師の自由な判断で速度が決められていたのではないか。

右手と右足、左手と左足と手足を交互にでなく揃えて歩く日本人には、右！左！右、左と正確な速さで歩く西洋風の軍隊行進は苦手だった。〽宮さん宮さん〽はその為に作られた最初の軍隊行進曲である。作曲は尊攘堂主人こと品川彌二郎とされている。行進曲の例をみる迄もなく我が国には一定の速度で正確に拍を刻む習慣はなかった。

音楽上のアクセントは、西洋の言語、舞踏が基本になっている。日本語のアクセントは頭高型、中高型、平板型と高低により三分される。「あめは降る降る」それぞれに頭高型の単語が並んで、それによって旋律がある程度決まってくる。地方によっては「あめは降る降る」と逆の平板型になってくる。前者は「城ヶ島の雨」後者は熊本民謡「田原坂」である。西洋では言葉の強弱を守れば旋律の高低は自由である。又、舞曲は、強く足で地面を叩く、あるいは跳ねて高く飛ぶ足の動きが中心になるが、日本音楽では「能」等の例外もあるが足は摺足。主に手だけを使い上半身の動きだけ。よく騎馬民族と農耕民族の差に例えられるが当を得た解釈である。

1-21　　　　　　　　　小節線ができるまで

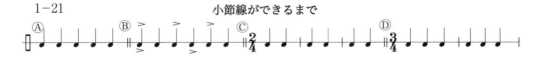

このアクセントを2つ毎、3つ毎、4つ毎と定期的に加えたのが拍子である。一つ一つ＞（アクセント記号）をつけるのは煩雑な為縦棒で区切った（譜例1-21、ⒷからⒸⒹへ）。これ

が拍子のはじまりである。この線の右側の音は強くしなさいという記号であり、旋律を区切る衝立や障子ではない。このアクセント感覚が日本人にない為、当然拍子感はない。お隣りのコリアン音楽では、3拍子、6拍子を基本にしてパターン、速度、アクセントを変化させ、この音型は明るい気分を出す時に、この音型は社会的差別を受けた女性の悲しみの表現にと、実に活き活きとしたリズム感の曲が沢山あるのに。

　長調と短調では、この曲集では長調が圧倒的に多く　短調は僅かに5曲である。長調は明るく、短調は暗くとよく例えられる。複雑な人間の内面を音で表現するには、両方の調子が必要である。明るいだけの人、暗いだけの人はどちらかといえば、社会生活には適さなくなる。深刻になったり陽気になったり心の中は激しく入れ替る。初学者には先ずは長調を教え込むのが先であろうが、同時に短調の世界を教え音楽の持つ豊かな表現力を学ばせる事も重要ではないだろうか。この曲集で短調が5曲共お揃いで出て来るのは第三篇第51～第62迄。尚、伊沢の論文によれば文教最進の国は圧倒的に長調が多く、短調は文教未進の国に多い。従って教育上は長調を使うと主張している。（詳細は後述 P.95）

◇参考文献　東京芸術大学百年史1、P.164

　旋律だけの音楽は、鉛筆書きの素描である。テンポを少し速めるだけで、中間部の山場へ向う時の属七の和音を連続させるだけで、あるいは暗い響きを一箇所入れる事で、音楽は私達にすばらしい世界を与えてくれる。音楽は、特に歌は、嬉しい時、悲しい時、人生の色々な場面で私達を支えてくれる。思い切り大きな声で歌う事は、精神の解放である。

　その音楽の本来の持っている力を、「徳性の涵養」という名分で除外してしまった。

　当時、西洋音楽を教育にとり入れる事は、大変な事であった。今まで見てきた様にリズム感、和声感等西洋音楽の洗練された高度な表現手段、技法は、日本には全くなかった。何もない所に西欧の文化を移入する。荒地を耕して種を蒔く様なものだ。メーソンの指導のもとに伊沢修二率いる音楽取調掛の苦労は、並大抵のものではなかった。種を蒔く人（取調掛）を育て、苗を世話する人（教師）を育てとそこから始まった。

　そしてとりあえずは「単旋律」に「徳性の涵養」で飾った曲集が出来上がった。やさしいピアノ伴奏とテンポ表示がついていたら等々、つまり音楽面をもっと前面に出した教育があれば、教わる子供達は、活き活きと楽しく「音楽」を受け入れた事であろう。小学唱歌校門を出ずとは言い得て妙である。そしてここで始まった、無伴奏単旋律の方式は唱歌教科書の基本編集形式としてずっとずっと後まで続く事になる。

　勿論、表面だけを取り上げあれこれ批評する事は容易い事。だが現在でも私達が口吟む歌には、これまで見て来た様にこの小学唱歌集からの歌がかなりある。唱歌としておよそ130年前に教えられ唄ってきた歌が残り、時に応じて私達を慰め癒してくれる。先人達が残してくれた大いなる文化的遺産と言っても過言ではない。大きく評価しなければならない。

第1楽章　唱歌小史（明治の子供のうた）　　45

第3楽節〈唱歌史発展期〉

明治20年（1887年）東京音楽学校、東京美術学校　開校

明治22年　大日本帝国憲法発布

　　　　　東海道本線全線開通

明治23年　第1回帝国議会開く

　　　　　教育勅語発布

　明治20年代初頭の歴史上の主な出来事を書き出してみた。政治的、経済的に欧米の列強と肩を並べる為の地歩を固め進展させる時期にあたる。それまで音楽取調掛が、東京音楽学校となり、又、東京美術学校が出来た。物質的な実学中心に加え、専門学校ながら精神面を育てる教育にも体制が整い始めた。教育面では、教育勅語が発布されその後の初等教育の基本方針が定められた。

「明治唱歌」を味わう

　唱歌に於いても同様の事が言える。音楽取調掛及び東京音楽学校の最初の卒業生らが作曲活動を始め、唱歌の発展には欠かせない「新体詩」への研究が行われた。

　先ず明治21年から25年にかけて刊行された「明治唱歌」全6集について概観してみたい。曲数は各集29曲前後、総計169曲。6割以上が外国曲。55曲が邦人曲で、大和田健樹、奥好義共著。詞を大和田、曲を奥が夫々担当している。

　大和田健樹　安政4年（1857年）愛媛県宇和島出身。東京大学、東京高等師範学校で教鞭を執る。国文学者。代表的な作品は、「故郷の空」「青葉の笛」「鉄道唱歌」「散歩唱歌」等々がある。数多くの唱歌の詞作で明治20年代から30年代の唱歌界を牽引した。特に唱歌に於ける新体詩の研究は彼の大きな功績として評価されよう。

　奥好義　安政5年（1858年）京都生。宮内省伶人。音楽取調掛が設置された明治13年の第1期生。同期には上真行、辻則承、鳥井忱らが居る。明治14年～20年音楽取調掛教授。同23年より高等師範学校、女子高等師範学校で教授。唱歌教育に力を入れ、私学の「唱歌会」を設立、普及につとめた。又、「君が代」は林広守作曲となっているが、広守の子息広季と奥が共同で作曲したという説もある。

　蛇足乍ら、小学唱歌集の項で度々名前が出てくる、この初編の持主「花渕亀代」嬢の所で類推した様に、東京高等女子師範の第1期入学生だとしたら、奥好義先生が指導したの

ではないか。——資料の渉りすぎでかなり混乱した頭の中での妄想。

　この明治唱歌で奥好義が音楽面を担当。邦人作品 55 曲中ほぼ半数近くの 24 曲を作曲し中心的役割をはたし、次いで上が 17 曲、辻が 6 曲、あるいは前出の芝葛鎮と音楽取調掛の伶人たちである。この「明治唱歌」の邦人による作品群は、伊沢修二の目標であった「将来国楽を興すべき人物を養成する事」の結実した成果として、あるいは先駆的作品として評価される。

大和田建樹と新体詩

　大和田健樹は前述の様に唱歌に於ける新体詩の研究を行った。この明治唱歌のおよそ 170 曲はその大いなる研究の場であった。

　新体詩という概念は外山正一、矢田部良吉、井上哲次郎の三名の編による「新体詩抄」の刊行（明治 15 年）で作品として提示された。外山正一は、明治 9 年、米ミシガン大学卒、哲学と科学を学んだ後、明治 10 年東京帝国大学で社会学を教え、多岐にわたって活躍した。矢田部良吉は帝国大学の同僚で植物学者、理学博士、詩人。井上哲次郎は哲学者として明治初期の教育、学問界をリードした。

　当時の日本の詩は、漢詩、長歌、短歌、俳句が主で、西欧の複雑な詩想の翻訳には対応出来なかった。この三人の著者は「明治の歌は、明治の歌なるべし。古歌なるべからず。日本の詩は日本の詩なるべし。漢詩なるべからず。是れ新体の詩を作る所以なり。」として「而して、ここで取上げるのも 7・5 調であるが、7・5 といえども古い法則にこだわっていない。他の種々の新体を求めるもので、故に新体と称する」として 19 の詩を発表した。テニソン、ロングフェロー、キングスレー、シェーキスピール（シェークスピア）らの名が見える。又、三名のオリジナル作品も収められているが、その中で唱歌になって有名になったのは、ルルー作曲「抜刀隊の歌」がある。シェーキスピエールはハムレットの「ながらうべきか但し又　ながらうべきにあらざるか、ここが思案のしどころぞ……」（矢田部）の有名な一節がある。　　◇参考文献　「新対詩抄」国会図書館デジタルコレクション

　この新体による詩は当時の文化人達に歓迎され、ほぼ 20 年後明治 34 年、上田敏の「海潮音」あるいは島崎藤村の「落梅集」等で完成された。

　唱歌の世界では、先の「小学唱歌集、螢」の項で触れた様に、小学唱歌集は壮大な実験場で、様々な句格が用いられた。西洋の詩を 7・5 調に翻訳するだけでも大変な事であるが既に書いてある曲の音の数に合わせて句調を当て嵌め揃えるという作業は大変な苦労であったと思われる。

　尚、これまであるいはこれから使用する「句」という概念は吉丸一昌の「唱歌歌格略

説」に依っている。そこでは、7・6の場合最初の7を第1語、次の6を第2語とし、2つの語を合わせて句としている。7・6、7・6、7・6、7・6と連続した場合、それぞれ第1句、第2句……と数える。2つの句を合わせて節という。

```
第1語　第2語　第1語　第2語
  7       6     7       6
    第 1 句       第 2 句
          第 1 節
```

　図示した方がわかりやすいが、この規定に従っている。ただ、これは飽くまでも、技法技巧上の事を言う。人間の思考の表現の為の単なる技術上の問題であって、詩の優劣を決めるものではない事を予めおことわりしておく。

　大和田は、この明治唱歌で音符の数に合わせて詞（ことば）を嵌める西洋曲で養われた様々な句調をもとに、自作に於いて7・5調を中心に種々の組み合わせを試みている。5・5、5・7、6・5、6・7、7・5、7・6、7・7、8・6、8・8等があげられる。「新体詩抄」では、短歌や長歌は古体として斥けられたが、ここでは短歌2首、長歌様式が7首、掲げられている。長歌は、万葉の時代に盛行した歌体で、原則として5・7を6句以上並べ最後に7語の結句をつける形式である。大和田は自己の詩想のために、短歌や長歌の形式をためらいなく用いている。

　次に5・7調の一例を掲げる。

第3集18　「かたみの琴」

大和田建樹 作詞　上真行 作曲

1、　わが母は　いづくに行きし
　　　手にふれし　琴をみすてて
　　　わが母は　いづくに行きし
　　　弾きなれし　琴をのこして
　　　塵はらう　人もなければ
　　　声たえて　日は重さなりぬ

3、　壁に立ち　残れる琴よ
　　　もろともに　汝も忘れじ
　　　朝夕に　むかいし影を
　　　目にあまる　愛のひかりを
　　　花も散れ　鳥もよし行け
　　　わが母の　歌声かえせ

2、　片言に　くりかえしたる
　　　わが歌を　汝（なれ）もわすれじ
　　　ほゝえみし　母のおもかげ
　　　汝（な）が面に　いまもうつれり

4、　月白し　空おもしろし
　　　わが眼には　霧こそかゝれ
　　　春も来ぬ　山もわらいぬ
　　　わが胸は　氷ぞとけぬ

なつかしき　指にひかれて　　　　　　いかにせん　母なきやどを
　　うごきしは　あわれこの糸　　　　　　いかにせん　声せぬ琴を

　この唱歌集をめくりながら目に留まった、というよりは心に留まった詞である。亡き母
への思いを、主のいなくなった琴に寄せ、しみじみと訴えかけてくる名詩である。前にみ
た「小学唱歌集」にこの様な人の悲しみを描いた曲があったろうか。（もっともこれは教
育の為のもので「徳性の涵養」以外は許されなかった事もあるが。）
　大和田はこの歌体で、3－15「少女の死」で悲みを、5－28「名残の花」でとり残され
た悲哀を、5－29「農夫の吟」では逆に生きる歓びを歌いあげている。人間そのものを描
く技法として古体として斥けられた5・7調による長歌様式を用いた。
　しかし乍ら大和田建樹は、後年は7・5調による詞（鉄道唱歌、野外散歩唱歌等々）が
技法の中心になっている。この明治唱歌集での5・7調による表現技法の追求を後年何故
やめたのだろうか。それは主として、大和田の内面的変化ではなく、作曲家たちからの要
望による所が大きいようだ。
　作曲の立場から見ると、最初の2小節（第1フレーズ）に第1語（5文字）あとの2小
節（第2フレーズ）に第2語（7文字）を当てる。と、どうしても第1フレーズは長い音
が中心、第2フレーズは細かい音が中心。言い終ったと思ったらすぐ次の第三フレーズへ
と一息つく暇もなく進めなければならない。歌ってみると、先に詠嘆し後でその説明とい
う感じがする。先に長い音（先伸）後に短い音（後短）はどうも落ちつかない。たとえは
悪いが、先楽後憂でなく先憂後楽の方が人生同様、落ち付く様である。
　恐らく作曲者側のこの様な意見のもとに、他の歌体を含めて5・7調の長歌様式は、大
和田の折角の試みにも拘らず姿を消し、より庶民的な7・5調に収斂されていったと思わ
れる。ところであなたは、野球中継で現行の〝ワンボール（5）ツーストライク（7）〟と、
かつての〝ワンストライク（7）ツーボール（5）〟のどちらを好ましいと思いますか。

　内容の面から見ると、従来の自然をうたったもの、国家主義のためのものに加えて、自
由な題材を、特に「人間」をうたったものが多くなっている。友情、少女へのあこがれ、
別れ、生活、弱者への目（「あわれの少女」原題「スワニー河」フォスター）故郷への思
い（「故郷の空」を始め「故郷の山」「故郷の文」「帰郷の前」等々）。人生の喜怒哀楽（勿
論怒はさすがにないが）を取り上げ、人間を描いた。〝歌は心の叫びである〟という歌の
本質を、大和田は十分に知っていた様だ。
　この曲集が6集まで続き、版を重ねたのは、まさにこの様な理由によるものの様だ。た
だ本当に惜しまれるのは、歌体が7・5調になると共に、鉄道の駅名、軍艦の名前を覚える為、

第1楽章　唱歌小史（明治の子供のうた）　　49

世界の地理を覚える等々の記憶を助ける目的の何の詩想もない技巧だけの唱歌に変質してしまった事だ。豊かに湧き出した彼の詩想はここで枯れてしまった。

「故郷の空」ピョンコ節考

ここで「明治唱歌」を代表する曲として1－16「故郷の空」を最後に取り上げる。

この曲は奥好義によって、はねるリズム（いわゆるピョンコ節）に修正されたと言われている。

音の数は、4小節に14箇ある。この14箇の音に詞を付けると通常は2小節単位で8＋5と符割りをする。つまり詞は必然的に8・5調になる。大和田はこれを7・6調に変えた。これが後に故人となられた藤田圭雄氏や言語学者故金田一先生らに咎められる破目になる。〽ゆうぞらはれてあ、きかぜふき、つきかげおちてす、ずむしなく〽と切れてしまい、意味が通じなくなる。という。特に金田一先生は、〽つきかげおちてす、地虫なく〽に聞こえてしまうとの事。

果たしてそうであろうか。大和田を始め、当時の作曲家達は既に日本語は百人一首の読み上げの様に、一語を固めて読み最後の音を延ばす事が語の意味をより良く伝える事が出来る。「なーがい」よりも「ながいー」あるいは「ながーい」の方が意味はよく伝わる。特に、前の語にくっついて2語で1拍を作る事は取調べ（研究）済の事であったろう。

この全体8・5調の句調をわざわざ7・6調に変えたのは、平凡に8・5調で済まさず、はずむリズムの特性に注目し、より意味が通る様にして、自分の故郷への思いを表現するのには必要な句体の変更であった。で、先程の著名なお二人の碩学の批評は、前の先生は表面の字面だけをみただけ、後の先生は単に笑いを取るだけのものであって批評にもなっていない。否、むしろお二人の先生方のすばらしい聴覚にくらべ、我々凡愚の耳の悪さを恥ずべきであろう。

更にこの「明治唱歌」には6／8拍子の曲が多く掲げられている。この拍子は3拍子が2つ組み合わさったもので複合拍子と称し難しいものであるとおごそかな言葉と共に教わった思い出がある。たしかに3拍子でも不得手な日本人は3拍子が2つも合わさった6拍子は理解するのに大変だったろう。前の「小学唱歌集」でもためらい勝ちに出てくる程度である。この「明治唱歌」ではためらいも遠慮もなく出てくる。

3拍子2つは最初に理解するのに苦労するがそれは遅いテンポの時であって、速いテンポの場合はとても軽快ではずむリズムに変ってくる。頭より体が先に理解する。タンタ、タンタと跳ねる2拍子になってくる。譜例1－22、A　これに言葉を乗せると「あーきかーぜふーき」よりも「あきーかぜー吹きー」の方が意味がよくわかると思う。（譜例1－22、Ⓑ、Ⓒ）。

速い6拍子

「故郷の空」での7・6調に変えた意味も説明出来る。ついで乍ら、この旋律に佐々木信綱「秋の山」の題で7・6調の詞を、吉丸一昌はピョンコ節でなくリズム型を変え「揚雲雀(あげひばり)」の題で8・5調の詞をつけている。

ともあれ、この「明治唱歌」の6／8拍子、「故郷の空」のはずむリズムは、ピョンコ節になる為の前段階と言える。本格的なものはもう少し後の日清戦争の軍歌からである。

これまで、大和田建樹の詩作を中心に、「明治唱歌」を概観してきた。そこで見えて来た事は、1)唱歌に「人間」を取り入れた事。2)「新体詩抄」で提示された7・5調の句体を始め、様々な句体が研究され、そして再び7・5調に戻っていった事。3)唱歌の代表的リズム感としてのピョンコ節の誕生。この3つを考えてきた。

更にこの時期の主な作品「儀式唱歌」と伊沢版「小学唱歌」については、別項「かぞえ歌とこどもたち」で触れている為、ここでは、補足的な事柄を述べたい。

〜 〜 〜〈間奏曲　祝祭日唱歌　補〉〜 〜 〜

「祝祭日唱歌」は正式には「祝日大祭日唱歌」という。明治国家の柱として「大日本帝国憲法」が発布された翌年の明治23年、教育の柱としての教育勅語が発布された。と同時に小学校の祝祭日が制定され、その時には全校生徒が登校し、君が代を歌い、校長の教育勅語朗読が義務付けられた。(明治24年「小学校令施行規則」)

国家主義に基づく祝祭日の制定。例えば、「一月一日」は神武天皇即位の日。「天長節」は今上陛下の御降誕日。神嘗(かんなめ)祭はその年の新穀の大御饌(おおみけ)を伊勢神宮に供進する日、等々。庶民の子は祝祭日毎に学校に駆(か)り出され、「君が代」「勅語奉答歌」及びその日のテーマの唱歌を歌わされ、皇国(みくに)の大切さ、尊さに思いを馳せさせられた。ここでの「唱歌」は、国家意識強調の為の道具であった。

その道具としての唱歌は平和な時はまだしも、歴史の示す様に戦時体制になるに従って凶器となって、我々に襲いかかってくる事も忘れてはいけない。サッカーの国際試合で、口パクの選手が居る位が丁度いい時代である。

そう言えば、私の小学校の頃(昭和25年頃)は、元日は登校日であった。今思えば戦後数年経った復興期に入る頃で、ＧＨＱ検閲の目がゆるやかになっていたのだろうか。「君

が代」と「一月一日」をそこで斉唱した。そのあと校長先生の訓話があり、勿論国家主義の話はなかった。帰りに紅白の饅頭をもらって帰った。この日の為の小ざっぱりした袖の光ってない服（その頃の子供達はみんな、服の袖で鼻水を拭いた為、いつもピカピカに光っていた）、月星印のおろしたての運動靴、ツルツルに刈った青頭。正月の晴れがましさ。下校時、饅頭の紅い色が珍しく、少しつまんで、こらえ切れずにとうとう一個食べて、白い方だけ残して帰っても、その日は怒られなかった。これがめでたいという事だと実感した日であった。（小学校3年でそのめでたい日は終ったが）〽とーしのはーじめの……〽の歌に神武天皇の即位の日等と大それた事を教わらなくとも、お饅頭をもらえるのはこの歌のあとと子供心にウキウキと歌っていた。

～　～　～　～　～

伊沢修二「小学唱歌」

　次に伊沢修二「小学唱歌」を覗いてみたい。後に「かぞえ歌とこどもたち」（P.256）の項で、教育勅語の唱歌版として述べるが、音楽面で一言。

　第1巻は初学生徒の口授唱歌として用いる。とある様に、曲は聴いてすぐ覚えられる簡単な旋律。童唄、俗謡等を中心に配置されている。
　冒頭3曲は「えのころ（犬ころ）」「からす」「かり（雁）」の童唄。次から「あり」「まなべ」「仰ぎ見よ」「小隊」と伊沢修二作詞、作曲の曲が続く。導入は先ずは、日本音階を基調としての童唄。次の伊沢の4曲も子供の声域に合わせ狭い音域で、音の取り難い半音を避け、と、明治14年版「小学唱歌」の、メーソンの教則本をまるごともって来たころに比べて、日本の子供達の本来の音感覚を大切にした唱歌教育である。ただ各曲の（注意）の欄に細々と「智徳の養成」の為の教育勅語の解説がつけられているのを除けばの話であるが。もっとも、「親の恩はどうのこうの」とか、「紀元節の由来はどうの……」歌う前に長々と先生の有難いお話のあとの歌だから、生徒たちはかえって活き活きと歌った事であろう。
　10番目「子供々々」を紹介。

10　子供々々

1. こども　こども　つとめよこども
　　　エンヤラホ　ホ　ホ　エンヤラホ　ホ　ホ
　くるまは坂をも　のぼるなり

2. 鯉よ鯉よ　はやせの鯉よ

ジョボラジョン　ジョン　ジョン　ジョボラジョン　ジョン　ジョン
　滝をもついには　のぼれよや

　　子供はしっかり勉強しなさいという、いかにも修身用の内容であるが旋律は西欧の子供
の歌と紛う程、アカ抜けした曲である。明治14年版「小学唱歌集」にはない、シャレた
仕上がりで、特に「エンヤラホ　ホ　ホ」の山場では今迄になかった第4音を効果的に使
用。更にオノマトペ（擬音語）の使用も教育唱歌では、ここが初めてである。「エンヤラホ」
は解るが、鯉の「ジョボラジョン　ジョン　ジョン」は飛び跳ねる時の音であろうか。明
治の当時子供達が使っていたものか。現代からすると却って新鮮な響きである。
　　この曲の前は、「君が代」、次は「紀元節」と堅苦しい儀式唱歌の間にある「子供々々」は、
それこそ子供達にとっては息抜き出来る楽しい曲ではなかったろうか。
　　因みに「紀元節」は伊沢修二の代表作である。

　　ざっと伊沢版「小学唱歌」巻1を見たが、第2巻からは、数字譜、リズム、調性の説明
といった、楽理的な所まで指導する内容になり、夫々の目的に応じた曲が加えられている。
　　伊沢修二の主導する「東西二洋の音楽を折衷して新曲を作る」という目標をこの唱歌集
で実践した。そしてその精神は伊沢の教え子達によって確実に次世代へと受け継がれて
いった。

第4楽節〈唱歌史完成期〉

　　明治政府の当初からの目標「富国強兵」「殖産興業」が達成されてきた時期である。特
に2つの対外戦争、明治27〜28年日清戦争、明治37〜38年日露戦争に勝利を得、更な
る戦争の準備に入った時期である。
　　教育面では、度重なる学校令のもとに、就学年が義務化され、尋常小学校が4年（明治
33年）から6年（明治40年）となる。明治35〜36年、大がかりな教科書疑獄を機に教
科書が検定から国定に変り、修身科が教育の中心とされた。天皇制統一教育の完成期でも
ある。
　　又、官制資本主義の進展に伴い、様々な社会矛盾が拡大し、鉱害や労働争議が増え、社
会主義思想が育った。
　　文学面では、坪内逍遙、尾崎紅葉、幸田露伴、森鴎外、島崎藤村、夏目漱石等が輩出、
近代文学の成熟期を迎えた。ここで注目しておきたいのは、明治20年初頭から始まった、
少年雑誌の発行である。特に児童文学の最初とされる「こがね丸」の著者巌谷小波の主筆

第1楽章　唱歌小史（明治の子供のうた）　　53

による「少年世界」は、子供をありのままの子供として捉える子供観を取り上げ始めた。

軍歌、四七ヌキ、七五、ピョンコ節

　さて、唱歌の世界である。先に見た様に「明治唱歌」で大和田建樹は唱歌を通して人間を描いたが、同時に人々は自分達の好みで歌を選び歌う様になった。官製の教訓唱歌は、否応なしに歌わされるものだったが、自分たちの意志で歌を選び歌う事そのものを楽しんだ。現代でも歌は大好きだが音楽の時間は大嫌いという人が沢山居る。

　先ずそれは二つの戦争の為に量産された「軍歌」から始まる。

　とりあえず当時流行した軍歌を挙げてみる。この項は、「世界音楽全集19、明治大正昭和流行歌曲集」堀内敬三、町田嘉章共編（春秋社版）を元にしてある。

明治元年	宮さん宮さん	詞	品川彌二郎	曲	大村益次郎（伝）
18年	抜刀隊	詞	外山正一	曲	ルルー
21年	来たれや来たれ	詞	外山正一	曲	伊沢修二
24年	○敵は幾万	詞	山田美妙	曲	小山作之助
25年	ますらたけお	詞	東宮鉄眞呂	曲	ワーク
	○道は六百八十里	詞	石黒行平	曲	不詳
	元冠	詞曲	永井建子		
	○月下の陣	詞曲	不詳		
	○桜花	詞曲	不詳		
27年	○豊島の戦	詞	小中村義象	曲	納所弁次郎
	○膺てや懲らせや清国を	詞	横井忠直	曲	上真行
	○喇叭の響	詞	菊間義清	曲	萩野理喜治
	○坂本少佐	詞	佐々木信綱	曲	納所弁次郎
	○黄海の大捷	詞	明治天皇	曲	田中穂積
28年	雪の進軍	詞曲	永井健子		
	○勇敢なる水兵	詞	佐々木信綱	曲	奥好義
	○黄海の戦	詞	中村秋香	曲	多梅稚
	○水雷艇	詞	大和田建樹	曲	鈴木米次郎
29年	○三角湧	詞	旗野十一郎	曲	鈴木米次郎
	△婦人従軍歌	詞	菊間義清 （加藤）	曲	萩野理喜治

明治初年の「宮さん宮さん」の行進曲等で、右足右手を同時に出すヤマト式歩行から西洋風の行進に変って以来、富国強兵とは言え明治24年には日本人の作詞作曲による軍歌が作られ、あっという間に広がった。ただ明治25年の「ますらたけお」（益荒猛男）は、アメリカ南北戦争の北軍の軍歌で、「おじいさんの古時計」で知られているヘンリー・C・ワークの作曲。これは軍歌としてよりも大正時代、〽ラーメチャンタラギッチョンチョンデパイノパイノパイ〽（添田さつき「東京節」）で一躍広がった。また、小学唱歌「見わたせば」（むすんでひらいて）が鳥井忱により「戦闘歌」になったりと、外国の旋律に詞をつけた曲は相変ず多かった。

　又、ここに掲げた軍歌はその年に最も流行したものとして堀内敬三氏が選んだもので、当時刊行された軍歌集の数多さから考えると、たとえは悪いが氷山の一角である。作っては消え作っては消え、歌い手である庶民によって淘汰された結果である。しかも、日清戦争の軍歌が一番質が高いと評価されている。

　先に述べた様に、明治時代の唱歌の特徴を「四七ヌキ、ピョンコ、七五調」とからかい気味に言われる事が多い。この章でも度々言及してきたが、ここでもう一度整理してみたい。

◇**四七ヌキ**は既述のように西洋音階ドレミファソラシドの4番目（ファ）と7番目（シ）の音が欠けた五つの音で構成される日本音階の事である。これは日本の民謡音階「ラドレミソラ」を西洋理論に合わせて基音をドから始めハ長調音階とした。なお、朝鮮民謡の基本音階は平調（ピョンジョ）というが、民族音楽を民族音楽たらしめる音の動き（節回し）を考慮に入れなければ、日本の民謡音階と譜面上の外見は同じである。

◇**ピョンコ節**　前項「故郷の空」で少し触れたが、揺れ跳ねるリズムで、私達の本能の様なものだ。中村節也氏の言う様にこのリズムは、その前進性の為、行進曲に多く使われる様になった。このリズムに対して遅い旋律的な曲を宮内省伶人芝葛鎭の葛鎭（ふじつね）を音読みして**「カッチン節」**と称した。当時の庶民の音感覚で「節」は旋律だけでなくリズム音型や速度までを指していた。もっともジャズ音楽の方でも、はずむリズムはスウィングあるいはシャッフルと称し、わざわざ譜面に書く事なく演奏者の自由なノリに任せられていた。速さも、ファースト（速く）メディアム（中庸の速さで）スロー（遅く）しかなく、ドイツ音楽の様に一分間にいくつ刻めと細かい指示はしていない。

　要は庶民にとって、歌は魂の叫びであり本来は自由で大らかなものであった。

◇**七五調**　本来、日本民謡の口説き歌という長編の歌詞等に多く使われ、「新体詩」とあらたまって呼ぶ程ではない。おもしろい事だが、「四七ヌキピョンコ七五調」と揶揄する人達も決して「七五ピョンコ四七ヌキ」とは言わない。ちゃんと7・5調で喋っているのだ。

要は、四七ヌキピョンコ七五調は我々庶民の本来の音感覚で、たまたま文明開化、脱亜入欧の国策で西洋化の衣をまとってこの時期に開花したもと考えられる。

　さて、先に列挙した軍歌であるが、以上の三つが揃った明治24年以降の曲には、曲名の頭に○印をつけた。△印の「婦人従軍歌」は赤十字で活躍する女性を讃える歌でさすがにピョンコ節は使用していない。印のないものは主に陸軍軍楽隊隊長の永井建子の作詞作曲のもので、この三つ揃えの手法から離れた、洒落た旋律である。

　結局は永井作品以外は全てこの三つ揃えで作られている。厳密に譜を検討すれば8・5調や7・6調が出て来る場合があるが、これは7・5調の字余りである。又、四七ヌキ音階の中にそこから外れた音が出てくるが、主として歌い易さの故に出た派生音である。

～　～　～〈間奏曲　日清戦争と国民生活〉～　～　～

　少年雑誌の項で後で触れるが明治29年2月1日発行「少国民」の中の記事を紹介。

　越後中蒲原郡村松高等小学校は征清軍の寒苦を想い申し合せの上、足袋をはくことを禁ぜしが、近頃平和に復したるを以て本年より足袋を穿つを許したりと（註　穿つは足袋、手袋をつける意）

　あるいは各小学校から戦地の兵に恤兵の金を送ったという美談が、多く載せられている。

　唱歌の方では、「教科書摘要討清軍隊大捷軍歌」（山田源一郎編）と銘打った軍歌集があり、唱歌の時間に歌う様に編集されていた。

　はじめての大がかりな、全国民を巻き込んでの日清戦争であった。ただ、新潟のあの寒い冬、足袋をはく事が禁じられた子供達。さぞ寒かったろうに。なけなしのお小遣いまで恤兵（戦地を慰問する）と称して巻き上げてしまう。いつの世でも、どこの国でも儀性になるのは一番弱い子供達からである。蛇足乍ら国民生活を巻き込むという事でひとこと。

　近頃、東京オリンピックの成功の為という大義のもとに、夏の一番暑い時間にマラソン競技をやるのは、選手たちが可愛想だ。という事で、2時間程時計の針を前に進めたサマータイムを導入しようという動きがあった。田植えが終らないので、沈みかけたお日様を呼び戻した日本昔話の長者様でもあるまいに。たかがその大義（主催者だけの）の為に、国民生活が大きく変化させられる。さすがに案は周囲の猛反対で廃止されたが、足袋をはくことを禁じられた時代が、再々々現されている気がするのは筆者だけだろうか。

～　～　～　～　～

　庶民の本来の音感覚の開花が、老若男女を巻きこんだ日清戦争と軍歌であった事は、少し情ない気がしないでもないが、もう少しあと、明治33年「地理教育鉄道唱歌」からの、7・5調4句の中に駅名を折り込んだ長大な（66番まで）詞と、短い2部形式16小節の旋

律がつけられていた。鉄道唱歌は第5集までであり、一集毎に東海道、山陽九州、東北道等夫々に分かれ、各集毎に作曲者、作詞者が異っていた。最も有名なものは多梅稚作曲、大和田建樹詞の東海道であった。この鉄道唱歌の流行を皮切りに、歴史教育唱歌、地理教育唱歌、道徳唱歌等が刊行され、四七ヌキピョンコ七五調と共に唱歌の主流となった。子供の記誦（暗記と再現して声に出す事）を助ける事を教育の目的として量産されたが、やはりここでの唱歌の扱いは、音楽でなく暗記教育の道具でしかなかった。

　明治33年と明治34年には、画期的な音楽教科書が発行された。納所弁次郎、田村虎蔵共著「教科適要幼年唱歌」及び滝廉太郎、東くめによる「幼稚園唱歌」である。何故画期的かという意味は後程説明するとして、当時の少年雑誌を少し広げてみたい。

少年雑誌を読む

◇**少年園**　明治21年発刊。定価5銭。月2回隔週毎発行。主幹山県悌三郎。少年園発行。
　筆者の手元には明治25年2月3日号しかないが内容が豊富で、理科、社会、国語を中心として教育的目的が主題となっている。最初「小年園」という論説では、「吾輩は教育は国家主義でなければならないが、体育的教育の為には遊戯運動場の公設を期す」と堂々と論陣を張り、中村正直文学博士の寄稿文を載せている。そこに少し面白い記述があったので紹介。
　「少年の本分は勉強にある。心や行いを正しく嗜欲を戒め、身体を健康にし精神を励まし、聖波蘭済（サンフラン）は若い頃淫念に堪ざりしかば、起きて庭前の雪をまろめ、大小二丸となし、之を裸体に親附し、雪の寒さを以て淫火を滅せしとなり」（親附こすりつける）
　又、「女学校の驚慌（ママ）　束髪肩掛英語風琴（オルガン）等浮華の教育を一掃せよと単純なる保守国粋主義者は言うが、女大学、下婢代用主義、御稽古芝居見物主義の旧教育の女子が果して新教育の男子の好侶伴好助手（ママ）になり得るだろうか。」
　当時の教育への考え方が良く解る記事である。読者の少年というのは、高等小学校から中学校程度（10才～17才）までを対象にしている。ここでいう小学校は1年～4年を尋常小学その上の高等小学校は2年～3年。中学校も同じく尋常中学（5年）高等中学と分かれていた。高等中学校は数は少く、すぐ高等学校となった。尋常中学は12才から進学資格を得る。尋常中学の生徒は士族階級の子弟や豪商、地主の子弟が中心で経済的負担も大きかった。因みに、15年後の明治35年の資料では中学生9万5037名、高等女学生（女子の中学生）2万1523名。小学校就学率90％という統計が残されている。残念乍ら全体数が出ていないので90％と言われても全体像がつかめない。ただ当時の中学生は、質量

共に社会のエリートであった事は確かである。

　話が傍へ外れたが、この「少年園」のみならず後続の「小国民」の対象読者と編集方針は理解していただけよう。

　この「少年園」の主幹山県悌三郎は気骨のある編集者で、二度の出版停止をうける等度々条例違反を犯している。又、後年、雑誌「文庫」に、与謝野晶子「みだれ髪」が世間一般良識派から不評を蒙っている時にその才能を手放しで賞讃している。

◇**小国民**（後年少国民）明治22年内務省認可定価5銭。月2回発行。発行兼編集高橋省三・学齢館発行。

　少年園より1年後れて発行された。同じ様に国家主義尊皇愛国の編集方針で、第二次大戦に使われた少国民のイメージと重なるが、明治28年18号は治安妨害で発行停止処分を受けている。少年誌といえども当時の編集者達の出版に対する気概が感じられる。

　（註）戦争用語としての少国民は、大政翼賛会文化部の一端として児童文化統制機関の設立が急がれた。昭和16年の準備会で山本有三委員より「これまでの日本児童文化協会という名称の中の児童は、協会の性格から言っても不適当であるので名称の変更をすべきである。」という提案に基づいて「日本児童文化協会」が「日本少国民文化協会」と名称が変更された。（山中恒著「少国民戦争文化史」P.316～P.320）

　内容は、少年園と同じように読みものに加え、理科地理歴史等の教科内容が中心で、小学校低学年を意識した笑林（一口話の投書）考物（クイズ）等が入り、また、当時としては画期的な言文一致体による小説（明治27年七月号）が載せられている。4巻第1号（明治25年）では遊戯に関する雑報欄を設け◇目かくし遊び◇石かくし等の遊び方を紹介。

◇互報（時事短信）欄で気になる記事を紹介。明治25年2月15日号　**童謡**　自由とか壮士とかいう俗曲。聞くに堪えず。

　（註）ここで使用した童謡は、ワザウタと読み奈良時代政治批判を子供の歌に託してうたったものの意。

　同じく　**貧童をあわれむ**　千葉平郡岩井小学校1年生2名は貧困にて書物を買い得ざる為、同校4年級以上の生徒は義捐金を募りて与えたり。感心な事。

　明治25年4月1日号より、**男子の裁縫**　裁縫は専ら女子が学ぶべき学科であるが、男子もいちいち女子の手を借りずとも、ボタンをつけほころびを縫う位は出来る様に。鎮台に入営中はこれらの事は皆一人でやらなければならない。記者の体験からしても早いうちに裁縫の初歩を学ばせるべき。

　女性の仕事を軽減させる論調かと思ったが実は兵役に赴いた時の心構えでした。

　明治25年6月1日号　◇互報　**小学校生徒爆裂弾を作る**　愛媛県東宇和郡卯之町高等

小学校5名未だ黄口（俗にくちばしの黄色い）の少年なりしが、常々不平を抱く教員某を狙撃せんと計りしものなり。果して真なりや。

　最後に記者が「果して本当か」と疑問文。読みものとしては面白い。そう言えば漱石の「坊ちゃん」の赴任先は四国松山中学校であった。

　翌7月1日号◇互報　熊本県詫摩郡本山村、子供の喧嘩に起因して親同志が喧嘩した時は罰金として酒二升を出す事。

　明治27年9月31日号　論壇　小国民が常に正成公たらんとし時宗公たらんとするは可し。然れども書籍と石盤とをすてて、直に銃を操らんとするは不可なり。国に法律あり物に秩序あり、習学は一日ともゆるがせにせず大いにその素を作りて徴兵適齢の日を待つべし。

　日清戦争（明治27年8月宣戦布告）のまっただ中の記事である。昭和少国民と異り、いたずらに戦意昂揚の記事は少く、先ずは習学に努めなさいという以前と変化ない極めて落ちついた内容であった。この編集姿勢が当局の逆鱗に触れ翌年の発禁処分につながったとも考えられる。

　同号雑報　猫の踏舞　三尺四方をガラスで囲い中にブリキを張った箱に、後脚に厚く大きめのワラジをはかせた猫を入れ、炭火で下から熱する。と猫は前脚が熱く後脚立ちになる。これを数年くりかえし行い教え込めばよく三味線に合わせて二本足で踏舞出来る。

　堅苦しい文語の戦記物、教訓物等記事の中に挟まれた10行程の記事で、ホッとする様な、やや興味本位のくだけた内容である。完全に現代の動物虐待法違反である。もしかしてこれが治安当局の逆鱗に触れたのかも。

　もっともっと紹介したい面白い記事が沢山あり、ついつい読み耽り時が経つのも忘れてしまいそう。特に巻末の短い雑報は当時の社会環境、少年達の動静を知る貴重な資料でもある。特に小国民誌は少年の守るべき本分（学習）を勧める一方、読者確保の為とは言え子供の心に沿った内容が増えている。

　この二誌と他の少年誌は、明治30年代に入ると殆どが細々と命脈を保つだけになったり、廃刊になったりで、後発の明治28年1月から博文館から発行された「少年世界」にその位置を奪われてしまった。

　ここでは少年世界に見られる子供観と唱歌に及ぼした影響力に絞って読んでみる。

「少年世界」発刊

　明治28年1月発刊。編集人巌谷季雄（小波あるいは漣は筆名）博文館。手元の資料は

合本の為奥付がなく細部は省略。月2回発行。

　それまでの博文館の「日本之少年」「幼年雑誌」が発展的に解消。編集責任者に既に児童文学の先駆的作品「こがね丸」で作家としての地位を得つつあった新進作家、厳谷小波を招いた。当初は、日清戦争のまっただ中、既刊の少年誌よりも激しい国家主義鼓吹の内容であったが、詠歌法（短歌）に気鋭の若手歌人佐々木信綱、作文では活躍中の大和田建樹を起用する等意欲的な布陣であった。後に二人は「少年唱歌」欄を受け持つ事になる。当初は、他の少年誌と似たような編集内容で編集者厳谷小波は、二三の言文一致体の軽い読みものを出す程度であった。又、社会的弱者としての子供を取り上げる内容も徐々に加わってきた。

　例えば　**1巻第3号論説**では、軍人は戦死すると相当の恩給が支給され、その子供は月謝免除等の学校もあり優遇されている。しかし出征軍に随従している軍夫（人夫）の戦死には微々とした手当て程度でその遺族は、たちまち路頭に迷ってしまう。戦場では軍人と同じく苦労し辛酸をなめた軍夫の遺族、特にその子供達を思うと、心から残念である。願わくばその子供達の救済の方法を読者諸君と父兄と共に考えようではないか。（原文は文語体でかなり長い内容だが、現代文に抄訳）

　日清戦争のまっ只中、しかも戦勝気分に湧く記事が多い中、堂々たる論陣を張っている。

　同号雑録では宝井基角の「雪の日や　あれも人の子　樽拾い」を引用して貧しい子供へ暖かい視線を注いでいる。

小波の子供のうた観　童謡という概念の提示

　この様に当初から「子供」に対する暖かい目を編集方針に加えていた事は注目すべき所である。手元の資料が中途欠けている為、いつ何号からとは正確に言えないが、同年10月1日号（1巻19号）では、冒頭に「幼年」及び「少女」という欄が設けられている。この二つの欄はしばらく続き、明治33年「幼年世界」同39年「少女世界」の発行につながってゆく。又、明治31年9月より中学世界を創刊。少年世界の読者対象を、小学校、幼稚園に絞った。

　唱歌に関しては、同31年8月号より「少年唱歌」の欄が出来、一ヵ月毎に大和田建樹が担当、「八月」「九月」等その月の風物を主題にしたものでまだ旋律譜はなかった。

　同明治31年12月号に巻末に「子鼠」（童謡）と題した詩が載せられている。作はちゅうちゅう坊。

子鼠（童謡）　作 ちゅうちゅう坊

ねずみ　ねずみ

何もってにげる

砂糖もって逃げまする

砂糖何にする。

うちの子にやります。

お前子があるの。

子が四匹居ります。

さても鼠の子福者　子はさぞ可愛いかろう。

可愛い子にや砂糖やれ。

わしの子にも砂糖やろ。

　砂糖を持って逃げようとするねずみを追かけもせず、やさしく問いかける。子供にとってはねずみも可愛いものだ。

　読者層を小学校、幼稚園児と引き下げられた事もあるが、柔らかな暖かい目で捉え豊かな詩趣で描かれたこの様な作品は、以前には考えられなかった画期的な作品である。

　この欄はやはり翌明治32年1月号から連載され同年5月号で「童謡を募る」と一般公募を始めるに及んだ。簡単な募集要項があり小波の童謡に対する考え方の一端が示されている。一、句調の面白いの！　一、意味の無邪気の！　一、成るたけ平易の！　一、あまり長くないの！　用紙は端書き、文字は明瞭、選者は小波。

　句調の面白さとは、7・5調等々、子供が楽しく口吟める様リズム感のあるものである。上欄に「芽生の楓」（童謡）土手三郎作が例文として出されている。7（3・4）7（4・3）調が8句続き9句目7・7・7・5で終る。声に出して読むと心地よい語感である。

　次の無邪気な意味とは、邪気のある大人たちが寄ってたかって「ああしろ、こうしなさい」と邪気だらけの内容（訓育唱歌）にしてしまうのに対し、全く子供の世界を邪気のない目で捉え子供の気持に添って描くという全く新しい子供観に基づく詩の創作を意図している。そして、「平易く短い」というのは、あくまでも子供が楽しく口吟める口語による詩を意図している。当時、詞の意味を伝える為次第に長くなりつつあった、文語調の格調高い唱歌を視野に入れての事である。小波は、文語調の学校唱歌が子供の心から全く離れた存在の歌である事の批判から子供達の心に沿ったわかり易い言葉（口語）で謡えるものを作ろうという意図があった。

　この一例をもって、当時盛名を馳せつつあった巌谷小波の全てを語り評価するものではないが、彼の子供観を伺い知る一端になると思う。ここで募集し集まった作品はしばらく

掲載されたが、残念ながら決して大きく取り上げられもてはやされる事なく消えてしまった。但しこの小波の理想は、明治34年「幼稚園唱歌」（東クメ、瀧廉太郎共著）を始め、明治後期の言文一致（口語）による唱歌の数々の作品に大きな影響力を与えた。

先に「童謡」という言葉を使った2つの例を示した。はじめに伊沢修二の「小学唱歌1年「からす」で使われた童謡は現在では童唄とされている。次に雑誌小国民で使っている童謡はわざうたと読んで政治的な意図を含んだ内容のものをいう。ここ少年世界に出た童謡の意味は、今述べた様に「子供の気持ちに沿った、子供が楽しく口吟める謡」である。謡はここでは、単なる詩であって、当時は作曲を作歌、作詞を作謡と称し、明治末には作曲、作歌（詞）となったりで用語としては不定であった。

20年後ここで初めて提示された童謡という言葉は、再び芸術という衣を着て、鈴木三重吉主宰の雑誌「赤い鳥」に登場。但し芸術性というはっきりした概念のないあいまいな言葉だけが先行し童心芸術という美名のもとに、子供の心から遠く離れてしまった。更に邪気のある大人達によってレコード童謡としての商売道具になったり、幼い子供の戦意向上の軍歌童謡となった。一概に童謡といっても色々あるし、唱歌より童謡が勝れているというのは考えものである。

大和田建樹を中心に発表していた少年唱歌の欄は明治34年1月号から楽譜付（音符による本譜と数字譜の略譜）で登場。第1曲は、「たのしき春」佐々木信綱作歌、東儀鉄笛作曲（ここからは作歌作曲になってきた）。作詞は、佐々木信綱を始め、鳥井忱、旗野十一郎、大町桂月、武島羽衣、山田美妙、福羽美鈴等々、考え得る活躍中の錚々たる文学者達が、まるで当時の博文館と少年世界の影響力を誇示するかの様に筆を競った。作曲は気鋭の作曲家東儀鉄笛を起用してレギュラーとして当らせた。東儀は、明治39年に早稲田の校歌を作曲。また伶人出身で東京音楽学校で学んでいない為、形に捉われない自由な伸び伸びとした唱歌を作曲している。

度々恐縮であるが、筆者の原本の資料では明治36年の2月号で「雪合戦」小波作歌の数字譜を確認しただけで、いつ迄続いたか不確かである事をお許し願いたい。この33年（第6巻）1号からそれまで二週毎に発行していたのが月1回の月刊誌に変った。

尚、明治33年10月号より巌谷小波がドイツ伯林大学附属東洋語学院の日本語教授として招かれたため、編集の後任として江見忠功（水蔭）に変ったが、小波の小説等はずっと続き、又、伯林からの「さざなみ日記」は一種の紀行文として人気を集めた。この日記の記事中、明治35年7月号　ヴァイオリンで留学中の幸田幸（幸田露伴の妹、幸田延の妹。当時ヨアヒムに師事）と、ライプチヒの瀧廉太郎を訪れたが、病床中である為会えなかった事が記されている。（後で改めて見舞いに行った）

瀧廉太郎は、＊東京音楽学校時代、教会のオルガン奏者として讃美歌の伴奏をしていた（明

治33年渡欧前に東京麹町の博愛教会で洗礼をうける）。又、小波は明治20年同じ麹町の番町教会で洗礼を受け、熱心な信者であった。お互いに教会を通しての親しい交流があったと思われる。　＊参考文献　大塚野百合著「賛美歌・唱歌ものがたり」P.8〜9（創元社）

小波の子供観

　自称「子供好き」の小波はこの「少年世界」誌上で、特に恵まれない子供達に暖かい視線を注いできた。当時の言葉で「貧児」「孤児」である。

　岡山の孤児院の紹介記事で「孤児というものは大体心の僻んだもの躰のいじけたもの、中には手癖の悪いものもいる位だからその心を矯め躰を伸ばすには、束縛を与えず干渉を与えず、なるべく勝手気ままにしたい放題にさせるのが一番よい教育法」（明治33年3月号、P.90）としている。そしてその実践として洞爺湖畔北海孤児院で三人の子供達が自分達の手で橇を作って伸び伸びと遊んでいる様を記事にしている。

　少し遡って**明治32年2月1日号**で、滋賀県彦根に貧困無告の児女を教育し、院内に小学校を設け智育徳育の薫陶につくす、多望な育児院が出来た事の報告とその大成を希う。とある。

　又、**同年2月15日**号での報告記事。明治30年12月末の日本の学齢児童773万441人中、盲唖者は9052名。その内就学している者はわずか187名。と報告、その「不幸な児女の就学せる者僅少なるは患うべし。」とある。

　明治31年11月1日号と11月15日号には華族女学校附属幼稚園参観記を連載。その特権階級の子供達の様子を活写している反面、時が経つにつれて、片隅の小さい小さい欄乍ら恵まれない子供達に目を向けている記事が増えてきている。そして小波が渡独する年**明治33年2月号**で大きく「二葉幼稚園」を取り上げた。

　この幼稚園は、華族女学校附属幼稚園に勤める二人の先生、野口幽香、森島峰子の発起、専任に平野町子を得て、貧乏人の子供達の為に、麹町の露地奥8畳6畳の二間を借りて創設された。

　車夫、仕事師（工事現場での日庸い労務者）大工等の下・等・社・会（原文の表現）の子供達で、慈業の為、運営費は来た時に一銭、あとは賛成員の月々の補助金、慈善家の臨時寄附等で細々と賄われていた。（勿論政府の保護や富豪の後援はない。）

　下等社会の言葉使いのため先生の言う事が通じない。朝起きて顔を洗った事がなく、目脂だらけ、鼻は垂らし放題、しもやけ、ひびあかぎれは当りまえ。鏡を見た事がなく、自分の顔が解らない。等々。その児達が、この園の先生方の暖かい教育によって次第に人間の子として成長していく様が報告されている。中には、耳の遠い児が近所の児たちに馬鹿

にされ、それが悔しくてふところに出刃庖丁を入れ、からかう者が居るとそれを相手にぶっつけていたが、或時出刃を落し自分の足を傷つけてしまった。取りあえずボロを巻いていたが容易には癒らず、幼稚園に来た時は足を引きずって来た。その事に気付いた先生はすぐに石炭酸で傷口を洗い、新しい包帯にしてやがて傷は徐々に癒えそれと共にその児の僻み（心の傷）もすっかり直ってしまった。

　こういった事例が感動的に紹介されている。ここで小波は、人の貴賤は富豪とか貧乏人の経済力で決まるものでなく、その性質その人品、その行状で決まるものである。それは幼い時からの教え方育て方が重要である。子供は白い糸で、それを赤くするも黒くするも、そのまま汚してしまうのも扱い方仕第である。と幼児教育の重要性を力説している。最後にこの幼稚園で教えられ育てられている幸せな子供達 18 名が、たとえその親は賤しくとも、これからどれ位貴い者になるか。それを思えばこの二葉幼稚園は、それが幹となり枝となり葉となり花となって栄える事を祈ると結んでいる。

　因みに、上笙一郎、山崎朋子共著「日本の幼稚園」（光文社文庫）P.91 ～ 101. によると、この二葉幼稚園の理念は明治 41 年徳永恕によって引き継がれ、第二次大戦で、消失してしまう迄続いた。という事である。

参考文献　雑誌小年園（明治 25 年 2 月号）

雑誌小国民（明治 25 年 1 月号～ 12 月号）他

雑誌小年世界（明治 28 年 1 号～明治 36 年 1 号迄）欠明治 29 年～明治 30 年

　更に小波は、後年（大正 4 年）「桃太郎主義教育の話」という本を著している。ここで昔から伝わるお伽話の中で「桃太郎」を取り上げ、教育を論じている。「かちかち山」「浦島太郎」「瘤取り爺」「姥捨」等の有名なお伽話の教訓は慈悲、正直、孝行、順良の如き小乗的教戒にすぎない。放胆にして雄大な大乗的な訓話ではない。多くのお伽話は「こうしてはならぬ、あゝしてはいけない」という消極的なものが多い。「こうせよ、あゝせよ」と人を導く積極的なものは少ない。として桃太郎のお伽話を勧め論じている。

　おじいさんとおばあさんは桃から男の子が飛び出しても「なぜ」「どうして」と余計な事は考えず大喜びでこの児を育てる。「親孝行であった」「りこうな子であった」「学問武芸もよく出来た」と何にも書いてない。ただすくすくと育ち、やがて鬼ヶ島へ出かけると言う。おじいさんもおばあさんもそんな恐ろしい所へ行くのに「あぶないからおよし」と止めるどころか日本一のきび団子を作って送り出した。途中で知、仁、勇の象徴である犬猿雉子に日本一のきび団子を与え、めでたく鬼退治をしてめでたしめでたし。大切な日本一のきび団子を見ず知らずの獣たちに惜しげもなく与える桃太郎の包容力の大きさ、そしてその意気に感じた三匹の忠誠心。利害関係で結びついた仲でないから桃太郎の為に命賭

けの荒仕事をする。それこそ主君の為に命を惜しまぬ「情」の関係だからこその事である。更にはその三匹のもっている悪い所をあげつらい矯正するのでなく良い所（知、仁、勇）を大きく伸ばして勝利を得た。桃太郎にその知仁勇が備わっていたから出来た事である。

更に、小児科医唐沢博士の講演を引用し、「いかにして子どもを丈夫にするか」ではなく「いかにして子供を弱くせぬようにするか」。本来子供は皆丈夫なもので、それを大人がいじりまわしてついに弱くしてしまうのだ。すなわち「子供のときは子供らしく子供としての天真を遺憾なく発揮させるべきであり、おとなしくという事はおとならしくしなさい」という事で、せっかくの無邪気な子を早くおとなにしてしまおうとする。最も良い子とはおとなしい子の事であり、理想の子供と考えるのは大きな間違いである。

この項の初めに紹介した、岡山あるいは北海道の孤児院の小波の子供観を大きく敷衍している。又、本人自身この桃太郎のお伽話を軍国主義、侵掠主義と批判する人達がいるがそんな一知半解の徒の蒙を啓く為に書いた。として、その批判も取り上げている。

確かに当時急速な官制資本主義の発展がもたらした社会的矛盾、それに伴う社会主義者の増大と弾圧などの諸々の社会問題の中での「桃太郎」の批判ではある。それはそれとして、日清戦争が終り日露戦争にむかっているこの時期に、国家から見放され、社会から顧みられず、親の顔さえ知らない孤児、あるいは親は居ても貧乏の為まともな躾さえなされていない子供等に、暖い視線を注ぎ、取り上げ、更には、子供は天真のままに矯めず直さず、まっすぐ伸び伸びと育てるという主張は、明治の知識人としては、群を抜いた先見性をもった偉大な存在であった。

◇参考文献　桃太郎主義教育の話　巌谷小波著　巌谷大四編　（株）博文館新社

第5楽節〈三つの言文一致体による唱歌集〉

これまで時代によるそれぞれの唱歌作品の特徴を主要な作品を通して考察してきた。

最も初期、「小学唱歌集」では、西欧の旋律に言葉を当て嵌め、音楽性は後回しの詞主曲従。内容は、美妙的に日本の美を讃え、あるいは、徳性の涵養が中心主題であった。

次の明治唱歌では大和田建樹により、新体詩の追求、様々な句調から7・5調への転換。あるいは人間の感情を唱歌で表現する内容等が特徴として挙げられる。

軍歌では、47抜きピョンコ7・5調が庶民の音感覚として定着した事を見てきた。

そして、巌谷小波の「少年世界」に見られた、子供を子供の目線で捉えるという新しい子供観が芽生えた。

さらにこの時期に「唱歌」を特徴付ける重要な技術的革新があった。それは今までの格調高く難解な文語体ではなく、子供達にわかりやすい話し言葉の詞で表現しようという動

きである。（話し言葉で表現する事を、やや堅苦しいが「言文一致体」と当時の表現に従う）

　ここで周知の事であるが言文一致について復習。
　初期に、前島密や国文学者物集高見によって日本語改革の方策の一つとして提唱されたが明治10年代後期に文学の表現上の問題として試される様になった。二葉亭四迷は「浮雲」で文章の終りを「だ調」山田美妙「です調」硯友社の尾崎紅葉「である調」を夫々の作品の中で表現。明治40年代には文学表現に欠かせない文体として確立。
　ここまででは、文学史上の周知の事であるが、教育の世界に目を向けてみよう。
　明治33年に、退職した教師を中心に組織された帝国教育会の事業として、言文一致会という名の会が設置された。長くなるが、**明治34年3月の例会の議事録**を引用。

　　第一、往復文（手紙等）には「候」の字を持ちいぬこと。但し仮名遣は各人の自由にす
　　　　ること
　　第二の一、むずかしい文章を言文一致体に書き直すこと
　　第二の二、新聞雑誌著書に出ている言文一致体の文章を批評すること
　　第二の三、名家を招いて言文一致に関する苦心談をきくこと
　　第二の四、標準語を撰むこと。　　（以下略）

　これは会員に対する会則であって未だ一般に強要する声明ではないが、まだ言文一致体が確立せず手探りの状態であった事が伺える。更に**同年11月の委員会の議事録**より

　　一、標準　東京の中通（中流）の人の平易な語をとる。
　　二、文章の二体　語録体（独語体）と会話体をはっきり書き分ける。　　（以下略）

　ここで問題なのは、東京の中通の人の平易な語を標準にしていることである。恐らく明治33年の教育令と、同34年「尋常小学国語科実施方法要項」の第二項「国語教授に用うる言葉は主として東京の中流以上に行われ居る正しき発音及び語法に従うものとする」という文部省の意向を受けてのものである。
　「東京の中通の人々の平易な語」といきなり言われても、地方の人々にとっては果たして何の事か解らなかったのではないか。確かに明治維新後、薩長土肥を始め様々な人が中央に出入りするようになり、又、社会的階層によっても使用する言葉が違っていた。その為、共通語としての「ことば」の制定は意志の疎通には必要な事であった。この言文一致会が先ず取り上げたのが、往復文（手紙）で候の字を出す事を戒めている。

それをいきなり言文一致体で表現する様に、そのために東京の中流語を標準語として採用する様にと決められた。言葉の中央集権化である。そして全国の小学生は国語読本のなかの暖みのない標準語という東京語を学ばされることになった。

　話が外れることを覚悟で、「もだえちなっと、かせせんば。」故石牟礼道子の代表作「苦海浄土」の執筆の動機となった、著者の思いである。音として耳に入ると何の意味か理解出来ないし共通語にも翻訳は不可能である。「水俣病で苦しむ人の生活破壊、差別と躰の耐え難い苦痛を、その人と一緒になってもがき苦しむ事で、加勢（かせ）しなければ」地方の人だけに、この言葉の意味が、暖かい心情が、理解出来る天草の言葉である。万人共通の理解の為とは言え、方言を「きたない言葉」として追放し、「美しい日本語」として無味乾燥の東京語を使用させる。明治政府の国語政策とは申せ疑問が残る。言文一致運動とは、両刃の剣の様な功罪を含んでいた。

教科適用「幼年唱歌」を読む
納所（のうしょ）弁次郎、田村虎蔵共編全十冊（明治33年～明治35年）

　かねてより文語による典麗高尚な内容の教科書「小学唱歌集」に疑問を持っていた田村虎蔵が中心となって刊行された。共著者は、明治20年最後の音楽取調掛を卒業した田村の先輩納所弁次郎である。*クリスチャンであった納所は数少ない子供向けのクリスマスソングのために「新撰曲附クリスマス讃美歌」を刊行（明治27年）明治25年より軍歌の作曲も行い、「凱旋」「坂本少佐」「豊島の戦」等、先に紹介した様に日清戦争軍歌の代表作を作曲した。「幼年唱歌」の頃は華族女学校附属小学校訓導（先生）であり、唱歌教育の理念は田村と同じであった。

　詩人は高等師範学校附属小学校訓導の田村の同僚たち、石原和三郎、田辺友三郎らが協力した。

＊参考文献　この項　日本近代音楽館「明治の作曲家たち」

内容

　1学年と2学年は上・中・下と学期毎分かれ各8曲。3学年と4学年は上・下各10曲。合計88曲。（明治33年の小学校令により小学校の義務教育年限は4年とされた）

　邦人作品、納所31曲、田村32曲。宮内省伶人奥好義、多梅稚各1．納所の音楽取調掛の先輩同期、後輩にあたる小山作之助2、鈴木米次郎、内田粂太郎、目賀田萬世吉（めがたませきち）各1。田村の音楽学校時代の吉田信太1、永井幸次1。武田林風(不詳)1。そして外国曲14曲。「明治唱歌」で約2／3を占めた外国曲が1／6迄になった。

第1楽章　唱歌小史（明治の子供のうた）　　67

詞では、先述の田村の同寮石原和三郎43、田辺友三郎23、富永岩太郎2、佐々木吉三郎1。当時唱歌作詞で第一線で活躍中の桑田春風6、旗野士良（旗野十一郎）5、佐々木信綱2、東宮鉄真呂1。杉谷代水1。所属不詳大橋銅造、高木和足、笠原白雲各1。尚、田辺友三郎は第3学年下巻（明治35年、7月刊）から作品を出していない。恐らく勤務先の変更（静岡への）がその理由であろう。

　言文一致体の曲は第1学年と第2学年の1学期に集中。33曲中29曲を占める。ただ文語体と言ってもかなり解りやすい平易な文語を使っている。

　音楽的な面では殆ど2／4拍子。3拍子は4年生後半で3曲程度、6／8拍子は僅か1。短調1。調性はト長調、ヘ長調が中心。言文一致曲に限定すると47抜き旋法中心。1年生3学期になって4音が加わり始める。但し外国曲の場合は、7・5調、47抜きは除外。更に、従来にない「発想記号」を加えている。

　唱歌という高尚なものを教えるから、有難く勉強せよと言わんばかりの東京音楽学校側のアカデミックな態度と、何とかして児童に音楽の楽しさを伝えたいという教育現場の要望とは相反するものであった。特に低学年は楽譜を読まないで、先生の歌をオウム返しにするだけの唱歌の授業では、「聞いてわかる。歌って楽しい。」の2点は重要な事であった。

　言文一致体導入は、その目的達成の為の欠く事の出来ない手段であった。従って詞の内容も頭ごなしに尊皇愛国や修身を押し付けるのではなく、子供の日常生活に基づいたテーマを取り入れた詞が多い。童唄をそのまま使った、1年上－5「開いた開いた」あるいは童唄の改変作同上－8「ほたる」同中－1「お月様」同4「雁」同7「大寒小寒」等。お伽話を題材にしたもの1年上—2「金太郎」同6「桃太郎」同中—5「浦島太郎」同後—2「花咲爺」同後—7「舌切雀」2学年上—3「大江山」同5「兎と亀」同8「松山鏡」等。（因みに、現在歌われているのは、「金太郎」「兎と亀」位であとは、後年の文部省唱歌の方が使われている）2年生2学期から文語体になるとお伽話に変って、歴史上の人物、神話の「神武天皇」「日本武尊」から始まり「加藤清正」「牛若丸」「和気清麿」「平重盛」「北条時宗」他が並ぶ。

　明治33年の小学校令でそれまで読書、作文、習字と三つに分かれていた科目を「国語」に統一。修身、国語、算術、体育を必修にし、図画、手工、唱歌、裁縫（女子のみ）の実技は土地の事情により一科目あるいは数科目置くことが出来るとされた。当時教科書として歴史、地理、理科に当たる教科が設定されて居らず、とりあえずは、修身と国語のみであった。後に算術が加わった。故に教科書として国語読本は、歴史、地理等までも題材にした。

　唱歌の方は、伊沢修二の尽力で、明治14年～17年の小学唱歌集の刊行で、音楽教科書があった。それは国語読本の内容に基づいた、「教科適用」の総合教育の教科書にもなった。同時代に、教科適用「大捷軍歌」地理教育「鉄道唱歌」「電車唱歌」等々、数多くの教育

用としての唱歌が出版されていた。

　そういった時代の要請もあってこの幼年唱歌も、子供の心に沿うものから今までの尊皇愛国、徳育唱歌へと題材が戻っていった。

　全く新しい試みとして音楽面では、発想記号の記入がある。「ツ」は「強く」「ヨ」は「弱く」「チ」は「中等に」「シツ」は「次第に強く」「シヨ」は「次第に弱く」。そして曲頭に速度記号を兼ねた表情記号。ドイツ式のメトロノームの厳格さではなく、イタリア式の表現法を含んだものを日本語で表示した。例を掲げると、快活に。稍緩除に、やや急速に、爽快に、快活に等が指定されている。

　当時の時代背景か、「軍歌体で」との表記には驚かされる。曲は、１年中―5「浦島太郎」同下―7「舌切雀」2年上―3「大江山」同中―7「日本武尊」同下―8「牛若丸」の5曲にテンポ表示の傍に書き入れてある。この6曲の共通する所は、お伽話、神話が題材で7・5調4句で4連ないし6連の長い語り物。テンポは夫々異なるが、快活に、急速に等速く元気が良いもの、二拍子ピョンコ節（舌切雀は別）等が挙げられるが、技法、内容ともに確たるものがない。もっとも納所も田村も当時の作曲家と同じ様に積極的に軍歌の作曲に勤しみ、児童も声を揃えて歌っていた時代だから、しっかりした定義がなくとも理解出来たのかも知れない。ただこの表示は「幼年唱歌」のみで、一代限りで終った。

　願わくば、これからの「子供のうた」に「軍歌体で」と指定されて歌う時代が二度とない事を祈るばかりである。

　さて、この幼年唱歌には、10年後に出された文部省編「尋常小学唱歌1～6」に大きな影響を与えた。

　教科統合の為、内容を修身、国語、地理、歴史等網羅したもの。学年毎に3学期制にふさわしい季節感のある曲を配列する。これは当然の共通事項であるが、低学年に言文一致体を用い、高学年になるにつれて文語体に移ると同時に子供の興味をひく内容から、修身、尊皇愛国の徳育中心の曲に切り換えられた。

　唱歌の気品を損なったものとして、言文一致体による唱歌を排除する東京音楽学校側と、納所弁次郎、田村虎蔵らの教育現場からの意見は、お互い相譲らない激しい論争があったが、後の文部省唱歌編纂委員会第2回会議では「既刊の小学唱歌中、田村氏の著書は比較的完全に近し」と評価している程で、結局は文部省唱歌に言文一致体を取り入れざるを得なかった。

　音楽の技法の面で、ハ長調から始めるのではなく子供の出しやすい、ハ長調より4度～5度高いヘ長調、ト長調から始めている。更に47抜き音階から始まり後半になり徐々に4（ファ）と7（シ）を加えていく等々は教育の現場に立つ人でしか解らない事である。

第1楽章　唱歌小史（明治の子供のうた）　　69

終り方であるが、先述の様に（譜例1－10'）終止には3種類のパターンがある。①ミレドと下降して終止　②ラシドと上向して終止　③ソドと属音から主音に飛ぶ終止、である。一般的に③の終り方は、断定的な場合、②は歌い上げる様な場合に使われる。①の終止ミレド（あるいはレミド）は、幼年唱歌の言文一致体を中心とした2年生まで48曲中外国曲と童唄（わらべうた）計6曲を除いて殆どこの終止を用いている。属音ソから終る③の終止は僅か3曲だけにすぎない。この①の終り方は、ゆっくりとブレーキをふんで静かに止まる車の様に、中間部で歌い上げた感情が余韻をもって静かに終る効果がある。しっかりと文部省唱歌の終止に引き継がれた。

　最後に、文部省唱歌のリズムパターンの典型　♩♫♫｜♫♪♪｜　について。〽出ーて来い、出ーて来い。いーけのこい〽。〽やーまだのなーかの〽を思い出してもらえれば解っていただけるリズムパターンである。その萌芽とも言えるものは、幼年唱歌に見られる。1学年上―2「金太郎」を例に考えてみよう。

金太郎

石原和三郎 作詞　田村虎蔵 作曲

1　まさかりかついで　金太郎　　　2　足柄山の　山奥で
　　熊にまたがり　お馬の稽古　　　　けだもの集めて　相撲（すもう）の稽古
　　ハイシイ、ドードー、ハイ、ドードー　　　ハッケ、ヨイヨイ、ノコッタ
　　ハイシイ、ドードー、ハイ、ドードー　　　ハッケ、ヨイヨイ、ノコッタ
　　筆者註　原譜はカタカナ書きであるが、わかりやすく当用漢字を交えた仮名書きに直した。

　句調は、第1、2句は原則7・5調、第3句は7・7調、何故原則かと言うと1連目で第1句8・5第2句7・5。2連目では第1句7・5第2句8・5と字余り的な8音がある為である。これは、外国曲による詞（ことば）付けによくある事で、日本の7・5、6・5等の句調と西欧の旋律の数が一致しない場合の方策である。譜例1－23の様に足りない時はタイでつないだり、同一音を二つに分割したりと様々な微調整がなされた。

　8・5（7・5）の句調を、音楽上のフレーズとして2小節内に納めると譜1－23のイの様に八分音符の連続となりイ「まさかりかついで」と平坦に事実をそのまま話している感じがする。このまま話が進んで何事も起らない。だからそれが何なのだと言いたくなってくる。だが西洋音楽理論どおり、原則強い音は長く、弱い音は短くすると ロ「まーさかりかーついで」になると急にいきいきとした語り口の旋律に変化してくる。「それがどうした」から「それからどうなる」と心が動いてくる。

　この強拍は長い音、弱拍は短い音というリズムパターンは色々な変化を伴う。ハさらに

細分化されたり㋩後半にもってきたり（終止に多い）等々応用形が数多くある。この幼年唱歌1・2学年までは巷に溢れるピョンコ節使用の曲12曲を凌いで倍近くの19曲まで使用している。文部省の唱歌パターンの源流をこの幼年唱歌にあると見るのは早計であろうか。

更に忘れてはならないのは、唱歌の中に初めて言文一致体の詞を採り入れ成功させた詩人達である。歌の良し悪しは全て詞で決まる。まさに名詩は名作を生み作曲家を育てるのである。納所、田村の革新的な試みによく応えたのが石原和三郎と田辺友三郎の二人の若い才能であった。先述の様に師範学校付属小学校の訓導（先生）として教育の現場から、子供の視点で詩を考え創作した。田辺友三郎はこの曲集の3－上で2曲書いてあとは詞がない。静岡の小学校へ転勤し、その地で教育者として一生を送った。1－上「桃太郎」（現在の一般に歌われている「桃太郎」は文部省唱歌の方であるが、この「幼年唱歌」の方も〽桃から生れた　桃太郎　気はやさしくて　力持ち……〽の方）を始め、数々の曲を残している。

　石原和三郎は、この「幼年唱歌」の出版の年明治33年には訓導を辞し、出版社富山房へと転職した。この富山房は、同33年には坪内逍遥著による「国語読本」を出版している。編集部には、後年「星の界」コンヴァース作曲の訳詞をした杉谷代水ら錚々たる人材が揃い活躍していた。杉谷は、この曲集では4－上8「行軍」（外国曲）の作詞をしている。

　石原はその後、本格的に詩作活動を行い、幼年唱歌に続いて出された少年唱歌（明治36年〜37年）、田村とのコンビによる「公徳唱歌」「電車唱歌」等々多くの作品を世に送った。明治34年には言文一致会の会員として、明治43年の文部省唱歌の編集の際には、外部依頼の詩人として名前が載っている。明治の唱歌界の一方の雄として活躍した。

納所弁次郎、田村虎蔵、田辺友三郎、石原和三郎ら作曲家詩人達の心血を注いだ幼年唱歌は技術上の改革（言文一致体の採り入れ、発想記号、速度の明記、リズムパターン等）は子供達に単に言葉を覚える為の節付けのためのものではなく、「音楽」本来の持つ美しさ、楽しさを教える為のものに大きく転換した。唱歌教育の現場では子供達のみならず先生までが生き生きと勉強した事が記録されている。理解しやすいという事は、子供達の心に寄り沿うという事である。この幼年唱歌での改革は、文部省唱歌を含め次世代の唱歌作品に多くの影響を及ぼした。ただ高学年になると、歴史上の英雄譚（「和気清麿」、「加藤清正」等々）、あるいは「金鶏勲章」「皇恩」・「行軍」・「国旗」・「凱旋」等の曲が荘重な文語体で彩られ加えられている事を考えると、意地の悪い見方をすれば、文部省の唱歌教育の従来の目的、尊皇愛国の為の、徳育唱歌の為の、導入部としての手段に過ぎないとするのは、穿ち過ぎであろうか。むしろ庶民は小難しい唱歌より 〽もしもし亀よ　亀さんよ〽、〽裏の畑でポチが鳴く〽　と大声を出して歌そのものを楽しみ、又、それ等が後世にまで残った。

幼稚園唱歌

東クメ 作詞　瀧廉太郎・鈴木毅一 作曲

　「幼年唱歌」の刊行の1年後、明治34年7月にやはり教育現場からの要請の下に「幼稚園唱歌」が出された。東京女子高等師範付属幼稚園批評係の東基吉は、それまでの難解な文語調の幼稚園の唱歌を、子供達が理解しやすい口語体にした新しい保育唱歌にするべく、妻の東くめに提言した。結果東くめの東京音楽学校の2年後輩瀧廉太郎と彼の親友鈴木毅一が作曲、東くめが作詞を担当した。

　この「幼稚園唱歌」は全20曲、内17曲が瀧の作曲、3曲は鈴木の作曲。詞は東くめ12曲、瀧4、鈴木3、佐々木信綱1の内訳である。既述の様に当時の音楽学校では、外国の旋律を与えられそれに日本語を当て嵌める事が重要な学科になっていた。詞作を外部に依頼したのは佐々木信綱のみで、この三名も唱歌の詞作に長けていた。

　又、緒言に小波山人巌谷の名がある。幼稚園唱歌の構想がまとまると、教会を通して旧知の仲であった、巌谷小波に相談に行った事が、小波日記に記録されている。又、小波も瀧と鈴木の若い才能を開花させる為に、小波自身の子供観、言文一致体の唱歌への試み等様々な助言をした事は想像に難くない。

　凡例1で品題を「児童が日常見聞する風物童話等に取り」中略「先づ談話問答等に由りて、児童の興味を喚起せしめ、然る後一句づつ口授する」とある。各曲の題材を高邁な思想でなく子供の日常生活に依り子供の立場で考え、頭ごなしに難解な文語体を教え授ける

のでなく、お互い言葉の意味をよく理解した上で一句づつ口授するという方法をとった。

◇参考文献　「滝廉太郎」小長久子著（吉川弘文館「人物叢書」）

「滝廉太郎全曲集」小長久子編（音楽之友社）

凡例２では、歌曲の速度は緩慢に流れず、むしろ急速なるべし。本編の歌曲は遊戯が出来る様になっているから、適当な動作を加えるように。

歌詞に較べ、緒言凡例は格調高い文語体の為、意訳した。要は、曲の速度は、遊戯を伴う事を念頭に作曲してあるから「急速」にする様に。現場の先生の創意で振り付けを加える様にと、現場中心の配慮がなされている。

更に各曲毎に伴奏譜をつけるという、これも今までの唱歌にはない画期的な方法が取り入れられた。

詞主曲従、あるいは、曲は従でなく詞の為の下僕にしか過ぎなかった唱歌教育が音楽教育へと移った。前記の納所田村版「幼年唱歌」も音楽本来の持つ魅力を伝える事に腐心した作品集であったが、この幼稚園唱歌では、和声という音楽の中で最も重要な要素を早い時期に教えるという目的もあった。

音に出して伝えられないもどかしさがあるが、今でも幼稚園等で、「起立」「礼」「着席」とピアノで号令をかける時の和声を想起して欲しい。「起立」は準備を求める「ドミソ」の響き（主和音と呼ぶ。記号をＩと表示）「礼」は頭を下げる動作を促す「ソシレファ」の響き（属７の和音、記号はＶ７）「着席」は元に戻って安定する、（主和音）と、三つないし四つの音を夫々同時に鳴らした時の「響き」が「和声」と言って音楽の骨格を作る。この安定（Ⅰ）と動作（Ⅴ７）は常にお互いを求め合ういわば恋人同志の様な関係か。ただもう一つその仲の良い関係に割って入る恋敵の様な響きがある。下属和音（Ⅳ）と呼んでいる。この第三者（下属和音）が加わって始めて、お互いに緊張が生まれ音楽は奥行きを増し活き活きと波瀾に富んだ内容をもってくる。

尊い「和声学」という学問を、余りにも俗世間の「三角関係」に置き換える非礼を、筆者の品下った性によるものとお赦し願いたい。最も人生では「波瀾」ではなく、たちまち「破綻」となってくるが。

惜むらくは伴奏譜付きの唱歌はこの幼稚唱歌のみで、本格的なピアノ伴奏譜は明治45年吉丸一昌著の「新作唱歌全10集」迄待たなければならない。もともと日本音楽には、和声という重なった音の響きを味わい感じ取る考えがなく節優先であった所為もあるが、お前達下々の人間には解るまいとばがりに「和声学」という手の届きそうもない尊い場所へ祭り上げてしまった為、「日本人は和声に弱い」という概念を教える側が自ら作り上げてしまった。残念な事である。

曲は、易しい旋律だが、言葉の意味をよく表現した動きをもっている。詞の方は、擬音

第1楽章　唱歌小史（明治の子供のうた）　　73

語、擬態語、擬声語（以下総称として「オノマトペ」という語に統一）を多用し、言葉の持つ「おもしろさ」「楽しさ」を出している。例えば「お池の蛙」

お池の蛙　　東くめ 作歌　瀧廉太郎 作曲

お池の蛙は

　くわっくわっくわっくわっくわっ

何というて鳴く

　くわっ　⌒　⌒　⌒　⌒

雨ふれふれとて

　くわっ　⌒　⌒　⌒　⌒

ふるまで鳴くのよ

　くわっ　⌒　⌒　⌒　⌒

　これだけ「くわっくわっ……」と並べられると声に出して読むだけで楽しい気分になってくる。これに旋律と動作が加わると、つい本物の蛙になってしまいそう。蛙みたいに座ってピョンと跳ねて「くわっくわっくわっ……」と大声で歌う子供達の姿が目に浮かんでくる。文語調では決して表現出来ないオノマトペの効果的な使い方である。

　全20曲の幼稚唱歌全曲を楽譜と共に解析紹介しなければ、作者が企図した本来の姿は捉え難い様だが、ここでは今でも愛唱されている曲を中心に紹介する。

水あそび　　瀧廉太郎 作歌、作曲

水をたくさん　くんできて

水鉄砲で　あそびましょう

一二三四　ちゅっちゅっちゅ

　7・5調3句の短い詞。リズム型ははずむリズム（付点音符）と長い音符（四分音符）の組み合わせで、軍隊行進曲風になっている。あたかも手樋に水をいれて意気揚揚と運んでいるかの様に。そしてその付点音符のもつ前進性が突然「あそびましょう」で中断。八分音符に変わる事で平和な子供の遊びの世界に入る。リズム型が変るだけで、詞の意味を的確に表現している。

　三句目で、「ちゅっちゅっちゅ」が後年「しゅっしゅっしゅ」に書き改められた。誰が改変したかは定かではない。恐らく瀧はすでにライプチッヒ留学の直前の慌しさの中で細

かく推敲する時間はなかった筈である。とすると共著者の鈴木毅一か。もっとも鈴木はこの曲集の出版年（明治34年7月）の一年前に宮崎師範に赴任したばかりで、こちらもその為の時間はなかった筈である。（更に同年9月には宮崎師範を休職。東京音楽学校研究科に入り、あらたな生活を送っている。小長久子著「瀧廉太郎全曲集」P.88.より）とすると、東くめか、発行元の共益商社編集部かとなるが、多分、戦後の童謡集に多い事から考え併せると、それぞれの出版社の編集部の改変したのが確実な所ではないだろうか。「ちゅっちゅっちゅ」は何故いけないのか。多分、その音がキスの音に似ているからだと思われるが下司の勘ぐりであって定かではないが、もしそういう理由であったとすると、大人の邪念の介入である。「ちゅっちゅっちゅ」という語感はごく少量の水が飛び出す感じ、「しゅっしゅっしゅ」は多量の水が勢いよく出る感じではないだろうか。

　真竹を一節残して筒を作り、節に錐で小さな穴をあけ、もう一方細い女竹に布をぐるぐると大きな方の筒口一杯になるまでしっかり巻きつけて、水鉄砲の出来あがり。戦後の熊本の農村では、物はなかったが竹林はどこにでもあった。遊び道具は竹馬から笛まで全部自分達で作って、鋸や錐、トンカチで釘を打つ等道具の扱い方をケガをしながら覚えたものだ。

　で、明治30年代、現在の様なプラスチックの精巧なものがない頃の事である。竹で作った粗末なものであったと推定される。「しゅっしゅっしゅ」の方は現在ある様な精巧な造りで大量の水を遠くまで飛ばす語感、「ちゅっちゅっちゅ」は竹製の粗末なものでわずかな量が出ている様な語感である。オノマトペとしてはこの方が相応しい。

　終止の音は属音（ソ）から5度下の主音（ド）に急降下して終る。あたかも筒の中の水が途切れてしまったかの様な終り方である。これを前の「ちゅっちゅ、」と同じ音（ソ）で終ると水の勢いはそのまま続く感じになる。この終止は「夕立」の終り「ごろ（ソ）ごろ（ソ）ごろ（ソ）」で使われ、まだまだ鳴っている様子を出している。前者のソからドへ下降する終止は、「軍ごっこ」で「どんな敵でも　こわくはないぞ」の終止に「決断」として使われている。

　「明治唱歌」から「文部省唱歌」に引き継がれた「ミレド終止」の定型化に捉われる事のない、瀧の詞の意をよく汲みとった自由な発想は、改めて評価されるべきである。

鳩ぽっぽ　　　東くめ 作歌　瀧廉太郎 作曲

鳩ぽっぽ　鳩ぽっぽ
ぽっぽ〜と　飛んで来い
お寺の屋根から　下りてこい
豆をやるから　みなたべよ
たべてもすぐに　帰らずに
ぽっぽ〜と　鳴いて遊べ

　旋律は、日本語のアクセントを考慮にいれ、下降型の音型が6小節続く。譜例1-24「はとぽっぽ　はとぽっぽ」(a)と鳩に呼びかけ、その第1展開型(a')言葉数による展開(a")「まめをやるから」ではじめて同じ音を並べ、「みなたべよ」で下降。最後の2小節はa'のくりかえし。あたかもお寺の屋根から下りて来るかの様な下降音型のくり返しである。
　そしてピアノパート左手の音型であるが、2拍目と4拍目（↑印）に注目したい。この様なIとV（V7）の簡単な和声進行ではよく起る事であるが、I（ドミソ）の第5音ソとV（ソシレ）の根音ソのそれぞれ共通する音を連ねる事で効果的な表現が生まれる。こ

の場合、二足歩行の為、首をヒョコヒョコと前に出している歩行の形態、あるいは地面に落ちた豆を一心不乱につついてる様子等が想起される。楽しい曲である。この「鳩ぽっぽ」と「お正月」が幼稚園唱歌の代表作と言われるのは、この様な創意工夫があったからであろう。

　この詞に鳩はポッポと鳴かないと、異を唱えた方が居る。児童文化研究家者上笙一郎（かみしょういちろう）である。（参考文献「日本の幼稚園」上笙一郎、山崎朋子著）　上（かみ）は、わらべ唄の山鳩（雉鳩（きじばと））の鳴き声で、「父（てて）っ　ぽっぽ　母（かか）っ　ぽっぽ」を引き合いに出して、お寺の屋根に居るのは家鳩（堂鳩（どうばと）・一般にはドバト）であって決してポッポとは鳴かずクウクウと鳴く。東クメの雉鳩と堂鳩を取り違えた結果であって、文部省唱歌「鳩」と共に日本の子供達に科学的にまちがった知識を植えつけた。と言い切っている。

　確かに水を洩（も）らさない緻密な説得力のある論理であるし、宜（むべ）なるかなと首肯せざるを得ない。上笙一郎氏は児童文学を真摯な目で研究なされている方で、決して自分を際だたせ世間の耳目を集める為だけの荒唐無稽な説を言い出す人ではない。しかし、子供の世界は、科学で割り切れない豊かな想像で満ちた世界である。その豊かな発想を、非科学的である非常識だと大人が決めつけ自分達の既成概念を押し付ける事こそ、最も戒めなければならない事だ。松虫はチンチロリンと鳴くべきである。小川の流れはサラサラでなければならないとは誰が決めたのだろうか。巌谷小波がお伽話として送り出した「桃太郎」「猿蟹合戦」「浦島太郎」等の日本昔噺の何と非科学的な事か。非科学的だからこそ、子供たちは、あれこれ想像力を広げ新たな発想が生まれたのではないか。

　子供の発想の豊かさを認め、そこを伸ばす事が教育の第一歩ではある。東くめが、堂鳩はポッポと鳴くと聞きなし文字に表現したのは、あくまでも５音による詞（ことば）のリズムを大切にした結果ではなかったか。科学的に正確に鳩クウクウでは６音の字余りで何とも締まりのないリズムになってしまう。

　日本中の子供達に間違った知識を与えたと指弾するのは文章の綾とは申せ言い過ぎではなかろうか。現にこの曲が発表されて以来凡そ100年の間、子供達は堂鳩の本当の鳴き声を知り乍らも何のこだわりもなく鳩ポッポと歌い、歌い継がれてきているのだ。

軍（いくさ）ごっこ　　東くめ 作歌　瀧廉太郎 作曲

1）喇叭（らっぱ）を吹いて　進め進め
　　鉄鉋かたに　進め進め
　　一番えらい　日本男児
　　どんな敵でも　こわくはないぞ

2）旗を立てて　進め進め
　　剣をぬいて　進め進め
　　一番強い　日本男児
　　どんな敵でも　まかしてやるぞ

第1楽章　唱歌小史（明治の子供のうた）

かつて、中東、アフリカの内戦の多発している国々での戦争の悲惨さを訴えるため、虚ろな目をした少年兵が銃を構えている映像が多く報道されていた。私達は見知らぬ他所の国の出来事として、「まあ可愛想」として眺めていないだろうか。だけど、この様な出来事は、過去の日本では当たり前の事であった。まだ年端の行かぬ幼稚園児に、「軍ごっこ」いわゆるごっこ遊びとは言え＼鉄砲肩に進め進め、一番えらい日本男児、どんな敵でも……＼と歌わせるのは、機銃を構える少年兵を生みだしている国と大差ない。否、それが音楽として、判断力の乏しい幼い心に直接訴えるだけにもっと罪作りな話である。

　言文一致体をとり入れ、音楽的にも新しい境地を拓き、子供達の気持ちに添った「幼稚園唱歌全20曲」の大いなる瑕疵である。もっともこの歌をすんなりと受け入れた当時の社会情況も問題である。

　何度もくりかえすが、今はこの様な歌を、ふたたび現代のあるいは近未来の子供達が歌う事のない様に乞い願うばかりである。

言文一致唱歌

帝国教育会内言文一致会 編

　格調高く日本の美を謳い上げ、日本の精神を鼓吹する文語体による唱歌の流れの中に、子供の心に沿った、子供に理解しやすい口語体による唱歌をと主張する二つの画期的な作品「幼年唱歌」「幼稚園唱歌」をこれまでに概観してきた。

　この二作品にやや遅れ2年後の明治36年言文一致会より「言文一致唱歌」が出版された。この言文一致会の設立趣旨等は既述の通り（P.66）であるが、会が設立された2年後には、230余名の志ある会員が集まっている。その名簿の中には、伊沢修二、石原和三郎、下田歌子、東儀季治、井上哲次郎ら唱歌に関わった人、新村出（広辞苑）大槻文彦（言海）、芳賀矢一ら国文学者、嘉納治五郎、嘉悦孝子、鳩山春子ら教育界等々、……。筆者が知らないだけで、当時活躍し一派を成し遂げた人物が名を連ねている。（参考文献「言文一致会会誌」、国会図書館）

　この言文一致唱歌のはしがきによると、「全て小学校の唱歌は子供が歌いながらその意味のわかる様なものでなくてはならない」とし、どんないい歌でも文語の難しい言葉を使っては、子供の興味を惹き起し楽しませる効果は少ない。論ずるまでもなく小学校に用いる唱歌は言文一致でなければならないと主張している。

　先の二作品の様に作曲家、詞人の個性によって書かれたものでなく、言文一致体に基づく唱歌をいう上記の主張を拡げる為に詞と曲譜を全国より懸賞募集し三百数十曲が集まっ

たとある。その審査委員5名の中に、石原和三郎、新村 出 等の名がある。その中で厳選し20首の唱歌を撰定した。曲譜の方は、鈴木米次郎（明治21年東京音楽学校全科卒。東洋音楽学校、現在の東京音楽学校の創立者）が撰に当たったが、氏の外に野村成仁、稲岡美賀雄に作曲を請うたと記してある。

この曲集の主張するあらましを記したが、個々の作品には通例にもれず作詞者作曲者の名前が記されていない。ここで、名前の挙がった二名の若い作曲家を紹介する。

野村成仁 明治28年高等師範附属音楽学校師範部卒（この年より東京音楽学校は、高等師範の附属として命脈を保っていた）同期に吉田信太（「みなと」〽空も港も夜ははれて〽の作曲者）、専修部に田村虎蔵らが居る。

当時は東京府師範学校（現・学芸大学）で教鞭を執る傍ら、鈴木米次郎共著「輪唱複音唱歌集」（明治36年）等盛んな作曲活動を行っていた。やがて平安中学校（現在の龍谷大学附属平安高校）に迎えられ仏教讃歌の作曲を手がけた。

当時、キリスト教の讃美歌に刺激をうけた仏教界でも、作曲家として活躍中の野村成仁に作曲を依頼、仏教讃歌（讃仏歌）として作品を発表した。

筆者の個人的な話で恐縮、我が家は代々、浄土真宗で、父母の命日等にお坊さんを呼んでお経をあげてもらう程度の信者で、法事の終りに全員で「みほとけにいだかれて」を歌わせられる。お坊さんの低い朗々たる声に何となく合わせるだけであったが、偶々、三年前に言文一致唱歌を調べるに当たって、普段歌わされていた歌が野村成仁の作曲と解り、以来積極的に歌うようになった次第である。野村成仁が作品として現代に生きている貴重な例である。

稲岡美賀雄 明治30年高等師範附属音楽学校専修部卒。野村の二年後輩、前年に永井幸次（後の大阪音楽大学の創立者）、東クメ、翌年明治31年には滝廉太郎らが居る。明治29年奏楽堂で行われた東京音楽学校学友会演奏会では、ハイドンの絃楽四重奏「セレナーデ」の第一ヴァイオリンを受け持っている。因みに瀧廉太郎は、ラインベルゲンの「バラード」を演奏したとある。この言文一致唱歌の作曲を担当した当時は、山形県師範学校で教鞭を執る傍ら、「公徳唱歌」を作曲等創作活動を行っている。その後青森県師範学校等を歴任し東北の音楽教育に力を注いだ。大正2年発行の吉丸一昌著「新作唱歌」第6集では滑稽歌曲「船の真似」で肩の力の抜けた楽しい曲を発表している。なお公徳唱歌とは、当時流行の地理教育、歴史教育等の肩書きのついた類の、簡単な旋律に風俗改善、修身等の内容を延々訴えかけるものであった。

曲は20曲。はしがきにある様に公募作品である為作詞者の名前はない。加えて3名の作曲者も記されていない。日露戦争（明治37年〜38年）突入前夜の著作物だけに軍事色

の強い内容が中心になると思いきや、子供の生活を子供の素直な目で捉えた作品が多い。その中で三作品程紹介する。

みいちゃん

1　わたしのすきな　みいちゃんが
うちのこどもに　なったのは
去年の三月　三日の日
それから私と　あねいもと

2　このみいちゃんは　転んでも
泣きはしません　一度でも
おこった事も　ありません
毎日こうして　にこにこと

原詩は単語毎に分かち書きになっている為、理解しやすい様に、7·5で区切りをつけた。幾分かは専門的な詩人の手が加わっているとしても、今までになかったアマチュアの作による大胆な発想である。一句目「わたしの好きな　みいちゃん」と堂々と「個」の感情を述べている。詩想に「人間」を描いた大和田建樹や、言文一致体を取り込んだ詩人達にはあり得なかった詩である。

何度も言う様だが、徳性の涵養を大義としている教育用唱歌は、感情の発露としての「個」の発見個性の伸長等の子供の詩に最も必要な事を無視、というより否定していた。その意味から考えても、一般公募による素人の作品、勿論多少の心得はあるとは言え庶民の発想力が始めて公に認められたのだ。「みいちゃん」は個人名でなく、ここでは人形の名前である。そしてここに描かれた「個」は、10年後明治44年文部省唱歌一学年用4曲目「人形」〽わたしの人形は　よい人形〽に引き継がれている。但し「私の好きな　みいちゃん」は「わたしの人形は　よい人形」と感情移入を拒否し一般的なよい人形にまとめてある。

曲も画期的な旋法（四七抜き短調）を使用。伊沢修二の主張する「文教的未進の国　に短調の曲が多い為、唱歌には長調を使うべし。」という事で、従前の唱歌は短調は数える程しかなかった。ようやく教育用唱歌に市民権を得たのは瀧廉太郎「荒城の月」（明治34年中学唱歌）からで、軍歌、寮歌等明治期後半になって「短調」のもたらす効果に気が付き多用される様になった。

四七抜き短調は四七抜き音階の第3番目、第6番目（ドレミソラド）を半音下げたもので、便宜上四七抜き長調（学童音階）と四七抜き短調と区分けしているが、厳密に言えば長調の方は民謡音階の並び方を変えたものであるし、短調は都節（みやこぶし）音階と呼ばれている。この都節音階が子供の歌の旋法となるのは大正童謡期「十五夜お月さん」本居長世作曲野口雨情作詞（大正9年「金の船」）や同誌同コンビによる「赤い靴」等の名曲が生み出されてからである。更に発展するのは、昭和の流行歌、演歌の中心旋法となり現代に息付いている。

「みいちゃん」の作曲者が伏せられていて残念であるが、短調のもっている暗さ、淋し

さなどのマイナーなイメージは全く感じられない。上品な女の子の雰囲気が洗練された都節旋法によってうまく描き出されている。この時期の唱歌の中では群を抜いた曲として評価されよう。

あめ

1　降れや降れや　大雨小雨（おおあめ こあめ）
　　庭の中に　小池ができる
　　山の下に　小川（こがわ）ができた
　　小川小池（こがわこいけ）　見るまにふとる

2　たまれたまれ　大雨小雨
　　庭の小池　大きくなって
　　山と川と　一つになった
　　広い海が　みるまにできる

3　止むな止むな　大雨小雨
　　庭の松も　腰までかくれ
　　石の灯籠（とうろう）　行水つかう
　　橋の板が　泳いでまわる

　やはり子供の目で　雨の降る様をかなりの詩的な技法を使って表現している。子供の世界では雨水が庭にどんどん増える様子はとめどもなく想像力を刺激する様だ。小池や小川から広い海へ、もっともっと降れとはしゃぐ姿が目に浮かぶ様だ。子供にとっては雨はうっとうしいものではなく目の前の世界が変化する楽しい世界である。もっとも最近の土砂崩れを起こしたり、大洪水を起こしたり大災害をもたらす様な大雨とは別の話だが。

　詩的な技巧と言ったのは、言葉の対比等は勿論だが、句調に注目したい。一連から三連迄全句3・3・7調である。この調子は、子供達が受け入れやすいリズムとしてメーソンが小学唱歌初編1「かおれ」から第7「春は花見」までとり入れたが、もともと確とした子供観が乏しく、とにかく詞を中心に考えていた唱歌教育の中では、古格と規定され無視されていた。その3・3・7調がこの曲によって甦ったのだ。朗読すると7・5調、7・7調等と違った小気味いいリズム感が伝わってくる。但しこの句調は後年7・5調、7・7調の字足らずの6・5調6・7調として、補助的にたまに使われる程度になった。

　この時期7音と5音を中心とする日本人の伝統的な句調感覚に対して、子供のリズム感を身体の運動を通して覚えさせるという西欧の考えは音楽的には日本に定着しなかった様だが、大正期になって、リトミック教育の中で使われ、応援団の太鼓のリズムとなって活用されている。

　旋律は四七抜きピョンコ節の定型であるが3・3・7のリズム感をうまく出している。詞（ことば）と旋律が合致した佳作である。

第1楽章　唱歌小史（明治の子供のうた）　　81

「海水浴」でお花さんと太郎さんの名前が出てくるが、これは女の子の代名詞として女言葉の使い方、男言葉の使い方を教えるもので、花子、太郎の個性を表現するもではない。郵貯花子とか健保太郎とかの類ではあるが、人名が出る事で、無個性かつ無味乾燥な詞がにわかに生き生きとしてくる。この手法は、「親の情」でより効果的に使われる。

親の情

1　裏の林に　子百舌が鳴いて
　　雪の降りそな　もようとなった
　　寒い寒い　この夕方に
　　どこを遊んで　太郎と梅子
　　早く帰れよ　どれ火をおこし
　　炬燵の用意　しておこう

2　前の水田の　稲葉もよれて
　　風も死んだか　炒られる様な
　　暑い暑い　この日の中に
　　どこを遊んで　次郎と百合子
　　早く帰れよ　どれ湯をわかし
　　行水の支度　しておこう

　一日中外で遊んでいる子供を心配する母の心情を、「太郎と梅子」「次郎と百合子」と具体的な名を出すことで、一層うまく描き出している。更にいささか修身的内容のこの曲は、明治43年小学読本唱歌「母の心」に引き継がれている。ここでは運動会で汚れた太郎の小倉の袴を洗う母親。明日の雛祭りのお春の晴れ着を縫う母親と、場面は違うが、全く同じ手法で、子供を案じ気遣う母心が子供の名前を出す事でより具体性を帯びて訴えかけてくる効果を出している。

　この曲は修身用ではあるが、人間の心を細かい仕草を通して描いている作品として注目されよう。

　唱歌の中に言文一致体が取り入れられて僅か5年足らずの間、唱歌は急速にその扱う題材が広がり、内容を深めてきた。特に「言文一致唱歌」は、子供の「私」という個の感情、あるいは、母親の心情等が題材となり描かれた。技法的にも3・3・7調を取り入れたり、敬遠されていた短調を使う等、画期的な試みが随所に見られる。

　この唱歌集の〝はしがき〟の最後に「本書はただ言文一致唱歌の端緒を開いたのであるが、言文一致の普及を計る助となれば、幸いである」と控えめに書いてあるが、概観したようにむしろ、文部省唱歌の作詞にかなりの影響力を及ぼした先駆的作品として「幼年唱歌」「幼稚園唱歌」と比肩する作品集であると言えよう。

　ここ迄、言文一致体の詞を唱歌に導入した主要な三作品を紹介してきた。
　更にこの時代に出た新しい考え方として、遊戯の為の唱歌、「新編遊戯と唱歌」白井規

矩郎編、中村秋香作歌（明治 30 年）「日本遊戯唱歌」鈴木米次郎編（明治 34 年）があり、当時としては画期的なリズム運動の為の作品がある。これは、後程、吉丸一昌の頃で詳察する。

　これから完成期として明治 43 年「尋常小学読本唱歌」及び「尋常小学唱歌」（併せて通称文部省唱歌）に移るが、本論の主要なテーマである吉丸一昌が歌詞担当委員の主任として大きく関わっている為、次章に譲る。

～　～　～〈間奏曲〉～　～　～

　明治期の少年誌や、論文等を読んでいると様々な当て字が使われている事に感心させられる。ここでクイズ。国名を中心に初級、中級、上級、特上級と各 5 題ずつ。さていくつ読めますか。

　◇初級　1．英吉利　2．仏蘭西　3．伊太利　4．独逸（独乙）　5．露西亜
　◇中級　1．西班牙　2．和蘭多（阿蘭陀）3．土耳古　4．瑞典　5．澳匈（澳太利）
　◇上級　1．希臘　2．挨及　3．葡萄牙　4．白耳義　5．波蘭
　◇特上級　1．丁抹　2．日耳曼　3．匈牙利　4．芬蘭　5．公額
　◇おまけ　拝厄

　当時の少年誌は漢字には総ルビ付きで書いていあるため、すぐに読めるが、伊沢修二の音楽論文等は、本文の内容から類推して大変な労力を強いられ、当時と現代の文化の差異を感じさせられる。ここで息抜きにわざわざクイズ形式にしたのは、皆さんも一緒に、明治の人達が西洋文化をいかに、自分達のものとして捉え表現しようとしたかを考えて欲しい為である。解答は、この本のどこかにあります。

～　～　～　～　～

第1楽章　唱歌小史（明治の子供のうた）　　83

第2楽章

吉丸一昌の足跡

第2楽章　吉丸一昌の足跡

第1楽節

前奏　吉丸一昌略歴

　今まで唱歌の歴史を三段階に分けそれぞれの時期の特徴的な作品を考察してきた。これからは、完成期の最終段階、文部省による「尋常小学読本唱歌」「尋常小学唱歌1学年〜6学年」の刊行に向って吉丸一昌がどのような活動を成したかに入っていく。

　吉丸一昌の詳しい経歴は、彼の日記を基にした故吉田稔氏の先行研究『望郷の歌　吉丸一昌』や吉丸一昌のお孫さん吉丸昌昭氏著『「早春賦」をつくった吉丸一昌―我が祖父、その生き様を探る』（ほおずき書籍株式会社）等の、真摯な書がある。それらによると、若い時の労苦を乗り越え自己の信念を貫き通した明治の知識人の、先ずは他人（ひと）を思い遣る暖かい人柄がよく伝わってくる。特に吉丸昌昭氏の著書は吉丸一昌の人間そのものが活写され是非一読を勧める。

　ここでは吉丸一昌の作品に絞って「序奏」で述べた事を解明することに努めたい。

　先ずは略歴から。

明治6年（1873年）　大分県海部郡海添村で旧臼杵藩士吉丸角内を父として生れる。

明治12年　臼杵小学校入学　成績優秀で大分県より2度表彰される。

明治27年　大分中学（現大分県立上野ヶ丘高校）卒。

明治31年　熊本第五高等学校（現熊本大学文学部）卒。在学中は剣道に熱を入れる余り夏目漱石の授業を落しそうになったという逸話も残っている。（終生剣道5段）

明治31年　東京帝国大学国文科入学。下宿先で私財を投じ「修養塾」を開き、地方からの苦学生の面倒をみた。（大正5年の没年迄）

明治35年　東京帝国大学卒業後東京府立第三中学校（現都立両国高校）奉職。向学心溢れる若者達の為に、下谷中等夜学校をやはり私財で設立。

明治37年　府立第三中学校校歌を作詞。作曲は、石原重雄。

明治41年　東京音楽学校（現東京芸術大学音楽部）の教授となり倫理、国文学を教える。同時に同校の生徒監に任命される。前年の明治40年6月、吉丸の第五高等学校の恩師湯原元一が東京音楽学校の校長に赴任。湯原の推選による。尚、下谷夜間中学校は激務の為に止むなく閉校。この年北村季晴編中等音楽教科書全4巻刊行。（第4巻のみ明治43年）歌曲の詞を担当（全117曲）

明治 42 年 5 月　東京音楽学校編纂「中等唱歌」の編纂委員として「夏休」「演習」（どちらもドイツ民謡）の二曲を発表。この「中等唱歌」は、明治 22 年、同 34 年に次ぐ第 3 回目の東京音楽学校編纂の中学校の公的な音楽教科書で、先の北村季晴編の「中等音楽教科書」と並んで、好評で版を重ねている。同年 6 月文部省編「尋常小学唱歌」の編纂委員。詩部門の主任となる。

明治 43 年 1 月　東京音楽学校学友会誌「音楽」創刊。編集長として積極的に自作を発表。初期の頃の学生側の編集責任者は中山晋平であった。この「音楽」は吉丸の没後も続き大正 11 年に終刊。後年の日本の楽壇をリードする若い作曲家を育てた。

9 月、同僚（吉丸の先輩）楠美恩三郎編「オルガン軌範」の歌詞 27 曲中 26 曲を担当。

明治 44 年　以降会誌「音楽」に積極的に作品を発表。

明治 45 年　春、日本初のオペレッタ「歌あそびうかれ達磨」（作曲本居長世、振付松本幸四郎）白木屋にて初演。このオペレッタは大正三年宝塚少女歌劇団第一回旗上げ公演で、北村季晴作曲お伽歌劇「ドンブラコ（桃太郎）」と共に上演される。

同年 7 月 30 日幼年唱歌第一集発表。以後第 3 集からは新作唱歌と改題し大正 4 年 10 月の終刊迄に第十集を数えた。

大正元年 9 月　乃木大将の歌（作曲小松玉巌）、同 11 月乃木大将夫人の歌（作曲大和田愛羅）夫々発表

大正 3 年 6 月　文部省による尋常小学唱歌全 6 集完成。

大正 4 年 11 月　新作小学唱歌全 2 集刊行

大正 5 年 3 月 7 日　心臓発作の為、43 才の若さで急逝。雑誌「音楽」に発表した「新年の歌」「望郷の歌」（1 月）「始業式の歌」（2 月）「母よさらば」「静岡英和女学校校歌」（3 月）が遺作となる。

唱歌創作期間は東京音楽学校赴任の明治 41 年から、没年の大正 5 年 3 月までの 8 年余り。作品数は 300 曲を超えると言われている。文部省唱歌の編纂委員、東京音楽学校の国語、倫理の授業を受け持ち、舎監として学生全体に目を配り、私財を投じた修養塾で有能な若者を育てと、まさに八面六臂の活躍振りである。詩人として、そして全人教育を目指す教育家として、短くも、類のない充実した人生であった。

第 2 楽章　吉丸一昌の足跡　　87

東京音楽学校　明治40年初頭

　ここで明治40年初頭の東京音楽学校への世評はどんな様子であったか。「東京芸術大学百年史　東京音楽学校篇第一巻」(P.566 ～ P.577)にはその間の事情を当時の新聞記事を引いて詳しく載せられている。

　それによると当時唯一の男女共学校でもあり、上野の杜伏魔殿と呼ばれていた程風紀が乱れていたそうな。明治41年5月グルックのオペラ「オルフォイス」の再演が（初演は明治36年）風紀を乱すという事で文部省より禁止。理由は、若い男女が練習室に閉じ籠もって合唱の練習を行う事はケシカランと、今から考えると噴飯ものであるが、それ相当にその時代の社会常識からは外れていた様である。同年8月には文部省より風紀に関して厳重な取締りをうける。それによって文部省福原専門局長と新任の湯原元一校長の間で取締方針が決定。入学者の素行を厳重に審査する事、寄宿舎を作り生徒を収容し厳重に之を取締る事。現在の教授生徒中素行のいかがわしい者があれば過去に遡って調査、措置をする。等々の方針が打ち出された。更に以前から批判の多かった、上野の女将軍と称された幸田延子主席教授と武島又二郎国文科教授を休職させ、校内教授間の軋轢をとり去る事に努めた。歴代校長が頭を悩ませた課題は、行政手腕に長じた湯原元一校長により解決に向かった。

　湯原元一は1863年（文久3年）佐賀県生れ。東京帝国大学医学部を卒業。しかし医学の道には進まず、教育者として文部省へ入省。明治22年（1889年）帝国大学文科でハウスクネヒトによる、子供の心性開発を意図した「予備・提示・比較・統括・応用」の5段階教授法を主張するヘルバルト主義の講座に影響を受けた為と考えられる。明治26年には「倫氏教育学」を翻訳、出版している。（倫氏とは、ヘルバルト派の教授リンドネル）行政手腕と共に学問的にも秀でた人物であった。

　明治40年東京音楽学校の校長に赴任するとすぐに取り組んだのが幸田延の君臨する旧教授陣の一掃。学生間の風紀紊乱の粛正の2点であった。後任には瀧廉太郎の後ドイツライプチッヒに留学し将来を嘱望されていた島崎赤太郎を重用し、吉丸一昌を学生監及び国文学、倫理の教授として登用した。学生監とは、公的な制度として初代に吉丸一昌が務めた。又、同42年には本郷区西須賀に女生徒の仮寄宿舎を設置（44年に本校敷地内に新築）と次々に改革の手を打った。一段落後、湯原は欧米諸国を視察。成果は後年参考文献に示した二つの著作を著した。

◇参考文献　湯原元一著「生活及社会観」大正3年
　　　　　　湯原元一著「教育学界の二大思潮」大正4年

吉丸　校歌を作詞

　さて東京音楽学校改革のもう一方の旗手吉丸一昌である。湯原元一は突然白羽の矢を立てた訳ではない。熊本第五高等学校の教授であった湯原は、学業はさておき剣道に熱中していた学生吉丸一昌とは旧知の間であった。東大進学後も「修養塾」を設立、府立第三中学に赴任した後は、「夜間中学」を開講しと、常に経済的に恵まれない向学心のある優秀な学生を育てる事に専念していた吉丸は、教え子の行方を気にかけていた湯原にとっては、文武両道に達者な、好ましい人材として捉えられていた。因みに修養塾及び夜間中学の運営資金は、臼杵の旧藩主の稲葉家による稲葉家奨学金を投入した。

　吉丸は明治35年東京府立第三中学校に赴任。漢文と剣道を担当。ここで少し回り道になるが、当時の中学校制度を概観してみよう。（註1）

　明治19年中学校令公布。尋常中学と高等中学に分け夫々3年とされた。明治24年には一県一校の制限はなくなる。しかし社会的エリートの進学志向としての傾向は相変わらずであり、特に高等中学校は高等学校として中学から分離された。明治32年中学校令改正。更に実業学校令と高等女学校令が制定された。これによって中学校も、高等女学校も入学資格は高等小学校2年修了した者を男子は5年女子は4年と修業年限が定められた。

　この改正により中学校進学の門戸は大きく広げられたが、日清戦争時に兵士の教育不足の為に命令の伝達に齟齬をきたした為の反省からとも言われている。

註1　参考文献「日本教育史」石川松太郎他著　玉川大学出版部

　吉丸の赴任した府立三中はその様な状況の中で明治33年東京府立第一中学校（現日比谷高等学校）の分校として、更に翌年独立して府立第三中学となる。東京では一中から四中まで4つの中学が創設。大正七年第五中学が創立される迄で府立の4校制度は続いた。第二中学校は現立川高等学校。第三中学校は両国高等学校。第四中学校は戸山高等学校である。

　府立三中の初代校長の八田三喜は、中学校は人格形成の大切な青少年期に完成教育を与える場として、進学の予備教育をする場ではないとの信念から、英語、数学の時間を増やさず、法制・経済・唱歌を維持し、体育の時間を増やした。（註3）剣道担当の吉丸は水を得た魚の如く、いきいきと暖くも厳しい指導を行ったそうな。東京府より、職務熱心の特別慰労の通給金を授与されている。　註2　参考文献　岡田考一著「東京府立中学」同成社

註3　参考文献　吉田稔著「望郷の歌　吉丸一昌」臼杵音楽連盟

　ここで吉丸は自身の将来を決める仕事をしている。それは、府立第三中校歌の作詞（明治37年）を担当した事である。作曲は同僚音楽科担当の石原重雄。

この校歌は当時の寮歌・校歌の定型（47抜き7・5調）を無視。句型は吉丸の新体詩型による新しい試み（一連と三連は5・5調、二連は8・8調、4連目は6・6調を基調に4・4調の山場、そして6・6・4の結句）となっている。内容もその地域の山河名は採らず、例えば、「西に金峰　東阿蘇……」（熊本高等学校校歌　池辺義象作詞　岡野貞一作曲）「都の西北　早稲田の森に……」（早稲田大学校歌　相馬御風作詞、東儀鉄笛作曲）の定型でなく強いて言えば「文の山わけ入りて」「学の海漕ぎて」と表現。その新しさに呼応するかの如く、第一連3拍子、第2連4拍子、第3連3拍子、第4連2拍子の構成となっている。

　　第一連（8小節、3拍子）5・5調4句。

　　第二連（8小節、4拍子）7・7と8・7の2句。

　　第三連（8小節、3拍子）5・5調4句。

　　第四連（8小節、2拍子）3・3調と4・4調の組み合わせによる破調による山場）。

　音階は47抜きでなく7音の音階。詞曲と共に群を抜いた校歌である。後述するが北村季晴が、吉丸の歌心をおもしろいと評したのはこの校歌の事であろう。

〜　〜　〜〈間奏曲「信濃の国」異聞〉〜　〜　〜

　今は昔、義理の弟の結婚式の事。花嫁側50名。花婿側50名と跡取りだけに華やかに行われた。式は厳かにとり行われ、披露宴も半端を過ぎ、好物のメインディッシュの鯛に取り組んでいると、突然「国歌信濃の国!!　全員集れ!!」の号令が飛んだ。すると花婿側の信州勢50名、当然の如く中央に集まり始めた。「マ、熊本出身の自分には関係ないヤ」と鯛の小骨と格闘していたら、「オイ！」と声をかけられ、気が付いてあたりを見渡すと、私一人ポツンと花婿側の席にとり残されていた。「コッチ、コッチ」と中央付近に呼び出され、「では、今日は時間の都合で3番迄！それではセーノ」で、老若男女信州勢50名、一斉に〽しィなァのオ〜のオくゥにィはァ〜……〽と始まった。皆さん誇らしげにピッと背筋をのばし、胸を張り、その歌声は天にも轟くばかり。梁の上に積もった塵が落ちるが如き美声揃いであった。中には勢い込んでセキの止まらない御老体も居られた。筆者、俯いての口パクで急場を凌いだ次第。

　ともあれ、筆者のやや屈恥的であったが、作曲家北村季晴との初めての出合いの顛末でした。

　あとで仄聞する所によれば、明治32年、信濃教育会が地理歴史教育唱歌として当時の師範学校教諭の浅井洌に詞を依頼、翌33年同校教諭の北村季晴が作曲。師範学校の卒業生が子供達に教え、広まったとの事。（長野県広報県民課「広報ながのけん」より）さすがは教育県と称されるお国柄である。

　詞は7・5調8句6連。長大で長野県のすべての地名歴史を歌い込んである。曲は、47

抜き音階が基調であるが、4連目はそれまでの「マルカート（一音一音はっきりと）」から「レガート（滑らかに）」と歌い方を変えそれに従いリズム型も変化、速度も、やや遅くと、まるで転調して別世界へ来たかの印象を与え、再び5連、6連は元に戻りと歌う側も聴く側も飽きない構成になっている。同時代の地理教育鉄道唱歌等々の八小節の47ヌキピョンコ節にのせて延々と歌う唱歌とは格段の違いである。後年、日本最初の創作オペラの作曲や、中等音楽教科の著作で、明治大正期の作曲界の第一人者と呼ばれた北村季晴の面目躍如たる作品である。

～　～　～　～　～

吉丸と北村　二人の酒好きの出会い

　「信濃の国」を作曲した翌年の、明治34年、長野県師範学校を退き、東京に戻った北村は歌曲の創作や、特に従軍兵士を主人公にした日本初のオペラ「露営の夢」（明治38年）の作曲に力を注いだ。その初演の時の歌手が、8年後輩の天野羽都子。後に吉丸の新作唱歌に登場する北村初子夫人である。そして、師範学校教諭時代に中学生向きの音楽教材が不足している事で、明治40年から中等音楽教科書の執筆にとりかかった。

　チャキチャキの江戸っ子、粋人の北村季晴と、大分県臼杵出身の、融通のきかない一徹のしかし教育熱心の中学教師、吉丸一昌のどこ接点があったのか。

　北村は中等音楽教科書の執筆前に、府立三中の音楽教師の石原重雄に色々と中学生の音楽教育の現場の意見を尋ねた事であろう。今で言う所のマーケッティングである。石原は東京音楽学校専修部を明治26年に卒業。師範部の北村とは部こそ違え、同じ机を並べた旧知の仲。ここには、同じく島崎赤太郎、頼母木こま等、後の東京音楽学校の重鎮となる人材が机を並べていた。尚、明治35年「唱歌教科書」全4集は、同期の北村、石原、島崎に加え、吉田信太、岡野貞一らの編作曲という説がある。

　その後北村は石原に会っている時に、府立第三中学の全く新しい校歌を知り、その斬新さに驚いた事だろうと想像するに難くない。3拍子の4音も7音も入っている西洋音階等、更に5・5調や8・8調の組み合わせで、しかも地名が一切使われてない詞。数年前に7・5調の信州の地名だらけの「信濃の国」の作曲者北村は、吉丸一昌に深く興味を持った筈だ。因みに、「府立三中校歌」も「信濃の国」も現在、両国高校生及び卒業生の皆さん、長野県出身者の皆さんのアイデンティティーとして活きいきと歌い継がれている事を附記しておく。

　さて、臼杵から来た教育一途の一徹な中学教師と江戸ッ子の粋人を結びつけた最大の要因は、二人共無類の酒好きであった事である。

第2楽章　吉丸一昌の足跡　　91

ここからは吉田稔氏の名著「望郷の歌　吉丸一昌」より引用させていただく。

―――親友に酒好みの男がいた、北村季晴である。（中略）二人でよく飲んだ。その度に一升瓶が転がったというから二人は酒豪である。

　　歌ひては読みてものやおもふらん　　酒やくむらん我が友季晴

　　釈迦牟尼のあの上髪をかきなでて　　酒やたぶらん我が友季晴

　　かたくなのわが歌心をかしとて　　ふしつけせんといひし季晴

註　原歌は釈迦無二である。

　恐らくお互い知り合って間もない頃であろう。確かに、残されている北村の写真は、お釈迦様の髪と同じモジャモジャの縮っ毛。歌詠みの表現力の確かさ、言い得て妙である。更に三首目は先述の様に、中等音楽教科書の歌曲の部117曲の作詞へと繋がってゆく事となる。

第2楽節〈北村季晴以前の中学生音楽教科書〉

　ここで今迄の中学生用の音楽教科書を概観してみよう。

　前述の様に明治32年改正中学校令、実業学校令、高等女学校令が制定され、中学校への門戸が広がり、一般化してきた。

　当時の修学期間は中学校5年、高等女学校4年と定められ、その中で中学校は2年間が音楽は必須課目であった。

明治22年版中等唱歌集

　中学校が制度的にまだ定まっていない明治22年、東京音楽学校編纂「中等唱歌集」全18曲が刊行された。全18曲。とりあえず曲名を列記してみる。

第1.　君が代	第7.　君ヶ代の初春	第13.　国旗
第2.　紀元節	第8.　織なす錦	第14.　火砲の雷
第3.　天長節	第9.　御稜威の光	第15.　埴生の宿
第4.　旭の旗	第10.　御国の民	第16.　身も世も忘れ
第5.　三千余万	第11.　保昌	第17.　君は神
第6.　矢玉は霰	第12.　凱旋	第18.　憲法発布の頌

　曲名だけを見ても明治14年～17年の「小学唱歌集」の尊皇愛国、国家主義の濃縮版である。この中で、「第1.　君が代」と「第2.　紀元節」までは夫々、宮内省伶人林広守、伊

沢修二と作曲者ははっきりしているが「第3. 天長節」以後は外国の旋律への当て嵌めである。未だ儀式唱歌が制定される4年前の事である。

　一部エリートたちは、「小学唱歌集」で注入された尊皇愛国思想が、この「中学唱歌」で増幅され明治27〜28年の日清戦争あるいは10年後の日露戦争の精神的支柱に役だっただろう事は否めない。

　「第8. 織なす錦」　美しい日本（どこかで最近聞いた言葉だが）を讃える美妙的な雅の世界の描写。君とか皇国とか出ないだけホッとさせられる。ここから二声の合唱曲（重音唱歌）となり、三声四声とふえていく。

　「第11. 保昌」　原曲はモーツァルトのオペラ「魔笛」第一幕十七場、グロッケンシュピール（鉄琴）を叩きながら歌うコーラス「きれいな音だ」の前半部。後半部はパミーナとパパゲーナの二重唱「魔法の音楽」の旋律である。前半部は、現在ではピアノ初学者用の曲としても愛奏されている部分で、後半の二重唱の歌い出し2小節は、シューベルトの「野ばら」と同じ旋律である。勿論、後年「魔笛」を聞いたシューベルトの心の隅に残っていた旋律が無意識のうちに出たものであろう。このあとはモーツァルトはモーツァルトとしてシューベルトはシューベルトとしての独自の旋律の展開がある。決して剽窃ではない事をつけ加えておく。

　さてさて「保昌」である。どこに「魔笛」との接点があるのだろうか。

　藤原保昌は平安時代、恋多き女性和泉式部の何番目かの夫、笛の名手で武道に秀でた豪の者である。説話によると大強盗袴垂に狙われた保昌は動ぜず腰の笛を手に取り奏する。その余りの美事さに感動した袴垂に逆に衣を与えて説得して帰す。時は下って鎌倉時代前期の説話集「宇治拾遺物語」にある。

　楽器はグロッケンと和笛と違うが、楽の音に感動し心が静まる内容は同じ。「魔笛」のこの歌の前半部は〵ラララ…となっているが、「保昌」も同じく〵ラララ…が続く。

　この歌の当て嵌め詞に当たった詩人は、日本の古典に精通しているばかりか、ドイツ語にも通暁している国文学者である。西洋文化移入期の知識人の様子が窺える。

　「第19. 埴生の宿」　ほぼ原詩に沿った内容でこの皇国唱歌集は、この曲のある故に名を残す事になった。尚、次の「第16. 身も世も忘れ」は一寸見には恋の歌かと思わせるが、何の事はない修身勧学に努めよ励めよがテーマである。終曲「第18憲法発布の頌」は、明治22年2月11日国家の体裁を整える為、急遽、起草発布された。歌詞はその事を祝うのみで内容には一切触れられていない。「祝えや祝え大君の世を」で終止する。2月11日は紀元節（神武天皇即位の日、現建国記念日）である。

第2楽章　吉丸一昌の足跡　　93

～ ～ ～〈間奏曲 「埴生の宿」異聞〉～ ～ ～

「埴生の宿」はイギリス人作曲家ヘンリー・ビショップ、詩ハワード・ペインによって、1823年オペラ「ミラノの乙女クラリ」の中のアリア「ホーム・スウィート・ホーム」として発表された。と、ここまでは通史の通りであるが、この歌程戦禍に苛まされた例はない。

その第1. 近代看護の礎を築いたフローレンス・ナイチンゲールが、1854年クリミヤ戦争での傷病兵の看護に赴いた時の事、トルコのスクダリ病院の劣悪な環境と戦傷に苦しむイギリス兵にせめて懐しの故郷へ帰る希望を持たせようと教えたのが「ホーム・スウィート・ホーム」であった。尚スクダリは、戦後アーサーキッドが歌ってヒットさせた「ウシュクダラ」と同じ。地域名である。

その第2. これは余りにも有名な「ビルマの竪琴」のテーマ曲として。クライマックスで、兵舎にたてこもり徹底抗戦を決意する部隊に、主人公がこの竪琴の伴奏で埴生の宿を合唱、その時、とり囲んだイギリス兵から、はからずもそれに合わせて「ホーム・スウィート・ホーム」の合唱が湧きおこる。すでに日本は敗戦し戦は終結していた。もっとも感動的な所である。

その第3. これは、作家野坂昭如の作家自身の戦争体験を書いた「火垂るの墓」が、1988年アニメ化される時、作家のたっての希望で主題歌となった。

戦禍に苛まされるというのはオーバーな表現で、平和的利用である。その2とその3は勿論フィクションとしてであるが、その1のナイチンゲールの話の真偽や如何に。

日本看護史研究会に問い合わせた所、ナイチンゲールの足跡を研究している方が、丁寧に調べてくれて、「いわゆる彼女の正史の伝記はその事はなく、未発見の書簡の中にその様なエピソードがあるかも知れない。真偽は不明」との返事をいただいた。これもナイチンゲールを讃える為の後世の人の創作かも知れない。本物のディテールを並べたて、真実の事と信じさせ最後に一つだけ嘘を言う。デマやフェイクニュースの常套手段である。特に日本人はその手の人情を絡めた話には弱いものだ。

～ ～ ～ ～ ～

明治34年度版中等唱歌

次いで明治34年東京音楽学校編纂「中等唱歌」全38曲について。先ずは目次を掲げる。

1. 雪中行軍	13. 太平洋	26. 壺の碑

2. 富士山	14. 夏やすみ	27. 我家
3. 運動会	15. 来れ秋	28. 祖先の霊
4. 明日は日曜	16. 寄宿舎の古釣瓶	29. 初旅
5. 朝起の鐘	17. 四季の朝	30. 箱根八里
6. 駒の蹄	18. 告別	31. 荒城月
7. 牛追う童	19. 老将軍	32. 甲鉄艦
8. 旅路の愉快	20. 武蔵野	33. 小川の流
9. 雲雀	21. 松下清水	34. 帰雁
10. 我等は中学一年生	22. 入船出船	35. 豊太閣
11. 前途万里	23. 遠別離	36. 去年今夜
12. 占守島	24. 馬上の少年	37. 楽しき教場
	25. 歳暮	38. 今は学校後に見て

註）通し番号は著者の便宜上の整理番号で原本にはない。

　タイトルだけをみても、明治 22 年度版の「中等唱歌集」の尊皇愛国の内容と格段の違いをみせ、中学生の生活の描写が中心となっている。12 年前とは隔壁の感がある。「第 1 雪中行軍」「第 6 駒の蹄」「第 12 占守島」「第 19 老将軍」「第 23 遠別離」「第 32 甲鉄艦」等 6 曲が軍歌、あと数曲は中学生の心構え（修身）と、日清戦争後の束の間の平和の所為か。全 38 曲中 10 曲に満たない数である。

　邦人の作品は、作詞作曲者名が記されていない為不確かであるが、詞、曲共に殆ど邦人の作品と考えて間違いない様だ。一番はっきりしているのは、「第 30 箱根八里」詞鳥井忱、曲瀧廉太郎。「第 31 荒城月」詞土井晩翠、曲瀧廉太郎。の 2 曲である。

　曲は全て単音。前回の様に二重音～四重音による作品は一切ない。恐らく難しすぎてそこまでは教えきれなくなった為であろうか。又、全曲文語であるが、句格は 7・5 調から始まり、7・7 調、6・5 調と広がる。ピョンコ節によるリズムは一概に否定されず、随所に使用。最初は 47 抜き（第 6 曲目迄）から始まり 4 音が加わり、次いで 7 音が加わりと、当時の小学校で教わった唱歌程度の音楽レベルを十分考慮した編集方針である。短調の曲は、相変わらず数少なく、「第 20 武蔵野」「第 29 初旅」「第 31 荒城月」「第 36 去年今夜」の 4 曲をかぞえるのみである。

伊沢修二の短調観

　ここで少し寄り道して唱歌と短調について考えてみたい。

前述の「小学唱歌集」で短調の音楽について伊沢修二の見解を紹介したがもう一度詳し
く考察してみよう。引用は「音監経向書類上下、音楽取調掛成績申報書」明治 17 年、「音
楽と教育との関係」から。全文文語カナ書きの為理解の助けとなるために筆者の抄訳で。

　　　　　＊参考文献　東京芸術大学百年史、東京音楽学校篇第 1 巻 P.164　音楽の友社

（1）長短 2 音階の関係

　（前略）長音階を使用した楽曲は勇壮活発でそれによる快情（心地よい気分）は極まり
ない。それに対し短音階の楽曲は柔弱憂鬱にして哀情は甚だしい。従って長調の楽曲を演
奏する者は心の底から「勧楽を覚え其快情発して容貌に顕われ」聞いている人までも快楽
を享ける。短調を奏する者は「哀情計らず悲嘆の感を催し其外貌にあらわるる」従って幼
時から長音階で教育を受けた人は勇壮活発の精神を発育させ、短音階の教育を受けた場合
無力多病の人しか育たない事を考えると、当然長音階の曲を採り、短音階を棄てるべきで
ある。（中略）長調は西欧に於ては近世表出のものであるが、理論上も実地の上からも教
育に於いてはこの優れた音階を使用すべきである。短音階は古代のものであって楽曲は古
製のものである。故に長音階の楽曲は文教最進の国に多く短音階は其未進の国に多い。と
してインゲルの「万国音楽論」より 22 ヶ国の教科書に使われている 100 曲の長調と短調
の数を掲げている。ここでは、長調短調の混合型も数えてあるがこれは数が少ない為、割
愛させていただく。又、曲頭の数字は、整理の都合上、勝手につけたもので、夫々恣意的
な編集をお許し願いたい。

国名	長調	短調	国名	長調	短調
1. ゼルマン	98	2	12. ギリシャ	70	30
2. スウィス	92	8	13. ウェールズ	69	30
3. ポーランド	88	10	14. トルコ	64	26
4. セルビア	88	10	15. イタリー	58	42
5. ボヘミア	87	12	16. ハンガリー	49	50
6. ポルトガル	85	12	17. フィンランド	48	50
7. アイルランド	82	16	18. デンマーク	47	52
8. スペイン	78	20	19. ワラキーア	40	52
9. イングランド	78	22	20. ノルウェー	40	56
10. スコットランド	72	25	21. ロシア	35	52
11. フランス	70	28	22. スウェーデン	14	80

この中には現在独立国家ではない国名もある。ボヘミア（チェコ西部）、スコットラン
ド、ウェールズ（両国共ケルト系が多い）はイギリスの各州名。ワラキーアはルーマニア
南部の州。となっている。それにしてもよく調査したものである。ただここで注意してお
きたいのは統計による数字の魔力である。勿論、結果として出た数字は厳正なものである
が、それが全ての判断の基準にするのはいかがなものであろうか。特に統計が全てである
現代社会では、「個」の存在がなくなっている様だ。それはともかく、短調と長調の比率
だけでその国が文教未進と断定するのは、最初に結論ありきの危険な考え方であろう。短
調が多い曲を教えられたデンマーク、ワラキーア、ノルウェー、ロシア、スウェーデンの
国々の子供達は、常に悲嘆にくれた表情で、無気力で多病であると決めつけて良いもので
あろうか。ドイツ、スイス、ポーランドの長調で育った子供達は常に快活で勇壮活発な人
間になったか。個を無視した統計の数字に頼った誤った推論と言うべきか。例の揚げ足取
りで言えば、日本が後のロシアとの戦争で勝利を得たのは、伊沢修二のこの提案によって
唱歌教育で長調で育った皇国（みくに）の子供達のお陰であると言えるだろう。

　さて本題の「中学唱歌」に戻る。この項の最初に述べた様に短調の曲は僅か4曲である
が、いずれも変化音を効果的に使っている。
　短調の音階は、三通りに分けられ、「ラシドレミファソラ」の自然的短音階を基にして
終止の関係から上向の場合第7音ソを半音上げ（和声的短音階）、第6音ファとソを夫々
上げる（旋律的短音階）、下降の場合はその臨時記号はなくなる。数字譜で示せば、「67123456
（ラシドレミファソラ）」で夫々4と5に♯をつける。この「20.　武蔵野」では終止の「♯ソ」
（♯5）は当然であるがレの音に♯（♯2）が加わっている。これは前の「小学唱歌集」第
18「美しき」で述べたドッペルドミナント、属和音の属和音（二重属和音）の用法である。
ただこの「小学唱歌集」は教える時♯を外して教えていた。この「武蔵野」を含めて短調
4曲中3曲がこの技法を使っている。
　ところでこの「中学唱歌」で最も有名になったのは瀧廉太郎作曲の「箱根八里」と「荒
城の月」であるが、短調という本項の主旨で少し詳しく見てみたい。いわゆるミラシドを
使った短音階の曲であるが、この曲の中で冒頭2小節目、「春高楼（はるこうろう）の花の宴（えん）」のえんのえ
にドッペルドミナントの♯がついている。非常にこなれた旋律である。ところが大正時代
山田耕作が教科書編集の際この♯を取り去ってしまった。自身、本場ドイツに留学し、又
和声学の本も書いている人が、この様な基礎的な技法を知らぬ筈はない。恐らく、小学唱
歌集「美しき」他で、平気でドッペルの♯を取って教えていた事と関連がある様だ。たっ
た一個の変化音、たかだか♯だが、然れど♯である。原作者への冒涜である。ただこのお
陰でこの曲は、半音機能のない安手のC調ハーモニカで演奏可能となり庶民の間に、従来

第2楽章　吉丸一昌の足跡　　97

殆ど継っ子扱いされていた「短調」の魅力が理解される様になった。功罪相半ばと言った所か。

　以上、半ば公的教科書とされている、東京音楽学校編纂による中学唱歌集を見てきた。第1回目（明治22年）では、外国曲への当て嵌めで、尊皇愛国の内容が中心となった18曲。次の明治34年（2回目）は邦人の作詞作を主体とし、中学生の音楽レベルに合わせ47抜き音階、ピョンコ節のとり入れ、更には短調へと、「音楽」そのものの魅力を伝える努力と共に、内容も国家主義（尊皇愛国、修身）が少なくなり中学校の生活を描く作品がそれに代わってきた。大きな質的変化である。

〜　〜　〜〈間奏曲　当時の庶民生活：クイズの答〉〜　〜　〜

　またまた間奏曲が増えた。この中学唱歌等の教育の高邁な流れに対し、明治34年の庶民生活はどうだったろうか。「日録20世紀1901年」明治34年（講談社）によると、警視庁　ペスト予防と風俗改善のため、人力車夫、馬丁等に裸足を厳禁。（明治34年5月30日）とある。それを受けてネズミとりを貸与したり、東京市では、捕らえたネズミ一匹毎に抽選券をくばったり（1等賞金50円）衛生方面にも力を入れた頃である。一般庶民の生活は極めて厳しく、足下の事など気にしていられなかった頃である。

　ところで病気予防は当たりまえであるが、風俗改善のもう一つの意図は、皇国の首府東京に訪れる外国人に恥ずかしくない様にとの真意である。一つの大義名分を作り、国民生活をその様に導く。この政治手法は民主主義を無視した全体主義の強権国家が使う常套手段である。あれ？東京オリ・パラを見に来る外国人観光者たちへ「暖かいおもてなし」を国民に様々な事を強要しているのは、どこの国の誰だっけ。

　ここで第2楽章の前の間奏曲の（P.84）国名を読むクイズの答え。
　◇初級　1.　イギリス　2.　フランス　3.　イタリー　4.　ドイツ　5.　ロシア
　◇中級　1.　スペイン　2.　オランダ　3.　トルコ　4.　スウェーデン　5.　オーストリー
　◇上級　1.　ギリシャ　2.　エジプト　3.　ポルトガル　4.　ベルギー　5.　ポーランド
　◇特上級　1.　デンマーク　2.　ゼルマン（ジャーマン）　3.　ハンガリー　4.　フィンランド　5.　コンゴ
　◇おまけ　現行の中国語での発音表記で「バイエル」と発音。
　少年誌や当時の著作に慣れている筈の筆者でさえ、初級、中級は手の届く範囲で、上級は覚束なく、特上級は歯が立たない有様。特上級で読めたのは日耳曼（ゼルマン＝ゲルマンの事）のみで、先例の耳をルと読んで（土耳古、白耳義）やっと理解できた次第。まる

で判じ物か、暗号の世界である。中国に負けず劣らずの漢字の国日本である。

～ ～ ～ ～ ～

第3楽節〈北村季晴編中等音楽教科書〉

いささか寄り道が過ぎたが、これ迄の官製の中学生用の音楽教科書のあらましを見てきた。その流れを受けて本論に入る。

この「中等音楽教科書」全4巻は、明治41年に巻3迄。明治43年に巻4が刊行された。今まで見てきた中学生教科書とは全く違い、初学者用の楽典から専門的な和声学迄。人体の口形図を使って母韻の発声練習から始まり高度な声楽曲へ。二声から混声四部に到るまでの合唱曲と、この四巻を全て理解すれば、一人前の音楽家になる事が可能な、完璧な総合音楽教科書である。

各巻毎に30曲前後の声楽曲を中心に構成され歌詞は吉丸一昌が担当。曲は、北村季晴が作曲を担当。但し当時の慣習による為か、例の如く作詞作曲者の名前が記されてない為どこ迄が北村の作曲によるものか不明。作詞の方は、吉丸一昌記念館蔵の「吉丸一昌唱歌集」巻1巻2.（萬古刀庵版権）で全曲が吉丸の作品である事を確認。

歌曲数は全117曲。この4巻中、第4巻は明治43年に出版。24曲全て外国曲として作曲者名が記されている。ここでの中心は吉丸一昌の初期の作品についてであり、第4巻は明治43年刊行の為、外国曲との関わりとして別項で紹介する事を、予めおことわりしておく。とりあえずは目次から。

巻1（明治41年4月）	**巻2（明治41年4月）**	**巻3（明治41年6月）**
1. 花笑い	1. うぐいす雲雀	1. 春夜（春の夜の月）
2. いざいざ進め	2. 同窓の友	2. いさら小川
3. 国光	3. 春の桜	3. 広瀬中佐
4. 田植	（作曲 リー）	4. きのうの思
5. 立志	4. あかつき	5. 小蝶
6. あしたの日曜	5. 田家の少女	6. 貧女
7. 初夏	6. 端居の夕	7. 名所の松（四季）
8. 残花	7. 夏の暁	8. 夕の鐘
9. 一日の業	8. 浦の夕立	（作曲 フォスター）
10. 心の衣	9. 祝日の歌	9. 殖民の歌
11. 朝	10. 汽車の旅	10. 夏野
		（作曲 ウェーバー）

12. 田家

13. 天兵無敵

14. 秋暁

15. 秋の楽み

16. 運動会

17. 四季の散歩

18. 集会

（作曲 ベイリー）

19. めぐる車

20. 聖寿無量

21. 太平の曲

22. 師の恩

23. 凱旋

24. 冬興

25. 三種の神器

26. 教訓の歌

27. 進軍

28. 帰雁

29. 民の務

11. 海

12. 月見草

13. 我家

14. 里の秋

15. 秋郊

16. おさなき昔

17. 秋の声

18. 園生の竹

19. 楽しき農夫

（作曲 R．シューマン）

20. 晩江

21. 霜の朝

22. 国旗

23. 田舎の夕暮

（作曲 近森出来治）

24. 奮闘主義（心の力）

25. 雪合戦

26. 木霊

27. 春光

28. 送恩師

29. 乳児

30. 廃屋

11. 雀

12. 勧学

13. 蚊遺火

14. 楽しの世

15. 舞踏

16. 漁村の夕

17. 自戒

18. 暁景

19. 村祭

20. 愛国の歌

21. 友のつどい

22. 歌の松波

23. 都の夜

24. 旅情

25. 磯の月

26. 維新の志士

27. 門の椎木

（作曲 シューベルト）

28. 那須の与一

29. 新年の海

30. 窓の梅

31. 優勝旗

32. 川辺に立ちて

33. 夢

34. 菅公

巻4（明治43年、3月）

1. 花下舟遊　　作曲ブロックレイ（英）

2. 里わの夕　　作曲グスタフ（独）

3. 野遊　　　　作曲グローバー（英）

4. 手植のばら　作曲モーツァルト　オペラ「皇帝ティトゥスの慈悲」K．621より

5. 稗蒔売　　　作曲パンスコン（仏）

6. 都鳥　　　　作曲リンク（独）

7. はたらき男　作曲オベール（仏）オペラ「石工」（「泥工と鋳工」）より

8. 夜の御社　　作曲クロイッツァー（独）

9. 帰省の旅　　作曲ヘンデル（独）オペラ「ユダスマカベウス」より

10. この君この国　作曲ボワルデュー（仏）オペラ「パリのジャン」より

11. 旧都の月　　作曲サリバン（英）

12. 豊年　　　　作曲ロッシーニ（伊）オペラ「ウィリアムテル」より

13. 秋思　　　　作曲メンデルスゾーン（独）

14. 行軍　　　　作曲シュツンツ（独）

15. 静夜読書　　作曲アブト（独）

16. 茸狩　　　　作曲アブト（独）

17. 日本武尊　　作曲グルック（独）

18. 正義　　　　作曲モーツァルト　オペラ「魔笛」より

19. 浦のあけくれ　作曲マッジンギ（英）

20. 楽しき森

21. 賤のおだまき　作曲ヴェント（独）

22. 卒業の歌　　作曲リンツ（独）

23. 園遊会　　　作曲ウェーバー（独）オペラ「魔弾の射手」より

24. 明治の大御代　作曲ベートーヴェン（独）

　以上全117曲。第3巻までは終始作曲者名が記されていないが、明らかに有名な曲は、作曲者名を入れた。第2巻23番、「田舎の夕暮」は別の資料により東京音楽学校で4年後輩の近森出来治と判明。ついで乍ら第2巻18番「我家」は日本近代音楽館「明治の作曲家たち」北村季晴の項では、大和田建樹とされているが、明治33年「女学唱歌第1集」山田源一郎著の中に大和田建樹作歌「たのし我屋」がある。両作品共に帰郷をモチーフとし、心はずませて帰るさまを描写したもので、恐らく吉丸は同じ故郷を離れた者として大いに参考にしたと思われる。吉丸の「我家」は、記念館蔵の「吉丸一昌唱歌集」で吉丸の作品と確認済。作詞作曲者名が記されていないという事は後年の研究者泣かせであるが、当時北村、吉丸は教科書として学生の音楽の勉強が主目的でまさか、後年そこまで詮索される事は予想もしなかっただろう。

　曲は、3音の旋律から次第に音域を広げ、4音7音が加わり、「第12田家」より7音揃った音階へと、音域も10度まで広がり小学校で学習した内容の復習から始まり高度な段階へと進んでゆく。それに伴って楽典の詳しい説明がありと、学習者に音楽そのものの楽し

さを実感させる細かい配慮が施されている。前に紹介した官製教科書（明治22年）の「神聖な音楽というものをお前たちに教え授けるから、有難く学びなさい。」的な学習者が理解出来ようが出来まいがお構いなしの編集内容とは格段の違いである。奥付によると巻1・巻2は共に明治41年4月7日発行だが翌月5月15日再刷。同10月28日3刷、第4刷は同年11月20日。とある。巻3は明治41年6月14日発行。少し売れ行きが鈍って再刷は明治42年1月、3刷は、43年4月とある。刷っても刷っても追い付かない程の売れ行きで、恐らく全国の中学校の音楽の先生達が競って求めた為であろう。

　ほぼ同時に出版された3巻の歌曲24曲を合わせ計93曲。これが吉丸一昌の詩人として、唱歌の詞を書いた初めである。これだけでも大変な数である。恐らく2～3ヶ月の即席のヤッツケ仕事でなく出版前年の明治40年か、その前年位に始まったものと考えて良さそうである。吉丸は、俳句、短歌では、常子夫人との共作で明治38年5月に歌集を出し、音楽学校では「作歌」の教授としてその教程を中学生用に書改めた「新撰作歌法」（大正2年）に出版している程の実力の持ち主であるが、唱歌の作詞は府立第三中学の校歌の他は殆ど経験がない。その為に、あらゆる従前の唱歌集、更には西洋の歌曲迄勉強した。

　第1巻では、全て文語。句調は7・5調7・6調7・7調と様々な句調を用い、旋律に合う内容になっている。先に詞があったか後で詞をつけたか、定かではないが、音楽を中心に教える音楽教科書の主旨からすると、詞はあとでという後付けが中心であろう。

　ここで詞のテーマについて考えてみたい。便宜上、国家主義（尊皇愛国・修身）と人間を描いたもの（生活の歓びをうたった作品から花鳥風月を含む）と分類。

　第1巻(29曲)では、国家主義内容のうち尊皇愛国6曲、修身8曲。人間を描いた作品9曲。花鳥風月6曲とに分類してみた。第1巻はこれからの大仕事に向けての気負い込みがあった様だ。この巻が国家主義の曲が最も多い。

　明治40年代は　官制資本主義の急速な発展とその矛盾の為多くの労働運動が発生。社会主義思想が広がり始めた。明治43年には大逆事件が捏造され社会主義の弾圧といった状況であったが、当時のいわゆる知識人、教育者は国家主義的思想が中心であったと言える。自身、地方出身の苦学生の為に設立した「修養塾」では◎品性の修養は学問の第一義なり、◎我れは国家なり、◎勇猛の気至誠の情、◎よく苦しむものはよく為すの人なり◎成功の花は墓前に咲く。と5つの訓戒を記している。修養塾を経た若者達は、後に国家に有為の人材として活躍した。

　だから吉丸一昌が、明治22年版中等音楽教書を研究しその影響をうけたのは当然の事である。現に同じタイトルで「第1巻23凱旋」と先に見た明治22年版の「第12凱旋」（ヘンデルの「ユダスマカベウス」より、旋律を借用）は、内容もほぼ似たものになっている。又、

吉丸版「第2巻22国旗」も「第13国旗」からの詩想を得ている。と断定するには早計に過ぎるか。この考えは、文部省唱歌の作者探しの迷路に陥る危険性がある。念の為、一曲、「国旗」を並挙する。

<table>
<tr><td align="center">**明治22年版「国旗」**</td><td align="center">**吉丸版「国旗」**</td></tr>
<tr><td>１．皇国の旗こそ朝日の影
　　輝やき渡らぬ国やはある
　　いくさの庭にも大御世にも
　　いやまし光れり朝日の旗</td><td>１．わが行く舟路の　海の果ても
　　わが行く陸（くが）の　道の果ても
　　御空の天つ日　輝らす限り
　　御国の日の旗　われを守る
　　安らの世や</td></tr>
</table>

　筆者は、戦後民主主義の横溢する中で生まれ育ったが、持ち前のズボラな性格で口だけ動かし何ら行動を起こさない為、筋金入りの活動家の親友から「炬燵反戦家（こたつ）」と揶揄されている。その様な性癖でこの様な詩は殆ど見る事もなく捨てていたが、この手がけているものは、寄り道が多いが、真面目な研究書である。従って、徒らに主義主張に基づいて排除する事なく、左右関係なく公正な立場での研究を心がけて居るつもりである。

　修身的内容とは、明治23年発布の教育勅語の内容に沿ったものとして「孝行」「兄弟姉妹の友愛」「博愛」「修学」「朋友の信」「公益世務」「遵法」等々、唱歌教育の当初からの主目的である徳性の涵養の為の内容の唱歌である。

　この中等唱歌での「修身」は、やはり第1巻が8曲、第2巻4曲、第3巻2曲を夫々教え、1巻が最も多い。

　この教科書の編集過程を考えると、第1巻から第2巻までは、明治41年4月7日と同時発行、第3巻は少し遅れて同年6月14日発行とほゞ同時期である。編著者北村季晴は、4巻迄の歌曲総数117曲を全曲机上に揃えて、各巻毎になかば機械的に振り分けたのだろうか。巻3までは同時進行である為にその様な考え方も出来るが、初歩的な楽典から始まり音程、和声、転調と高度に内容が進むにつれ、その課程毎に例題曲として歌曲が挿入されている。恐らく北村からの曲が次々に吉丸の方に渡されそれに従って曲想に合わせて詞を書いたと思われる。ゆっくりと時間をかけて旋律に合う様な詩想を練り上げるといった時間はあまりなかった様だ。筆者が強調したいのは、次から次にヤッツケで仕事として処理していくのではなく、数多くの作品を目の前にし乍らも、一作毎に丁寧に内容を吟味し、推敲した作品集であるという事である。国家主義偏重の第1巻から、第2巻への人間中心の詞へと移行したのは、吉丸一昌が本来は平和主義、人道主義であったという事ではなく、教育者の立場からの作詞から、創作者としての自覚が出てきた為である。但し、第2巻の、

第2楽章　吉丸一昌の足跡　　103

国家主義内容が少くなったもう一つの理由として、この巻は高等女学校用の教材として編集されたのではないかという考え方も出来る。しかし本稿の主張する、教育者から創作者へと、吉丸一昌が成長していったという事には、変りはない。

大正二年吉丸著「新撰作歌法」P.40によれば、「我歌（この場合は短歌）は我なり、我面目なり作者それぞれの性格が現わるべきものなり」と著している。短歌だけでなく唱歌の詞にも、創作者（詩人）として個性の主張がなされる様になってきた。例として第1巻「14. 秋暁」から第3巻「2. いさら小川」への移り変わりを考えてみよう。

秋暁（第1巻14）

1. 狭霧を下る舟人は
   声ばかりなる朝ぼらけ
   岸村いまだ夢にして
   燈火白し秋の川

2. 櫓声冷しく夜は明けて
   朝鳥啼くや川社
   赤の鳥居もほのぼのと
   狭霧のひま①に見えそめぬ

註）①ひま……「隙」。すき間の
意で、現在の「暇」ではない
②いさら小川……小さな小川
③憂瀬……つらく苦しい時

いさら小川（第3巻2）

1. 谷の木かげの　いさら小川②
   鳴りてはさらさら　浮世を送り
   憂瀬③も　よそなる　様に見えて
   末野の雲間を　分けてぞ入る

2. 里の少女の子守唄に
   そゝられては行く　なたねの野ら
   しばしは眠るか　雲の裾に
   ゆく手の　のぞみを　夢路にみて

3. 市のどよみを　弓手にみて
   右手には　かざすか　沖べの月
   白帆はかぐろき　島のあなた
   やがては空打つ　なみと立たん

両曲とも文語体で格調高く自然を謳い上げている。「**秋暁**」は7・5調4句2連の定形詩で邦人の作曲によると考えられる。最も考えられるのは、北村季晴であるが、時として、「田舎の夕暮」は近森出来治の作曲であったりする為、（こちらは後の文献で判明）、北村とは断定しづらい。旋律の流れと詞がよく合って、川面の立込めた朝霧が次第に晴れていく様子を、白い燈火から赤い鳥居へと色彩を対比し、その情景が目に浮かぶ様な詩になっている。

「**いさら小川**」は、文語、基本的には、8・6調であるが7・6、8・7、8・6、8・6と変化する。これは西洋音楽の旋律に詞をつけた為で、この外国曲による句調の変化は、明治44年、講義録としての草稿「唱歌歌格私説」に詳しくまとめられている。

小さな川の上流から平野を通り、やがて川口から海に入る様を謳ってはいるが、1連目

は浮き世の悩みも全くない幼年期から、2連目夢と希望に満ちた少年期、3連目は、大海の大きな波となる様な立志の青春時代へと人生を描いている。川の流れと人生はよく例えられるテーマであり、読み取り様によっては修身的にも捉えられる。しかし特に修身的なものを感じさせないのは、明治後期詩壇の主流となっていた象徴派の影響と、文語の豊かな語彙の巧みな使用によって、完成された詩になっている為である。

　ここまで、吉丸一昌の唱歌の詞に対する考え方の変化について考えてきた。ただし飽くまでも教育者としての尊皇愛国の教えを作品に盛り込む事には変化はない。第3巻「2いさら小川」の次には「旅順の港頭　狂風号び　鷺瀾高し…」と軍神広瀬中佐を讃える「広瀬中佐」が軍歌調の旋律と共に置かれている。吉丸の中に、相反するかの様な国家主義思想と人間を謳う思想（仮に人間主義とする）は矛盾なく共存していた。

　吉丸の人間主義の詞作は、第2巻から次第に増え第3巻でもその比率は変わりない。唱歌には尊皇愛国のテーマは相応しくない。どちらかと言えば、音楽そのものの美しさを感じ取り、それに合った内容の詞（ことば）をと、93曲の詩を書いている間に思い至った為であろう。その事を思わせる一つの作品を紹介する。

月見草（第2巻12）

1. 磯山（いそやま）登る夕月に
　　　ほのぼの匂う　月見草（つきみぐさ）
　　　夢にも　似たる　花の色
　　　おぼつかなくも　咲き初めて

2. 誰に恥じらう花なれば
　　　ひそかに咲きて　月見草
　　　うき世　隔つる　心ぞや
　　　ゆうべを汝（なれ）の　命にて

　7・5調4句2連。旋律は唱歌様式とも言うべきか、邦人の作曲（恐らく北村季晴）で、両者共よく討議を重ね吟味され、旋律と詩が融合した作品になっている。逍遥歌（しょうよう）（散歩唱歌でなく）として最適である。詩だけ読んでも味わい深いものがある。

　そのあとに続く「我家」「秋郊」「おさなき昔」「秋の声」等々いずれも、吉丸一昌の詩人としての完成度の高さを示すものである。

　第2巻の最後第22教程で、「短調」が説明と共に2曲加わる。第3巻23教程では引き続き短調が4曲。かつて文教未進の国の音楽と斥けられていたものを、何のためらいも憚りもなく、音楽の表現上の当たり前の事として扱われている。例えば音階の音程上の構成等の理論上の教程のあと、長音階の楽曲は、主として勇壮快活等の想を表すに適し、短音階は主として悲哀寂寥あるいは可憐等の情を写すのに適していると解説。「乳児」（ちご）と「廃屋」の二曲を「乳児」は可憐の情を表すものとして、「廃屋」は寂寥感の表現の為として。

紹介している。両曲とも旋律と詩がよく合った音楽作品である。旧弊の唱歌集に捉われない、北村季晴、吉丸一昌の進取性がもたらした結果である。更に第3巻の短調4曲であるが、その中で吉丸一昌の人間を描く作品「6. 貧女」を紹介する。

貧女（第3巻6）

1. なが雨ようやく止みし夕を
   まよう女の子　なれは誰が子
   つづれの衣に　破れしその傘
   なれが住居も　かくや荒るる

2. 世人はいこいの窓に倚るころ
   なれは知らぬ門に立ちて
   あわれや物乞う　声もさびしく
   夕餉乞い得て　ひとり笑みぬ

3. あわれの女の子よ　なれは誰が子
   父やいます　母やいます
   明日またよきもの　更に分たむ
   いそぎ帰りて　家に就けよ

次いで参考の為に先に触れた大和田健樹「明治唱歌」（明治22年）第2集19「あわれの少女」を紹介。旋律は現在「スワニー河」（フォスター作曲）がそのまま使われている。詞はマッチ売りの少女が下敷きになっているという説もある。

あわれの少女　　　　　　　　　大和田建樹 詞

1. 吹きまく風は顔を裂き
   みるみる雪は地に満ちぬ
   あわれ素足の少女子よ
   別れし母を呼ぼうらん

2. つづれの衣の破れまより
   身をさす寒さいかほどぞ
   あわれ濡れゆく少女子よ
   世になき家を尋ねらん

3. こがねの柱　玉の床
   世界は同じうちなるに
   あわれ凍し少女子よ
   たたずむ軒もうずもれぬ

明治22年の大和田の作品、それから20年を経た吉丸の作品、どちらも社会的弱者に目を向けたものである。唱歌に始めて人間を描いた作品を書いた大和田は、凍てつく少女を「あはれ」と嘆じ、こがねの柱、玉の床に住む富める人との貧富の差を言いつつ、どこか

冷静な観察者的な感じがするのは、長調（スワニー河）のもたらす感覚であろうか。比べて 20 年後の「貧女」は、短調のもたらす悲哀感はあるがどことなく救われた様な暖かさを感じさせるのは、弱者をいたわる吉丸の本来持っている人間的暖かさであろう。二連目終句「夕餉乞い得て　ひとり笑みぬ」三連目三・四句、「明日またよきものさらに分たむ　いそぎ帰りて　家に就けよ」作者の夕餉を乞う女の子に、恵んでやるからありがたく思えの上からの視点でなく、少女の境遇に心を寄せ、一椀の夕餉を得てゝ笑む姿に共に同化する。慈善の精神ではなく「明日も又来いよ」と少女に同化した心で呼びかける。この詩に救いを見い出す事で、更に深い悲しみを味わう書法は、技術だけの問題でなく吉丸の人間愛の力によるものである。まさに「我歌は我なり。我面目なり。作者夫々の性格が現わるべきものなり」（新撰作歌法）である。

　この北村季晴編著の中等唱歌で、吉丸一昌の詩作は、教師として国家主義を内容にした作品から、創作者のそれへと変り、更には客観的表現から、人間を特に「個」を描く詩人へと変容し成長していった。初期の段階では（2-15「秋暁」あるいは 2 - 3「春の姿」等）秀れた文語定型詩の詩人で終ったが、人間を描き、個を描く、敢えて手垢にまみれた言葉ではあるが、真の創作者として、表現者として、と成長していった。「かたくなの吉丸の詩」は、中等唱歌の作品によって北村に発掘され大きく育てられていった。北村季晴の功績である。　　　　　　　　　　　　　　　＊参考文献「中等音楽教科書」巻 1 〜巻 4　北村季晴編

明治 41 年から 43 年

　ここで再び吉丸一昌の経歴を辿ってみよう。明治 41 年 4 月に中等音楽教科書の刊行の前月吉丸は東京音楽学校に倫理・国文学の教授と赴任。同時赴任者には乙骨三郎（ドイツ語・英語）南能衛（講師、オルガン・楽理）等翌年の尋常小学唱歌（いわゆる文部省唱歌）の編纂委員となる教授達の名前も見られる。翌明治 42 年 5 月発行東京音楽学校編纂「中等唱歌」の製作委員に選ばれ「夏休」「演習」（いずれもドイツ民謡の旋律に作歌）の二作品を書いている。明治 42 年の吉丸の作品は、この 2 作品が公式に残っている。文部省による「中等唱歌」は前に見た様に明治 22 年版、明治 34 年の二集に続いてこれで第三番目の教科である。ここでの編纂委員には吉丸の他、東京音楽学校教授の、鳥居忱・武島又次郎・富尾木知佳・島崎赤太郎・乙骨三郎・楠美恩三郎・田村虎蔵・岡野貞一・南衛江・文部省視学官吉岡郷甫と並ぶ。当時の東京音楽学校の、邦楽・器楽関係の教授以外の総力を挙げての取り組みであった。新任の吉丸一昌は校長湯原元一によっての実績作りの意図もあった。そして同年 6 月 12 日には文部省唱歌の編纂委員への辞令。そこでは湯原元一によって歌詞担当委員の主任に任命された。

第2楽章　吉丸一昌の足跡　　107

従来の吉丸一昌の年譜によると、東京音楽学校の赴任は、明治42年4月とあるが、恐らく吉丸一昌記念館蔵の──明治42年3月31日付、願いに依り（府立第三中学校授業）嘱託を解くという東京府の辞令書を根拠にした為か。明治42年は5月6月と教科書編集に携わり、いかに早い抜擢とはいえ、早すぎるのではないか。恐らく明治40年6月湯原元一が校長になった時に吉丸一昌には内示があり、翌明治41年に正式教授になったと思われる。明治40年は、吉丸の身辺整理、（府立第3中学校の教員から授業嘱託へ、あるいは夜間中学校の廃止へと）の時間であったというのが妥当な考え方であろう。筆者は、東京芸術大学百年史第一巻の記録を根拠にしているが、傍証として同百年史の卒業写真（明治41年）には、短髪、口髭の端正な面立ちで斜に構えた、（吉丸の写真は殆どがこのポーズである）吉丸の姿が認められる。

　明治42年は既述の様に、修養塾の運営、東京音楽学校で倫理・国文学の授業を担当する傍ら学生監として学生達の生活を監督指導。そして、中等唱歌（東京音楽学校版）、文部省唱歌の編纂委員とまさに八面六臂の活躍ぶりで圧倒的に作品の数は少ない。

　明治43年は、それまで「東京音楽学校学友会雑誌」を発展的に解消し編集責任者として吉丸一昌を置き雑誌「音楽」を発行。ここで吉丸は自作品（外国曲への作詞を含め）を積極的に発表。同年3月には、北村季晴編中等音楽教科書巻4の発行。（歌曲24曲全て外国曲への作詞）。9月には楠美恩三郎編「オルガン軌範」の歌詞のついた練習曲27曲中26曲の作詞をしている。まさに堰を切った勢いでの詩作である。

外国曲への作詞

　日本に唱歌教育が導入された時以来、外国の旋律に詞をつけるという事が当然の事として行われた。当初は、先にみたように国家主義中心の詩、あるいは日本の美をと、夫々格調高く流麗な文語体の詞が当て嵌められた。詞主曲従の始まりである。この方法は、邦人の作曲家を育てている時代には妥当かも知れなかったが、時が降ると共に次第に学問化されてきた。（小長久子著「滝廉太郎」P.57）あるいは、犬童信蔵（球渓）に至っては明治38年東京音楽学校甲種師範科を卒業しているにも拘わらず「故郷の廃家」「旅愁」等の名訳の為に、詩人として扱われる時が多い程である。（勿論詩人であるが）

　ただ明治42年には本科の楽歌部及び研究科の作歌部を廃止。その事があってかどうか、吉丸一昌は明治44年には、講習会員の需に依る「唱歌歌格私説」の草稿を残している。外国曲への作歌、特に「歌格」についての26の箇条書きとしてライネッケの作品を中心に細かい分析と研究をしている。〈新体詩と大和田建樹（P.48）〉で内容の一部を紹介した。筆者の手元にあるものは、吉丸一昌記念館蔵の手書きの講義録であるが、達筆な草書体に

加え随所に消したり、細かい書き込みがあり判読不能の所が沢山でてきた。書道家の松岡洋子氏の手を借りてやっと全容が把握出来た次第である。

　さてこれに依ると、第1節7（3・4）6（3・3）7（3・4）6（3・3）となっている時は第2節も同じ語数にすべきで7（5・2）とか7（4・3）で始めるべきではない。と、作詞の基本的な技巧から始まり、2句法正格（7・5、7・5と同数）2句不同数（6・6、7・7等）に分類。四句法同数格、不同数格まで分析を加えている。「新撰作歌法」と併せて、吉丸一昌は詩人として優れた感性を持ちながら、飽く事ない知的好奇心の持ち主、学究の徒であった。

　明治43年迄の吉丸の外国曲への作詞を、主なものを選んで味わってみる。

集会（中等音楽教科書　第1巻-18）

1.　今日この集い　たのしうれし
　　心を置かで　語らはむ
　　言葉の花のにおいは　咲ける花にまされり
　　まことの心　とうとしや

2.　今日このまどい　うれしたのし
　　隔てぬ夜の　つどいして
　　かたる心清らに　すめる月に勝れり
　　まことの友の　ゆかしさや

　原曲はトーマス・ヘイン・ベイリー（イギリス）による「Long Long Ago」である。大意は、昔々あなたが語ってくれた話をして下さい。昔々私が好だった歌を唄って下さい。あなたが帰って来て本当に嬉しい。昔々あなたが愛した様に今もあなたの愛は変っていないと信じたい。という様な意か。〝Let me believe that you love as you loved.〟の〝love〟を友愛あるいは親愛の情と見るか、文字通り恋愛と見るかによって意味は大きく変ってしまう。（昔々の受験英語による乱暴な訳をお赦し下さい。）

　明治41年の頃の中学生には、愛だとか恋だという表現は控え、まことの友と隔てなく語り合う喜びに換えた。原詩の意味を把握した上での訳詩である。この歌は大正2年近藤朔風によって「久しき昔」と原詩そのものの訳で。戦後（昭和の）「垣に赤い花咲く…」古関吉雄の歌詞で。最近では「うれしかったね　あのころ　そうだね　ほんとだね…」（詞藤田圭雄）がある。

　更に中等唱歌巻2-19「楽しき農夫」、シューマンの43曲からなる「子供の為のアルバム」の第10曲目にある〝Fröhlicher Landmann〟（文字通り〝楽しい農夫〟）の題で知られているピアノ曲である。歌詞はついていない為これ又、色々な人が詞をつけている。吉丸版では、一日の仕事を終えて妻子の待ちわびる我家のともし火をめざして急いで帰ろうという内容であるが、文語体による古風な表現の為に、後年の津川主一の口語体による作詞程、

広く流布しなかった。

門の椎の木（第3巻 -27）

1．木陰に寄りし　夏の夕べ
　　木の実拾いし　秋のあした
　　門の椎の木　見れば思う
　　昔がたりの　あれも夢や
　　これも夢や

　　　（以下略）

菩提樹　近藤朔風 訳詞

1．泉に添いて　茂る菩提樹
　　慕いゆきては　うまし夢みつ
　　幹には彫りぬ　愛の言葉
　　うれし悲しに　訪いしそのかげ

　　　（以下略）

　巻3－27「門の椎の木」、これも、シューベルトの歌曲「冬の旅」より「5. 菩提樹」の意訳である。原詞は、門辺の泉のそばの菩提樹の木陰でまどろみ甘い夢を見、あるいはその幹に愛の言葉を刻みつけ幸せな時間を過ごした。その菩提樹にいつも心を惹かれる。という意味だがこれも又、中学生用に書き換えられ、門の椎の木となり、昔の夢の通りにはならなかったが、当時を懐かしみ今も椎の木陰に佇む、となった。大要は原詞に近いが、当時のより原詞に忠実にという考えが広がり、この旋律も、より原詞に忠実な近藤朔風の訳詞へと、意訳では飽き足らなくなった一般の好みは移っていった。

静夜読書（第4巻 -15）

1．夜嵐絶えて　月も暗し
　　ひとり静かに　書をよめば
　　ほのかに瞬く　机の燈火
　　我をうつす　うしろの壁
　　　かげさえ寒けし

2．うつるわがかげ　ともしの影
　　われと三人の　机のもと
　　こよいも更けて　埋火しろし
　　はらはら散る　落葉の声
　　　こえさえ寒けし

　作曲はフランツ　アプト（独）1819年～1885（明治18年）の女声3部合唱曲。残念乍ら原題が記されてない。3千曲以上の歌曲、合唱曲を残している。この曲は転調の為の半音進行が流れる様な旋律線を作っている。

　上記の詩は唱歌として歌うためでなく、読んで味わう為の密度の高い詩である。2連目第1句、うつるわがかげ　ともしの影　と書き分けてあるのは、かげは光にあてられて出きたかげ、ともしの影は光そのもの、あるいは古文でいう姿形の事か。寒けしはいかにも寒いと寒い事を強調している形容詞。解釈は、読む人の自由な感受性におまかせする。

　ゆっくりしたテンポで、流麗な旋律のこの曲と、完成度の高い吉丸の詞、詞として曲想

をよく把握しているが、どうもしっくりこない。本来、詩と曲の関係は対等である。この言葉に合うのはどんな旋律か、和声は等々、詩を目の前にして作曲家は悩み苦しむ。これが現今の歌曲の作曲手順である。その結果0.5＋0.5＝1だけでなく、2にも3にもなる作品が生まれる。与えられた旋律を前にして、曲想を把握し、原詩を読んで考えこむ。いわゆる後付けの場合、応々にして詩人の個性、主張が前面に出てくる時が多くなる。詞主曲従である。その場合名詩が名曲を作るが名曲が名詩を生み出す事は希である。

　吉丸一昌の作品で今でもよく歌われる「ニーナ」「故郷を離るる歌」等々は、もう少しあとの「新作唱歌」まで待たねばならない。

　明治43年のもう一つの訳詞のみの作品、楠美恩三郎編「オルガン軌範」について少しみてみよう。**楠美恩三郎**は、明治22年12月東京音楽学校師範部を卒業。明治35年同校助教授（オルガン担当）。明治42年吉丸と同じく中学唱歌（東京音楽学校編及び文部省唱歌）の編纂委員を経て同43年教授となる。この「オルガン軌範」は教授として記念すべきオルガン教則本である。

　緒言に、師範学校、女子師範、高等女学校のオルガン教科書で又、初学者にも適しているとある。音階の練習から始まりバイエルを含め主としてドイツ民謡、あるいは教会用（礼拝の前後に奏する）等、総数140曲に及ぶ練習過程（曲）があり、その中の27曲中26曲を吉丸一昌に歌詞を依頼している。主だった「62－ローレライ」（ジルヘル作曲）「63－子守唄」（ブラームス）等原詩に近い訳詞の曲がある半面、「71－揚雲雀」（スコットランド民謡。大和田作「故郷の空」）「83－惜陰」（ドイツ民謡。原曲「かわいいオーガスティン」）等全く原曲とかけ離れた詞がついたものも多い。

　ところで、最終「119－桜狩」は従来吉丸一昌の作と数えられたが、明治34年山田源一郎著「女学唱歌1」で鳥井忱の作詞である。恐らく、先輩の鳥井忱と楠美と同学年の山田源一郎に敬意を払った為であろう。

～　～　～〈間奏曲〉～　～　～

　加えてこの曲と「116－住めば都」の曲はスエズ民謡となっている。当時は、レセップスによって1869年（明治2年）に開通されたスエズ運河で、確かにスエズという名前は知られていた。ただその地方の民謡が日本に渡ってきたと断定するのは早計である。旋律、和声どれをとっても西欧風であり、悪い例えであるが文教未進の地方から渡ってきたとは考えにくい。恐らくドイツ語Schweiz（スイス）の英語読みの為の間違いであろう。先の北村版中等音楽教科書で、エーベル（ウェーバー）、ベートホーフェン（ベートーヴェン）と表記していた頃の話である。

ところで北村版では、四七抜き音階は学童音階として陽旋法（民謡音階）の主音が西洋音階に並びかえられたものとして紹介している。当時のアカデミックな音楽学校周辺の音楽家達は、ちゃんと学問的な分析も行っていた。

　更に同教科書巻1での第13教の中で、

ドダレリミファフェソサラレシドシセラロソスファミメレラド

　これは半音階の説明の中で、ゴシック体は自然音階（ドレミファソラシド）その夫々の中間の変化音の呼称である。ダはドの半音上った音（Cis）という風に名前がつけられていた。さらに厄介なのは下降の場合（♭）がついた時で、同じ変化音でも呼称が変る。例えば上向ラの半音上はレ。シの半音下はセとなる。ドイツ表記でも Ais と B と変るが、一番大変なのはラの半音上レと自然音階のレと同じ呼び方で、他にも Cis（ダ）と Des（ラ）も混乱してしまう。略符（数字譜）も全て同様である。これでは当時の中学生がいかに優秀であろうとも、とてもとても覚えられたものではない。可愛想！

～　～　～　～　～

第4楽節 〈「尋常小学唱歌」への道程〉
国定尋常小学読本

　これまで吉丸一昌の活動歴を中心に話を進めてきた。次に文部省唱歌の編纂委員としての話に移るが、その前に、この唱歌教科書が国語読本と密接な関わりがある為に、時代を遡って、国語読本、正式には「国定尋常小学読本」の成立過程を概観してみたい。吉丸一昌はしばらくお休みである。

　明治35年12月の大がかりな教科書疑獄事件をうけて、それまで各出版社がある程度自由な裁量の内容で出版されていた教科書が「検定」から「国定」へ切り換えられた。国民的思想統一を図る明治政府にとっては渡りに舟の絶好の機会であった。最初の国定教科書は明治37年発行。明治40年義務教育が4年から6年に延長され、それに従って明治43年、6学年用の改定版が出された。ここで扱っている「読本唱歌」及び「文部省唱歌」はこの43年度版の国語読本をもとにしている。

　本論に入る前に遡って、明治37年度版の国語読本について。ここからは文部省発行の「尋常小学読本編纂趣意書」（東書文庫蔵）に基づいて話を進める。

　先ず明治35年から文部大臣官房図書課で編纂を始め、「本書に収めたる諸般の事項に関しては夫々専門の学者に質し其意見に依り修正」を加え乍ら明治36年に完成（明治37

年4月より学校で使用。第二章の「形式」で「文章は口語を多くし用語として東京の中流社会に行るものを取り上げ、国語の標準を知らせ其統一を図る」とある。更に「韻文」は第一冊に一、第二冊に二、第三冊以後は各三を収め、調子は5・7、7・5に限らず童謡俚歌（わらべうた・民謡）の形を採り用語は多く口語を用いたり。とある。

　次に明治43年の読本唱歌を知る為に、この同36年刊行の後続いて編纂された明治37年度版の高等小学読本の趣意書を見てみよう。というのは、明治40年義務教育6年延長の為、教科書の出版が同43年になった。その間の空白の3年間は、高等小学校1〜4年の読本を代用せざるを得なかった。

　第1章編纂始末で、東京帝国大学法科助教授山崎覚次郎、同文科教授三上参次、芳賀矢一。同理科教授坪井正五郎、同三好学、同農科助教授脇水鉄五郎。東京高等師範教授丘浅治郎、同磯田良、同山崎直方。中央気象台長中村精男。文学博士佐藤誠実と各方面の専門家に質し修正を加えた。韻文は大和田建樹の作に成れるもの多しと、はっきり氏名が明記されている。まさに国定の名に恥ない様に、全方面にわたって、活躍中の気鋭の学者が揃えられている。特に韻文は大和田建樹になれるもの多しとある。

　ここで資料不足の為、やや正確さに欠ける謗りを受ける事を覚悟で第1期国定尋常小学読本と高等小学読本（明治36〜37年）所載の韻文のタイトルを記す。

〈尋常小学読本〉	〈高等小学読本〉
1学年第2巻「カラス」	1学年第1巻 「3. 春の景色」
2学年第3巻「7. 小川（コガワ）」	「15. 夏休み」
「16. あさがお」	「18. 富士登山」
「20. とけい」	
第4巻「7. 豊年祭」	第2巻 「7. 浦島子」
「10. そうじ」	「12. 連隊旗」
「14. ゆき」	「20. 笠置落」
3学年第5巻「3. のあそび」	2学年第4巻 「2. 日光」
「8. 田植」	「9. 遠洋漁業」
「15. 夕立」	「15. 白虎隊」
第6巻「5. 元寇」	3学年第5巻 「1. 気の変り易き男」
4学年第7巻「7. 春の遊」	「16. 母の愛」
「14. 停車場」	第6巻 「8. ぴらみっど」
「20. 灯台」	4学年第7巻 「8. 強者強国」
第8巻「2. 新聞紙」	「18. 琵琶湖」

第2楽章　吉丸一昌の足跡　　113

「7.　軍人」　　　　　　　　第8巻　「6.　勧学の歌」
　　　「14.　わが帝国」　　　　　　　　　　「17.　処世の歌」

　　註）尋常小学読本第5巻「3.　のあそび」は「春が来た」の題で読本唱歌に引き継がれた時に
　多少の語句に手を加えられ内容の変更なしに改題された。高等小学読本第8巻「6.　勧学の歌」
　は理学博士矢田部良吉の原作によると傍書きされている。

　このまま第2期（明治43年版）の国定国語読本に引き継がれたのは、「カラス」「春が来た」
そして修正を加えられた高等小学校4年「18.　琵琶湖」これは「近江八景」に改題。他は、
題名は同じであるが内容が異なるものは、「2-16 あさがお」「2-20 時計」「3-8 田植」「夕立」が。
取り扱う内容は同じだが全く異なるものとして「7-7 春の遊び」が「舞えや歌えや」となっ
ているものも多い。
　ここで、「3-3.　のあそび」と第2期国定教科書「3-2.　春の小川」を併記してみる。

のあそび（明治37年度版）　　　　　　**春が来た（明治43年度版）**

　1.　春がきた　春がきた（5・5）　　　　1.　春が来た　春が来た（5・5）
　　　どこにきた（5）　　　　　　　　　　　どこに来た（5）
　　　山に来た　野に来た（5・4）　　　　　山に来た　里に来た（5・5）
　　　さとにきた（5）　　　　　　　　　　　野にも来た（5）

　2.　花がさく　花がさく　　　　　　　　2.　花がさく　花がさく
　　　どこにさく　　　　　　　　　　　　　どこにさく
　　　山にさく　野にさく　　　　　　　　　山にさく　里にさく
　　　さとにさく　　　　　　　　　　　　　野にもさく

　3.　鳥がなく鳥がなく　　　　　　　　　3.　鳥がなく　鳥がなく
　　　どこでなく　　　　　　　　　　　　　どこでなく
　　　山でなく　野でなく　　　　　　　　　山で鳴く　里で鳴く
　　　さとでなく　　　　　　　　　　　　　野でも鳴く

　詩の名前と使用漢字の違いは解るが、どこが修正されたかは余程注意しないと解らない。
使用漢字はここで「春」「来」「鳥」に加えて「里」「野」「鳴」が増やされた。
　ここでは、一箇所句調が揃わないところがある。念の為、第1連だけ句調を記した。全
句5・5調であるが、「のあそび」は3句目が5・4・5と破調である。詩人の考えからすると、

春は山から野から里にやってくるのである。しかし5・4・5では落ち付かない。5・5・5調と整える為には、4調（野にきた）を「野にも来た」と助詞を増し5・5・5にして、最後に置いた。詩の主意は、広い山から野へ、そして人の居る里と視点が移り、最後は自分に、楽しい春が訪れる事を願うという余情を含んでいる。句調合わせの為だけに助詞「も」を入れて、ついで乍ら「野にも来た」と纏まりのない韻文になってしまった。

もうひとつ大和田建樹の「4-18 琵琶湖」と「近江八景」を比較してみる。

<table>
<tr><td colspan="2">琵琶湖（高等小学校7－18）</td><td colspan="2">近江八景（尋常小学読本8－17）</td></tr>
<tr><td>1．</td><td>近江には　琵琶湖とて（5・5）
その名高き　湖水あり（6・5）
清らかなるは　水の色（7・5）
見れどあかぬは　八つの景（7・5）</td><td>1．</td><td>琵琶の形に　似たりとて（7・5）
其の名をおえる　湖の（7・5）
鏡のごとき　水の面（7・5）
あかぬながめは　八つの景（7・5）</td></tr>
<tr><td>2．</td><td>夕日さす　勢田の川（5・5）
わたる汽車も　心地よく（6・5）
栗津の松の　色はえて（7・5）
晴れたる空の　のどけさよ（7・5）</td><td>2．</td><td>まず渡り見ん　瀬田の橋（7・5）
かがやく入日　美しや（7・5）
栗津の松の　色はえて（7・5）
かすまぬ空の　のどけさよ（7・5）</td></tr>
<tr><td>3．</td><td>石山の　秋の月（5・5）
雲おさまりて　影清し（7・5）
冬の来りて　さく花は（7・5）
比良のたかねの　暮の雪（7・5）</td><td>3．</td><td>石山寺の　秋の月（7・5）
雲おさまりて　かげ清し（7・5）
春より先に　咲く花は（7・5）
比良のたかねの　暮の雪（7・5）</td></tr>
</table>

（以下両詞共4及び5連略）

両詞の異同を知る為に載せたが、大和田版は、各連初句、第二句が5・5、6・5とやや不揃いであるのに対しすべて7・5調に変え、ついでに語句の細かい部分も手を加えた。恐らく本人ではなく例の如く担当の編纂委員が議論の上改変したものと思われる。著作権が法律化された現代では、たちまち訴訟という事になるが、著作者「文部省」の大きな権力は、この程度の改変は当然であった。

第2期国定小学読本

第2期国定尋常小学読本編纂趣意書に依ると、明治41年に、教科用図書調査委員会第三部編纂。起草委員芳賀矢一、乙竹岩造、三土忠造の3名が、他に高野辰之が起草委員補助として夫々任命された。そして一巻毎に部会の修正を経、更に総会へ提出可決され明治

42年11月に終了。次に編集内容について詳しい説明が続くが、ここでは「第九・韻文」に限って見てみよう。

———韻文は第一巻1、第二巻2、第三巻以上は各3収め、初年級の多くは口語体、上級に従って文語体を増す。旧読本から採ったもの3、修正稿本より6、懸賞によるもの8、依嘱したもの2、いずれも前後の程度に応じ多少の訂正を施した。その他の12篇はすべて起草者の作に成る。とある。

旧読本から採ったもの3は、「カラス」。これは正式には題名はない。唱歌編纂委員会でも当初は出だしの「カアカア　カラスガ」をとって「カアカア」と称していたが、後に「カラス」となった。次に「春が来た」そして「琵琶湖」改め「近江八景」となった。

坪内版国語読本

読本中に韻文[*]を入れるのは、国定になる以前から行われていた。国定になる4年前、明治33年に4つの社から国語読本が出版された。

残念乍ら普及舎版と冨山房版の二社しか入手出来なかったが、普及社版には韻文は儀式唱歌（天長節、紀元節等）「すめらみくに」（「小学唱歌集」2－44）で、この読本独自の創作詩（韻文）は見当らない。

冨山房版はこの検定時代の代表とされている読本で、坪内雄蔵（逍遥）の著で、一般に坪内版と呼ばれている。国定に統一された明治37年までわずか4年の短命であったが、その編集内容は国定読本に大きな影響を及ぼしている。編集者も杉谷代水、桑田正作（春風）等、後の唱歌作詞に活躍する人材が揃っていた。特に杉谷代水は文部省唱歌作成時に3曲程作詞の依頼を受けている。又、この本の編集作業が終りになる頃、田村版「幼年唱歌」で幾多の詞を書いた石原和三郎が加わっている。

　　　　＊参考文献　坪内雄蔵「東洋館から冨山房へ」復刻版国語読本（株）冨山房企書 P.3～14

韻文は従来の「無生命な雅文調、外国楽譜への嵌め込み方式ではなく自作の童謡調、民謡調を処々に挿入し新体詩が最長所の杉谷に試みさせた。」とあり、画期的な試みであった。各巻に2～3篇ほゞ20篇程挿入されている。

確かに巻二第二三「かぜよ吹け吹け」巻三第二三「虫のうた」等は子供の視点で書かれた佳品である。更に「虫のうた」や巻五第四「母ごころ」等は、次の国定読本の韻文の詩想に影響を及ぼしている作品も見る事が出来る。

坪内版読本は韻文という一分野を読本の中の欠かす事の出来ない必須の教材という地位にまでもっていったのである。尚、韻文はあくまでも（声に出して）読むことが前提であり、唱歌として歌われることは想定していなかった。

第2期国定読本の篇纂趣意書で、所載の韻文の「区分け」を知った（前ページ）。いわば作者探しの様なものであるが、これ以上作詩者を詮索特定する事は意味のない事である。例えば先に見た様に「琵琶湖」が「近江八景」に改変された如くである。次に各学年の韻文の目録を示す。

第2期国定小学読本韻文目録（明治43年）

◇**第1学年**
巻1　あさがお
　　　　カアカア
巻2－5ツキ
　　　13タコノウタ

◇**第2学年**
巻3－9こうま
　　　19かえるとくも
巻4－5ふじの山
　　　10とけいのうた
　　　21母の心

◇**第3学年**
巻5－2. 春が来た
　　○10. うめぼし
　　　20. 虫のこえ
巻6－1. 日本の国
　　○18. 人のなさけ
　　　25. かぞえ歌

◇**第4学年**
巻7－3いなかの四季
　　　13家の紋
　　　23何事も精神
巻8－3たけがり
　　○11花ごよみ
　　　17近江八景

◇**第5学年**
巻9－4舞えや歌えや
　　○15かぶりもの
　　　26三才女
巻10－9冬景色
　　　12水師営の会見
　　○24松の下露

◇**第6学年**
巻11－6我は海の子
　　　14出征兵士
　　　28同胞ここに五千万
巻12－6鎌倉
　　　13国産の歌
　　　28卒業

第1学年の「あさがお」は後に詳述するが正式な韻文ではない。編纂趣意書には、第1巻に1、第2巻に2、第3巻以上は各3を収めるとあるが、巻3には、「こうま」と「かえるとくも」の他は確認出来なかった。○印は唱歌にならなかった5篇の韻文である。又、

読本唱歌の緒言三に「巻10家」も唱歌にならない6篇としてあったが、「家」そのものの韻文は読本中巻10はおろかどこにも見当たらない。

　結果総計32篇の韻文が発表された。内容は巻1、巻2は子供の素直な視点で描き、巻3「かえるとくも」から次第に修身の内容が増えてくる。因みに「かえるとくも」の第1連かえるは書家小野道風の故事（花札の図柄になっている）第2連くもは、イギリス軍に敗れたスコットランド王ロバート　ブルースが敗走中の空き家で天井の蜘蛛が失敗を重ね乍らも根気よく巣を張っている姿に感ずる所あって、再び英軍に立ち向かい撃退させるという故事にもとづいている。（福井直秋著「尋常小学唱歌歌詞評釈」）修身の内容そのものである。

　第5学年からは「水師営の会見」「出征兵士」等戦記物が加わる。

　以上見てきた様に初学年の口語体による「子供の目」でみた題材から高学年になるに従って修身的内容第4学年から文語体が増えて最後は戦記物へと、これは従来の進め方であるが、国語読本第6学年巻末12－27「軍人に賜わりたる勅諭」や、もう一方の国定教科書の柱、尋常小学修身書巻6－26、27、28課「教育に関する勅語」が最終教育目標としている事を考え併せると韻文の編集内容は大変柔軟な扱い方（手ぬるい？）であると言えよう。

尋常小学唱歌の成立過程を考える

　やや回り道になったが、国定国語読本の成立を今迄見てきた。これらの事を念頭に置いて、吉丸一昌に再登場をお願いする。

　吉丸一昌は明治42年5月刊行の東京音楽学校編「中等唱歌」の製作委員としての仕事を終えたあと、息をつぐ暇もなく同年6月には尋常小学唱歌の編纂委員としての大役を荷なう事になる。

　ここでは、「東京芸術大学百年史第二巻」、第3章、第4節、の「小学唱歌教科書編纂日誌」の記録をもとにして、考察を進める。

　先ず編纂委員の顔ぶれを紹介。

　委員長は、**湯原元一**、歌詞担任委員は、**富尾木知佳、吉丸一昌、乙骨三郎、高野辰之、武笠三**、の5名。

　作曲委員は、**島崎赤太郎、上真行、小山作之助、楠美恩三郎、岡野貞一、南能衛**の6名。

　詞、作曲委員11名中武笠三以外は、幼長の差はあるが全員東京音楽学校の関係者である。

　ここで重要な寄り道を。

　堀内敬三、井上武士編「日本唱歌集」（岩波書店）は1958年第1刷以来1998年時点で59刷を数える超ベストセラーである。唱歌史を「小学唱歌集」から殆どの名曲を楽譜付

で網羅し、我々研究者にとっては貴重な唱歌集であり、特に巻末の詳細な解説は教えられる所が多々ある。しかし乍ら、「尋常小学唱歌」の編集委員名は誤りが多い。それによると**作詞委員委員長芳賀矢一**　委員上田万年　尾上八郎　高野辰之　**武島又次郎（羽衣）**　**八波則吉**　佐々木信綱　吉丸一昌　**作曲委員委員長湯原元一**　委員上真行　小山作之助　島崎赤太郎　楠美恩三郎　**田村虎蔵**　岡野貞一　南能衛になっている。

　長い間この委員達の名が信じられ、文部省唱歌に関する研究書では必ずといっていい位引用されてきた。しかし近年では前記の「小学唱歌編纂日誌」の記録が正しいとされている。筆者もあらゆる面から検討して「編纂日誌」を正しい文献として扱う事を付記しておく。

　同年6月22日、第一回委員会が開催され、はじめに渡辺文部省図書課長より教科書製作の要項の説明があった。

　先ず、修正国語読本（明治43年3月出版）中の歌詞の部分に楽曲をつけ、曲集中に収める旨を主意として、次の様な要項が伝えられた。（例によって文語の為、重要な部分を抜萃して）

　一、唱歌集の編纂趣意及び程度は小学校令施行規則によるものとする。

　一、教育勅語、戊申招書の内容は、具体的な事実、人物をテーマにして徳性の涵養に資する。

　一、編纂は二箇年以内に完結する事

　一、四年生以下は教師用のみ作り、五年生以上は児童用を作る事。

　一、臨事の必要の為、読本中所載の歌詞に曲譜をつけ「尋常小学読本唱歌」等の名称で特別の教科書を作っても差し支えない。

　一、文部省編纂「戦争唱歌」二編、及び「凱旋」の一編があり、これを使用しても可なり。

　一、目録の大要が出来次第、文部省に報告。

　ここではっきりと文部省の作成意図が示された。先ず「小学校令施行規則」について少し紹介。

　明治33年8月改正小学校令公布と同時に公布されたもので、第一章第一節「教則」には修身、国語　算術等の指導内容を細かく規定している。「児童の徳性の涵養」から始まり「忠君愛国の志気を養う事に務めよ」とある。「女児に在りては特に貞淑の徳を養わんことに注意」。国語は従来の「読み方」「書き方」「綴り方」を「相互連結して」教える様。「読本の文章は平易にして、国語の模範となり、かつ児童の心情を快活純正にさせる様に、その題材は修身歴史地理理科その他生活に必須な事項趣味に富むもの」以下略。

　これをもって、重ねて言うが国語読本と修身書は、小学校教育の二つの柱となった。渡辺図書課長の要項説明は、まさにこれから作る尋常小学唱歌も、修身、国語読本と同じ内

容にしなさいという事である。言葉を換えて言うならば、これから作成する唱歌教科書は国語読本と修身書の補助教材にしなさいという事であり、「国定」にはならず「検定」のままであった理由も首肯ける。

　次に、教育勅語及び戊申詔書の意を十分に伝える。これは代々伝わって来た文部省の教科書の基本的方針である。戊申詔書というのは、日清、日露の二つの戦勝気分に奢侈に溺れる国民や、官製資本主義の急激な成長の歪みによって生じた、相次ぐ大規模なストライキの勃発。社会主義の台頭を憂慮した明治天皇が国民一般に、質素倹約等を守る様に明治41年10月下された詔書の事である。

　それを受けて、「戦争」「凱旋」の既作品も使用可なり。と控え目であり乍ら「使用する様に」と指示している。

　更に臨事の場合、読本の歌詞の部分に曲をつけ、「読本唱歌」等の名で特別に編纂しても差支えない、との条項。

　事実「読本唱歌」は翌、明治43年7月に完成。短命に終ったがまさに新しい5年生6年生の為の「臨事」に間に合うことができた。ちなみに「小学唱歌一年生」は明治44年5月発行、以下六学年用は大正3年6月発行と、時間をかけて編纂されている。

　以上、文部省による教科書作成の際の内容の大枠（規制）が提示された。次に湯原委員長より、運営上の実務的な指示があった。

　先ず、次回までに（6月26日）読本中の歌詞を選定すること
一、作曲委員の主任を**島崎赤太郎**に託す。
一、作曲委員が作曲を担当するが、他に委託しても可能。又、外国曲を採用するも可。
一、各学年の曲の難易順を定むる事
一、歌詞担任委員の主任を**吉丸一昌**に託す
一、読本外の歌詞の新作をする事。その際委員の他に外部に依嘱する事、等々。
　更に吉丸一昌委員より作詞を外部に依頼する時は仮名字以外は総て振仮名をつける様にとの要望があった。

　第2回委員会（6月26日）では読本所載の32篇の韻文が細かく検討された。ここで巻5「うめぼし」巻6「人のなさけ」は否決。巻8「花ごよみ」巻9「かぶりもの」は要修正（結果は否決）巻8「たけがり」は要修正（詳細は後述）等が篩にかけられた。

　第3回委員会（7月7日）は作曲委員会の為であったが詞委員富尾木、吉丸、乙骨の3氏が出席。

　ここで先ず、島田赤太郎より学年毎の作曲要件（曲数、音程　音域、拍子　調子　口調）が提示された。簡単に紹介すると、第一学年　曲数およそ25曲、音程平易なる音程音域ニ〜ニまで（オクターブ）。拍子2拍子4拍子、調子ト調ヘ調ニ調。から始まり学年が上

120　　第2楽章　吉丸一昌の足跡

る毎にそれらの範囲は少しずつ拡大。第五学年より、音域変ロ〜ハ（11度）、調子はイ長（3個の♯）から変ホ（♭3個）。3拍子は第三学年より、6拍子は五年生からとした。

次の議題として、編纂の主旨は日本人の作曲が中心であるが時宜に依り西洋曲を加えても可とした。

旋法（長短律）長調と短調はいかに配列するかの質問はあったが議題にはならなかった。
更に楽曲は国民教育的に作るを要す

従来の唱歌教科書の音楽的集大成がここでなされた。子供達の習得段階に合わせて、歌い易い音程、高い調子から始めるという配慮がなされている。実際各学年の夫々の曲を歌ってみるとここで示された作曲要旨が、多少のズレはあってもよく守られているのが実感出来る。

最後に加えられた「楽曲は国民教育的に作る。」という意図は漠然として具体的に何を意味するかよく理解出来ないが、要は、巷間で持てはやされている、47ヌキピョンコ節による、はやり歌の事か。どちらかと言えば、ラッパ節（〽今　鳴る時計は〽…）、間がいいソング（〽いやだ　いやだよ　ハイカラさんはいやだよ〽）の方が、国民的広がりをもっていたが、余り教育的ではなかった様だ。あるいは、作曲家の個性を強く押し出すなという事か。

いずれにせよ大きな漠然とした枠組を作り、上司の自由な裁量で規制が出来る。徳性の涵養と同じ使い方である。勿論、「子供の自発性を高め、創造力を養う」等の発想はどこにも見当たらない。

次いで読本にある韻文17篇の作曲の分担が決められた。

一ノ組　小山作之助　楠美恩三郎　南能衛

カアカア　たこの歌　蛙と蜘蛛　時計の歌　春が来た　日本の国　家の紋　近江八景

二ノ組　上真之　島崎赤太郎　岡野貞一

ツキ　こうま　ふじの山　母の心　虫の声　いなかの四季　何事も精神　三才女
舞えや歌えやは6名全員で作る事。

割り当てられた曲を一曲毎に3名が作曲するという事で「舞えや歌えや」のみは6名が夫々作り期限は今月中（7月中）と限定。

第4回は全員出席のもと8月6日。 とりあえず歌詞に3曲出来た分（カアカア、ツキ、たこの歌、こうま、蛙と蜘蛛、ふじの山、母の心）の審査が行われた。

島崎赤太郎委員の伴奏、岡野貞一委員の試唱で、詞委員のみ（富尾木、吉丸、乙骨、武笠、高野）5名が一曲毎にその可否を投票。但しこれは決定ではなく、撰曲の際の参考に

する為である。

　次の**8月11日の会**では、吉丸一昌委員提出の第4学年迄の歌題草案（読本に基づき、第1、2学年25曲、第3学年23曲、第4学年20曲、夫々学期毎に分類）の審議が行われた。8月18日の詞部会で、それらの歌題について分担が行われた。

　以上、長々と作品が完成する迄の過程を紹介した。これからこの様な会議が延々と大正3年6月の第6学年まで続く。特に作品決定の過程での、試演と投票の過程は興味深い。詞の決定に於いてもこの様な過程があったと考えられる。

　この編纂日誌は明治44年8月19日委員会の記録迄（詞は5年生、曲は4年生が議題）。しかも記録内容は次第に簡単になり、この頃は、議題になった詞曲の名前と委員の出欠者の名前程度になってしまった。ただ、新しい音楽教科書を作るという情熱と意欲に満ちた編纂委員達の労苦は大変なものであった事は想像に難くない。

尋常小学読本唱歌

　第2回編纂委員会で国語読本中、32篇の韻文が篩にかけられた。その時の内容をもう少し詳しく見てみよう。

　不採用の5篇は、あくまでも韻文（詩）であり、唱歌として歌う事は想定していない長いものばかりである。

　「うめぼし」は段落一定せざるに依り此儘にて作曲すべからず。三句又は四句を一段落とし同一字割をして繰返しが出来る様修正を要す。と、当時気鋭の作曲家たちもさすがにお手上げであった。以下4篇も同じ理由による。

うめぼし（読本巻5-10）

二月三月花ざかり、うぐいす鳴いた春の日の、
たのしい時も夢のうち。五月六月実がなれば、
枝からふるい落されて、近所の町へ持出され、
何升何合はかり売り。もとよりすっぱいこの体、
塩につかってからくなり、しそにそまって赤くなり、
七月八月あついころ　三日三晩の土用ぼし、
思えばつらい事ばかり、それも世のため人のため。
しわは寄っても若い気で、小さい君らの仲間入り、
運動会にもついて行く。まして戦のその時は、
なくてはならぬこのわたし。

声に出して読むと、まるで香具師のバナナの叩き売りをやっている様な軽快な7・5調で、今風にドラムとエレキのバックを入れて読むと立派な「ラップ」が出来そうだ。まさに旋律になる事を詩の方から拒否している様だ。7・5調の妙味である。

反対に採用された「たけがり（茸狩り）」を見てみよう。

たけがり（読本巻8-3）

1. 秋の日の　空すみわたり　（5・7）
　風 暖に　さてもよき日や　（7・7）
　山遊び　するによき日や　（5・7）
　友よ来よ　手かごを持ちて　（5・7）
　いざ裏山に　きのこたずねん　（7・7）
　山深く　行きてたずねん　（5・7）

2. たどり行く　細道づたい
　はや香ばしく　きのこにおえり
　山風に　きのこかおれり
　うれしこの　松の根元に
　まず見つけつと　高く呼ぶ声
　やまびこに　ひびく呼び声

　いでやあの　岩の小かげに　（5・7）
　皆うち寄りて　えもの数えん　（7・7）
　たけがりの　功くらべん　（5・7）

——巻8「たけがり」の中「山遊びするによき日や」は5・7調の句切り宜しからず。然れども作曲者の技能に依り差支えなし。「うれし　この」「いでや　あの」の二句は字割を「2・3」の5に修正を要す。（編纂日誌より）

参考までに句調を書いた。5・7調と7・7調の混合形と言うべきか。意図はよくわからないが「うれしこの」「いでやあの」の字割を修正する様にと実に細かい審議が行われた。ただ、3句目の「5・7調は作曲者の技能に依る」と審査会で指摘され、この詞の作曲を担当した作曲家達の作曲家としての矜持に火がついた。結果、歌詞全て無修正で作曲。無事採用となった。語句の5に付いた旋律に次の句7音を嵌める為に、三連音符にしたり、逆の場合は、8分音符を4分音符にのばしたり、並々ならぬ努力の跡が見られる。しかも歌い易い平易な曲に仕上がった。

この様な合議の過程を経て明治43年7月14日に「臨時の必要の為」の尋常小学読本唱歌が刊行された。全27曲。詞、曲共に全て邦人の手による我が国初の音楽教科書の完成である。伊沢修二の最終目標「国楽の創成」はここで成就した。

読本唱歌中最後の曲「あさがお」（秋季始業巻二）があるが、読本明治37年版も43年

第2楽章　吉丸一昌の足跡　123

版の夫々同名の韻文はあるが、唱歌の歌詞とは異なっている。恐らく秋期始業の学校の為に詞委員が急遽書き上げたのであろう。当時は地方によっては、秋季に始業する学級があった。その為に別に秋季始業読本1〜4巻（1、2学年）を編纂している。因みに吉丸一昌は、同名の詞を米国民謡につけて、大正四年刊行「新作小学唱歌」に発表している。

　緒言三の読本の韻文から削除された6篇の中に、前記の曲の他に「家」（巻十）とあるがこれも読本中どこにもなく謎である。

　緒言二「かぞえ歌」の曲は明治二十年本省出版の幼稚園唱歌集の旋律をそのまま使用。これについては、第4楽章「かぞえ歌考」で詳述。「水師営の会見」「鎌倉」「国産の歌」の三篇は学年の程度に比べや、簡易だが主として児童の記誦を助ける為に特に作曲。

　相変わらず唱歌を「音楽」としてでなく暗記の道具として扱っている。

　既述の様に明治30年中期から教科併用と銘打って、鉄道唱歌を始め歴史唱歌地理唱歌が47抜きピョンコ節の簡単な旋律に乗って刊行された。

　確かに記誦の手段として意味も解らず覚えさせるには有効な手段である。この「今解らなくても後で解る」と鸚鵡返しに暗記させる教育方は「論語の素読」として若いうちに刷り込む日本の伝統的な教育方であった。この考え方は読本中、修身を教える為に使われた。その例を挙げると、

何事も精神（巻7-23）

1. のきより落つる　雨だれの	2. 小さき蟻も　いそしめば
たえず休まず　打つ時は	塔をもきずき　つばめさえ
石にも穴を　うがつなり	千里の波を　渡るなり
我等は人と　生まれきて	ましてや人と　生れきて
一たん心　定めては	一たんめあて　定めては
事に動かず　さそわれず	わき目もふらず　怠らず
はげみ進むに　何事の	ふるい進むに　何事か
など成らざらん　鉄石の	など成らざらん　盤石の
かたきもついに　通すべし	重きもついに　うつすべし

　7・5調9句2連の文語体による格調高い詞である。4句目からの1連と2連の対句は美事な呼応である。

　曲は3句迄と7・8・9句を同じ旋律にし、ＡＢＡの三部形式としてよく纏めてある。

　だがしかし、である。果たして4年生に完全に理解出来たかどうか。もちろん唱歌の時

間は詞句の解釈が中心で（それが唱歌教科書の主目的だが）音楽は二の次、先生のオルガンに合わせて鸚鵡返しに歌うだけと当時の授業が目に浮かぶようだ。

　読本唱歌の持つ一面的な所を紹介したが、これらの曲は次の文部省唱歌の中でも主要な位置を占めている為に紹介。そしていよいよ尋常小学唱歌に移る事にしよう。

第5楽節〈尋常小学唱歌（文部省唱歌）考〉
文部省唱歌第一学年～第六学年目次

◇**第一学年**（明治44年5月）　　◇**第二学年**（明治44年6月）　　◇**第三学年**（明治45年3月）

第一学年	第二学年	第三学年
1. 日の丸の旗	1. 桜	①. 春が来た
2. 鳩	2. 二宮金次郎	2. かがやく光
3. おきあがりこぼし	3. よく学びよく遊べ	3. 茶摘
4. 人形	4. 雲雀	4. 青葉
5. ひよこ	⑤. 小馬	5. 友だち
6. かたつむり	6. 田植	6. 汽車
7. 牛若丸	7. 雨	7. 虹
8. 夕立	8. 蝉	⑧. 虫の声
9. 桃太郎	⑨. 蛙と蜘蛛	9. 村祭
⑩. 朝顔	10. 浦島太郎	10. 鵯越
11. 池の鯉	11. 案山子	⑪. 日本の国
12. 親の恩	⑫. 富士山	12. 雁
⑬. 烏	13. 仁田四郎	13. 取り入れ
14. 菊の花	14. 紅葉	14. 豊臣秀吉
⑮. 月	15. 天皇陛下	15. 皇后陛下
16. 木の葉	⑯. 時計の歌	16. 冬の夜
17. 兎	17. 雪	17. 川中島
⑱. 紙鳶の歌	18. 梅に鶯	18. おもいやり
19. 犬	⑲. 母の心	19. 港
20. 花咲爺	20. 那須与一	⑳. かぞえうた

　註）〇印は読本唱歌からのもの。尚、本書では「尋常小学読本唱歌」及び「尋常小学唱歌」（明治43年～大正3年）を限定的に「読本唱歌」「文部省唱歌」と呼ぶことにする。

◇**第四学年**（大正元年12月）　◇**第五学年**（大正2年5月）　◇**第六学年**（大正3年6月）

第四学年	第五学年	第六学年
1. 春の小川	みがかずば	1. 明治天皇御製
2. 桜井のわかれ	金剛石　水は器	2. 兒島高徳
③. いなかの四季	1. 八岐の大蛇	3. 朧月夜
4. 靖国神社	②. 舞えや歌えや	④. 我は海の子
5. 蚕	3. 鯉のぼり	5. 故郷
6. 藤の花	4. 運動会の歌	⑥. 出征兵士
7. 曽我兄弟	5. 加藤清正	7. 蓮池
⑧. 家の紋	6. 海	8. 燈台
9. 雲	7. 納涼	9. 秋
10. 漁船	8. 忍耐	10. 開校記念日
⑪. 何事も精神	9. 鳥と花	⑪. 同胞すべて六千万
12. 広瀬中佐	10. 菅公	12. 四季の雨
⑬. 茸狩	⑪. 三才女	13. 日本海海戦
14. 霜	12. 日光山	⑭. 鎌倉
15. 八幡太郎	13. 冬景色	15. 新年
16. 村の鍛冶屋	14. 入営を送る	⑯. 国産の歌
17. 雪合戦	⑮. 水師営の会見	17. 夜の海
⑱. 近江八景	16. 斉藤実盛	18. 天照大神
19. つとめてやまず	17. 朝の歌	⑲. 卒業の歌
20. 橘中佐	18. 大塔宮	
	19. 卒業生を送る歌	

梗概を兼ねて

　全120曲。第5学年「みがかずば」「金剛石・水は器」は2曲であるが昭憲皇太后御製である事を慮り、通し番号なし。代わりに6年生が19曲となった。

　緒言第一　本書は本省内に設置せる小学校唱歌教科書編纂委員をして編纂せしめたるものなり。

　くどい様だがもう一度念の為に委員の名を掲げる。◇編纂委員長　湯原元一　◇詞委員　吉丸一昌（主任）　富尾木知佳　乙骨三郎　高野辰之　武笠三　◇作曲委員　島崎赤太郎（主任）　上真行　小山作之助　岡野貞一　楠美恩三郎　南能衛　以上12名である。これは「編纂日誌」からの引用で、この文部省唱歌すべて作詞者作曲者は名前が伏せてある。

著作権者文部省と奥付に明記。

　創作者の名前が明記されるという事は、夫々に著作者の個性、主張をはっきりさせる為であり、一語一句、一音一小節に全責任を負うという事である。私の詞にはこういうメッセージがある。「私の旋律はこの言葉に対してはこの音型でなければならない」等は、国策に沿った誰が作ってもいいという様な無個性を要求されるこの文部省唱歌には、必要がない事で、まして今も盛んな作者探しは無意味な事と敢えて言わざるを得ない。

　緒言二、「本書の歌詞中読本所載以外のものについては、修身・国語・歴史・地理・理科・実業等の方面に渉りて題材を求め文体、用語は読本と歩調を合わせる事」にしている。と先に述べた「小学校令施行規則」を遵守している事を書いてある。

　前年の読本唱歌の歌詞は、読本の中の内容の流れに沿った内容のものが殆どで、例えば、2－5「こうま」は読本巻3－8「うしとうま」の人間の役に立つ牛と馬の形状的説明（理科）のあと3－9「こうま」の8・7調3句2連の詩が、楽しい挿し絵と共に続く。2－19「母の心」は読本巻4－21「子ドモの心」風邪をひいて寝込んでいる母をあれこれ気遣う三郎少年の心──苦そうな薬を飲む母親に、代わりに自分が飲んで上げると申し出たり、早く治る様に一度に沢山飲む様勧めたりと、親を思う「孝」の心（修身）と共に正しい薬の飲み方を教えたりの内容である。その次に「母の心」と子供が運動会で汚した袴を洗う母親の姿、明日のひなまつりの晴れ着を夜なべして縫う母親の姿を画いた詞が続く。読本唱歌で使用された韻文は、国語読本の内容の流れ、前後の章との関連性が深い。ただ唱歌3－1「春が来た」は第3学年1学期に歌われる季節感豊かな唱歌であるが、読本で第3学年第1「あまのいわと」「第2. 春が来た」「第3. 神武天皇」と何の脈絡もなく挿入されている。いや待てよ、天照大神（「あまのいわと」）の事、神武天皇の事、と並べて皇国史観の、日本を創られた神々。そのお陰で「春が来た」のであると考えるのは深読みし過ぎか。ただこの詞は概述の様に明治37年度版国定読本由来で最も長い命脈を保っている。

　以上、少ない事例であるが、国語読本の内容と唱歌の歌詞が密接な関連性がある事がお解りいただけると思う。

　もう少し内容面（詞）の全体像を見てみよう。

　第4回委員会（明治42年8月6日）では、読本唱歌の曲譜の審査の外に次の本格的段階の歌詞の題目の決定作業に入った。ここで、吉丸一昌、乙骨三郎の両委員が草稿を作る事が決まった。8月7日に乙骨委員に貸付けた読本原稿を吉丸宅に廻す。として（使送り電車賃を給す）とある。まったく金銭関係は細く記してあるが、議事録をもう少し詳しく記録して欲しいものだ。5回目の委員会（8月11日）で吉丸委員草案の歌題を審議、8月15日で詞部会で審議。ここで第1、2学年夫々25曲、第3学年23曲、第4学年

第2楽章　吉丸一昌の足跡　　127

20曲の原案がまとまった。8月17日には作曲の分担を定むとある。吉丸一昌大忙しである。どこまで吉丸の原案通りかは定かではないが、読本に従った歌題である。尚1年2年の各終りに1年生「外(ほか)に君が代、紀元節の歌、2年生「外(ほか)に天長節、勅語奉答」と審議途中につけ加えられたと思われるものが入っている。

　東京音楽学校のアカデミックな教授たちが「唱歌の気品を損ねる」としてあれ程嫌っていた言文一致体（口語）の歌詞が、3学年の第2学期の半(なか)ばまで続く。一つは読本の方針に従ったのであるが、もう一つの大きな要因は、先に触れた田村虎蔵とその著「幼年唱歌」の及ぼした影響は大きい。第二回の編纂会議の議事録に「既刊の小学唱歌集中、田村氏の著書は比較的完全に近し。次回は更に通知する事とし云々」とある。田村虎蔵の労作を完全に近いものとして評価している。

　ここでは、第3学年「11. 日本の国」から、少しずつ解りやすい文語体になり、（読本より早目）あるいは、口語（13. 取入、16. 冬の夜）を交ぜ、最終「かぞえ歌」で仕上げ4学年以降は文語中心となる。それに伴って尊皇愛国唱歌が数を益してくる。

　ここで評価したいのは、1～3学年迄いわゆる初学者に、それが単旋律だけのものにせよ音楽の楽しさ、歌う事への興味を引き出す等の様々な努力が感じられるという事である。勿論、「幼年唱歌」の及ぼした影響の大きさは否めない。

　私達がこの文部省唱歌をどの位知っているか。一番知られているのは1学年2学年3学年迄が中心で、そのあとは、数える位で、やはり庶民には文語体の持つ「格調高さ」には馴染み難いものがある。第6学年「17. 夜の梅」がいかに6拍子の流麗な旋律であろうとも。その読本唱歌の項で述べた様に「今解らずとも後で解る」刷り込み教育の為である事は言うまでもないだろう。

何故小学唱歌が校門を出なかったか

　このタイトルの校門を出なかった要因は、ずっと述べて来た様に、「徳性の涵養」という大きな枠組みと、国民教育的作曲をというこれも大きな二つの枠組みの為である。

　徳性の涵養という意味では、この120曲の歌詞を分類してみると、明らかに尊皇愛国を鼓吹する曲は20曲。しかし「3－16冬の夜」「6－4我は海の子」等一句だけ然(さ)りげなく折り込んでいる曲。例えば

冬の夜 （3-16）

1．燈火(ともしび)ちかく　衣縫(きぬぬ)う母は　　　　　2．囲炉裏のはたに　縄なう父は

春の遊びの　楽しさ語る 　　　　　過ぎしいくさの　手柄を語る

居並ぶ子供は　指を折りつつ 　　　居並ぶ子どもは　ねむさ忘れて

日数<ruby>日数<rt>ひかず</rt></ruby>かぞえて　喜び勇む 　　　耳を傾け　こぶしを握る

<ruby>囲炉裏火<rt>いろりび</rt></ruby>は　とろとろ 　　　　　囲炉裏火は　とろとろ

外は吹雪 　　　　　　　　　　　　外は吹雪

　　7・7調の句調を主体とし終止として5句目から5・4・6と破句が加わる。曲は4句まで47抜き、5〜6句目（終止）を7音の西洋音階と<ruby>上手<rt>うま</rt></ruby>く終句の雰囲気を伝えている。田舎の冬の夜の夜なべ仕事に精を出す父と母の話に聞き入る子供たち。心温まる団欒の風景である。ここに2連目第2句傍点の「過ぎしいくさの手柄を語る」は、やはり「愛国心」の為に入れられた語句である。因みに第二次世界大戦後、この部分は「過ぎしむかしの思い出語る」に改められて現在に至っている。でも、「居ならぶ子供は　眠さ忘れて…耳を傾けこぶしを握る」の意味がそれでは何の事かさっぱり通じなくなってくる。もう一つ蛇足ついでに、詞は信州の雪に囲まれて育った高野辰之の小学校の頃の思い出を詞にしたもので作曲者不明。と言えば大概の人は納得。勿論完全なフェイク、作り話である。読本唱歌の編纂が一段落した明治43年4月16日の会議で——下村<ruby>夾<rt>きょう</rt></ruby>に「冬の夜」池辺義象に「思いやり」と題する歌詞の製作を依頼す。翌44年の委員会歌詞議題で「菅原道真」（修正）冬の夜（修正）」と（共に下村夾に依頼した詞）修正された事を記してある。勿論この時点で下村夾のオリジナルでなくなった事を示している。ただ、もし作者探しを研究するなら、ここから始めるべきであろう。勿も下村葵が加わったと言っても「フーン、それ誰？」で終ってしまうだけであるが。

　　少し話が傍へ外れたが、本論に戻る。先程の尊皇愛国の曲は、明らかに「2－15天皇陛下」等はっきりそれとわかる詞を数えたが、「修身」の内容と言えばもっと一般曲と区別がつかなくなる。例えば「春が来た」は、学校の先生が、「この様な日本の素晴しい季節があるのは、<ruby>御稜威<rt>みいつ</rt></ruby>の光が<ruby>全<rt>あま</rt></ruby>ねく輝きわたるお陰である」と教えれば即、修身教育へと繋ってゆく。この年頃の子供達は先生の言葉を鵜のみにするだけで、この春の到来を喜ぶ日本版「春の歌」の本来の楽しさはどこかへ行ってしまう。

　　あるいは、時代によって修身の目的で書かれた歌詞が平和の一面だけを強調して伝わる事がある。これは先述の「冬の夜」で触れた様に、歴史の書き換えである。戦争のない平和な時代にはその様な見方でこの文部省唱歌を見ているのではないだろうか。その例としてもう一つ。「4年生－16. 村の鍛冶屋」。これは三度進行の音型、中間部リズムパターンの変化、導音7（シ）を巧みに使用等、洗練された作品である。歌詞は8・7調と8・6調が交互に出てくる、「2年生－16、時計の歌」と同じ勤労の歌である。時計の方は昼夜問

わず人の為に働き、鍛冶屋は陰日向なく仕事に精を出す。問題は戦後になってから解釈が変った。読本の文は、老いた鍛冶屋が「今でこそこんな小刀や釘などを造っているが、元は人に知られた刀鍛冶で武士の魂と言われた大太刀・小太刀を何十本となく鍛えた云々」と回想する所で終っているが、戦後の平和教育では、その後に、「ある時彼は自分の打った刀が殺人の為に使われると知り、大いに自分を反省し、平和の打ち物の鍛冶屋になった。」と、どこにも書いてない部分が捏造された。勿論解釈は自由であるが、捏造までして他人に伝える事はない。軍国主義から平和主義への歴史の転換がもたらした結果である。

　以上見てきた様に何が修身的内容でという内容のジャンル分けは、学校の現場で、時代の評価によってまちまちである。全曲徳性の涵養、修身教科書の唱歌版と言い切る事も可能である。ただ、現場の子供たちは難しい事は言わない。自分達が楽しいかどうか、その一点のみで、体で反応する。だから校門を出た途端に〽わーれは蚤（のみ）の子ー虱（しらみ）の子ー〽とか〽うさぎ美味（おい）しいかの山〽と自分達の理解出来る範囲内で理解しそこでおしまい。子供達は、「芸術」の最もすぐれた理解者である。

　次に校門を出なかった理由のもう一つの枠組み「楽曲は国民教育的に作るを要す」を考察してみよう。いわゆる音楽の三要素（リズム、メロディ、ハーモニィ）の中から。

　◇メロディ　旋律を作る大部分は音階である。この教科書では、ドレミソラの5つの音（1 2 3 5 6）を使用し第1学年6「かたつむり」より音域がオクターブの幅に広がり47抜き音階が入ってくる。という風に次第に47抜き音階（当時は学童音階と呼ばれていた。）を中心に最大11度の音域（1〜11（ファ））まで、最終的には西洋音階に到るという手法で、明治14年版「小学唱歌集」のいきなり西洋音階を覚え込ませ、その後に47抜き音階に入るという進め方でなく、日本音楽の伝統的な民謡音階（ラドレミソラ（6 1 2 3 5 6））を西洋風に並び変えた（ドレミソラド（1 2 3 5 6 1））47抜き音階（学童音階）から入る。この進め方は、ハンガリーの作曲家ベラ・バルトークとゾルタン・コダーイによって提唱された様に、学習の一番初めは、いきなり西洋音階から始めるのではなく自分達の民族音楽の音階（マジャール音階）から始めるべきという主張を併せて想起させる実に当を得た進め方である。西洋音階に入るのは第2学年−4「雲雀」から、少しずつ加えられてゆく。

　更に調性から考えると、メーソンが主張した様に子供の声域に合わせる為の調子（伊沢修二は基礎理解の為にハ長調にこだわった）から始められている。中心の調子は、ヘ長調（♭）ト長調（♯）及びニ長調（♯♯）が主体。ハ長は第2学年−6「田植」からで少しずつ加わる（合計10曲）。第5学年−12「日光山」から変ロ長（♭♭）第5学年−7「納涼」でイ長調（3♯）第6学年−8「灯台」でホ長調（4♯）同2「児島高徳」でハ短調（3♭）と高学年で一挙に調性が増える。

第3回編纂会議で、「国民教育的に作ること」の次に「旋法（長・短調）ハ如何に配列スベキヤ」は意見はあったが議題にさえならなかった。「短調」は、東京音楽学校官学派によると伊沢修二の言う通り文教未進の国の音楽であるという根強い考え方に捉われていた様で、ここでは第4学年－20「橘中佐」から加えられ7曲。伊沢のいう通り、短調で育った子供達は性格的に暗く内向性である。反面長調は明るく外向的な国民を育てるという指摘をよく守った。

使われている**旋律の音型**では、ソドレミの旋律型が最も多い。音に出して説明出来ないもどかしさはあるが、第3学年－3「茶つみ」の歌い出し〝夏も近づく〟の旋律を口吟んでみて下さい。何の事はない、ドレミソの4の音が抜かれた音階でソの音を、最初にもってきただけであるが、この民謡音階にもとづく音型は日清戦争の頃より使われ始め歌い易く親しみ易い音型として広がっていった。この教科書では、冒頭の歌い出し及び、中間部、終止部と至る所で多用され、ざっと数えても75曲、変化型を考慮すれば、もっと増える。（この数は逆行形ミレドソも加えた数）

フレージングの為のブレス記号は「1－2. 鳩」から最後までつけられている。（1－1「日の丸の旗」はフレーズの最後は全て休符）。発想記号は4学年「桜井のわかれ」から漸時使用されている。加えて日本語の高低によるアクセントを考慮に入れた旋律作りをしている。但しこれは1番のみで2番からは自由という了解事項があった。そうしないと1番から7番である様な長い詞はまとまりのつかない長大な旋律になって来る。

フレージング、発想記号、アクセントに基づく旋律。これらは、唱歌を単に思想教育の手段ではなく、音楽として音楽の本来持っている美しさを子供達に理解させようという努力が見られる。この事は大いに評価さるべきである。

終止の音型について。既述の様に（P.22）終止には3つのパターンがある。

①上から降りて主音で終る、下降導音による終止。この文部省唱歌には最も多く120曲中100曲を数える。但し、ミレド終止は75曲、アクセントを考慮に入れたレミド終止は25曲。

②上向導音による終止。（ラ）シド型は最も少く5曲。

③属音終止。第5番目の音（ソ）から、上向、あるいは下降して主音で終る。この型は14曲。もう一曲は日本陰旋法による終止で、「3－20 かぞえ歌」のみ。

①の下降導音（ミレド）終止について。

単に数字に置き換えると味気ないもので、藤田圭雄氏・金田一晴彦氏、2人の碩学によれば「文部省唱歌の殆どがミレドで終る」とそれで批判したつもり。お二人にはよく気が付いたと賞めるべきだが、表面を見てその意図する所を考えようとしない芸術至上主義者独特の悪い性癖をお持ちの様だ。

例えば、唱歌形式の典型としてA（a＋b）＋B（c＋d）の二部形式を考えてみよう。

第2楽章　吉丸一昌の足跡　　131

（ａ、ｂの小文字は、２ないし４小節のフレーズ。）これは漢詩による起（ａ）承（ｂ）転（ｃ）結（ｄ）と同じで、４コマ漫画や、長寿を保ったテレビ時代劇「水戸黄門」等の伝統的な構成表現方法で、全体の３／４の所に山場を置いてあとはめでたしめでたしの大団円で終る。悪徳商人の意のままにうごく悪代官、「助さん！格さん！懲らしめてやりなさい」から「この錦の御紋が目に入らぬか」の一喝。これがないと庶民は納得いかない。でそのあとの余韻に浸る為の終止場面。すべて様式化された、「予定調和」とも言うべきか。音楽では転（ｃ）の山場から結（ｄ）の終止がそうである。当然乍らベートーヴェンの作品の様に山場の連続で、その山場のまま終る劇的効果を狙ったり等色々な終止は作曲家の表現方法次第で無数にある。この文部省唱歌では飽くまでも国民教育的に作曲すべきで、個性を強調する終止は必要なかったのである。

　上向導音終止について一言。半音のない47抜き音階の耳には<ruby>ミ<rt>3</rt></ruby><ruby>ファ<rt>4</rt></ruby>あるいは<ruby>シ<rt>7</rt></ruby><ruby>ド<rt>1</rt></ruby>の半音の音程を取るのは難しかったのか、４と７が全部出る７音階は「２－４．雲雀」「２－７．雨」からで、旋律を滑らかにする、経過音、補助音として使用されている。その後間歇的に使用される程度で、終止に使用される数は少なかった。教育目的で曲の途中に入る場合も違和感がある様で、「３－９．村祭」の２句目の後半「今日はめでたいお祭日の部分、ソラシレド（５６７２１）であるが、半音の違和感の為か、現行では、ソソラレドと47抜きに改訂されている。本来はソソラシドで一旦西欧的に終り、次の「ドンドンヒャララ」の分散和音を覚える、和声感覚を養う目的があった筈だが、うまく行かなかった様だ。崇高な教育目的と庶民感覚のズレと言うべきか。

リズムについて

1. 速度　従来の唱歌集には見られなかった「速度」の表記が各曲毎に例えば♩＝116というドイツ式の表記になった。田村虎蔵による「幼年唱歌」に、イタリア式の表記を日本語に訳したものを使っている。例えば、Allegro は「快活に」等、しかしこの表記は、楽曲の全体像は捉えられるが、意味が広がりすぎてしまう。現場の先生の任意の解釈に委ねられた。その反省もあってか、この曲の速度はこれでなければならないとドイツ表記のメトロノーム（当時は拍節機と称した）の機械的な表記になった。これはある面では厳格に速度を理解出来るが、逆に曲にゆとりがなくなり窮屈なものとして感じられる。現在は、イメージを表すイタリア表記と併用している。いずれにしろ、今まで無視されていた速度の概念を取り入れた事は評価されよう。

2. 拍子　これは第３回編纂会議で島崎委員の提示にもとづいて２拍子と４拍子を中心に楽曲が作られた。ここでは、第３学年で「平易ナル３拍子ヲ加フ」とあるが、３拍子が始めて登場するのは、第５学年６「海」からで、その後、「５－13冬景色」「６－３朧月夜」

「6－5故郷」「6－12四季の雨」と優しい曲が続く。仕上げはかなりこなれた同一音型で8・6調3連の「6－13日本海海戦」で締め括る。

　同様に6拍子も同じ扱い方で「5－18大塔宮」から第6学年で4曲。

　3拍子、6拍子共に「ハイハイ。ちゃんと教えましたヨ。」と言わんばかりの扱い方である。先に述べた様に日本人が三拍子に弱いというのもこの様な扱い方では益々弱くなってしまう。

〜　〜　〜〈間奏曲　3拍子四方山〉〜　〜　〜

　唱歌に3拍子が移入されたのは、音楽取調掛による「小学唱歌集初編」第9「野辺に」（明治14年）が初めで、本書で述べた様に、アクセントの概念が殆どないまま言葉数だけを整えたものであった。その後明治29年、東京音楽学校教授旗野十一郎（作詞）と同校を卒業したばかりの新鋭吉田信太（作曲）による「港」〽そらも港も夜は明けて〽が3拍子のメヌエット風のリズムに乗せて歌われた。三つの拍（タン・タン・タン）を最初の一拍目を分割した（タタ・タン・タン）のパターンで、7（4・3）5調の4つの音を3つに収めるのに有効で、文部省唱歌「5－6海」〽まつばら遠く〽を始めとしてよく使用された。時代が下って大正童謡、中山晋平「背くらべ」「雨降りお月さん」等々挙げられる。中山晋平はこのパターンがメヌエットに近いことに注目し、あとで「背くらべ」に、八小節の洒落たメヌエットの前奏を加えている。この日本語の7・5調を1小節に等分に収めるのに「タタ・タン・タン」のパターンは便利であった。「四季の雨」は、小節線を「タタ」のあとに置いて西洋風の見た目のうえでの3拍子にしてある。ただ小節線とアクセントの関係がよく把握できなかった学習者（先生も含む）には余り関係がなかった様である。

　ただ一つの音楽創作上の良心として、詩人達も、3拍子に合った語調（6・5調、6・4調）で詩を書き3拍子の曲になりやすい様に工夫した。作曲者と詩人の協力関係が見られる。結果「5－13. 冬景色」（6・5調）「6－5故郷」（6・4調）等の曲が生まれた。

　一般に3拍子、6拍子は2・4拍子に比べて、優しさや雅びやかさを表すと言われているが、「6－13日本海海戦」〽敵艦見えたり　近づきたり　皇国の興廃〽等の軍歌に3拍子が適用された。7・5調、四拍子はどうしてもフレーズの最後の音を2分音符や符点2分音符にして長く伸ばして全体の流れを整える必要がある。この「日本海海戦」は語尾をいちいち伸ばさないで、あたかも講釈師が話の山場で、張り扇でパンパンと釈台を叩いて息つぎもなく畳みかける様に話す感じを出している。この様な軍記物にはよく合っている。8・6調6句3連のやや長い曲を上手に纏めた作曲家の技法は流石と言わざるを得ない。3拍子にもこんな使い方があったのだ。

　同様に「5－18大塔宮」（護良親王）これは6拍子であるが、「氷の刃　御腹に当てて」

第2楽章　吉丸一昌の足跡　　133

といきなり物騒な話が始まるが、ホ短調曲と相俟って悲壮感溢れる曲になった。

　最後に、我が国最初のワルツは明治38年海軍軍楽隊隊長田中穂積作曲武島羽衣詞「美しき天然」。非常に流麗で上品な、歌詞がない器楽だけの演奏だと、本場のウィンナワルツかと思われる程である。

　日本人は3拍子に弱い筈はない。事実この曲は女学生の間で（田中穂積は晩年佐世保女学校の音楽の教師）あるいは、サーカスのジンタ等のお陰で庶民の間で大流行した。ジンタというチンドン屋さんのバンドの名は、「ジンタッタ、ジンタッタ」と3拍子の音型から取った名称でこの「美しき天然」のリズムがそう聞こえる為に代名詞になったそうな。何度も言うが子供達も庶民も音楽の良し悪しは本能的に肌で理解出来る力を持っている。これは決して「音楽」の大衆化でもないし「芸術」の堕落でもない。悪いのは「音楽」を「高尚な芸術」と祭り上げた、東京音楽学校のアカデミズムな人達である。

〜　〜　〜　〜　〜

　リズムパターン　これは「幼年唱歌2－金太郎」で詳述した $\frac{2}{4}$ の型が最も多く、色々な型の組み合わせを加えてざっと数えて64曲になった。民間で大流行のピョンコ節は「2－2二宮金次郎」「5－4運動会の歌」「6－11同胞すべて六千万」の僅か3曲。そして7（3・4）5調の最初の3語を1小節に収めた が中心となり は「1－3おきやがりこぼし」「3－3茶摘」の2曲のみで、第1小節目の1拍目はアクセントがある為に長く伸ばす」という楽典の初歩の教えに忠実に従った様だ。だから〽あーたまをくもの…、〽あーきの夕日に…、〽やーまだの中の…、の、日本語は全て等拍で、さらに正確にいうなら「二音をセットとして（一拍）進行する。（『宮沢賢治の宇宙音感』中村節也著・コールサック社）」という日本語の語感からかけ離れた変な日本語になってしまった。3拍子はちゃんと一拍目に2つの音に等分分割しているのに。2拍子4拍子の歌い始めを長い音にするという手法は西洋音楽の形式を重視した結果であり、3拍子の一拍目を二つに等分割するのは日本語がはっきり伝わるが、変な3拍子になってしまった。どちらも工夫の跡は評価出来るが子供達にとっては変な日本語であったり、しっくりこない3拍子であったりしたのではないだろうか。

　ここまでこの文部省唱歌120曲で表面上の共通する点を挙げ、何故校門を出たがらなかったかを、「徳性の涵養」と「国民教育的作曲」と二つの柱に分けて考えてきた。

　味気ないのである。一つの項目に注目し数値化、分類という過程を得る毎に、「個」がみえなくなってくるのである。吉丸一昌は、乙骨三郎は？島崎赤太郎は、南能衛は？（高野辰之と岡野貞一は別の意味で浮かび上がったが。）

勿論文部省唱歌の企図する、新しい時代に適合する国家的なプロジェクトには、「個」は必要がない。その為の「著作権者文部省」であり、作者は絶対的に匿名なのである。

　ここでは特に目立った特徴的な部分を数値化したがもう少し細かい所までデータ化してコンピューターに入力すれば、無伴奏単旋律の味気ない文部省唱歌風の続編がたちどころに出来上がってくる筈だ。しかしそれはあくまでも表面上の模倣である。よく文部省唱歌に批判的な「芸術家」の先生方は、表面上の事象のみをあげつらい「だから文部省唱歌は」という事で事足れりとしている。例えば、「明治から大正にかけての唱歌の終止音を藤田圭雄氏が一口に「レレミレド」だと言いすえたのはおもしろい」としている。引用は金田一春彦著「童謡・唱歌の世界」P.36（教育出版）

　この一口に言いすえるという意味が氏独特の表現方で別の所では言い捨てるなどとある所から、余り良い意味での使用ではなかろう。またその見方をおもしろいと賞めそれで批評したつもりになっている。あるいは、少し長くなるが、團伊玖磨氏のＮＨＫ人間大学「日本人と西洋音楽」（1997年4月〜6月）のテキストP.103を引用させていただく。

　———ひとつは、これが（準）国定教科書という形をとったことは、現在にまでつながる大きな誤りであった。この形をとったため、中央が考えた「日本の田舎のイメージ」（文部省唱歌の全体的イメージは明らかにこれです）を、画一的に全国津々浦々にまで行き渡らせる事になってしまった。それがおかしなことである事は、例えば都会の小学生が「兎追いしかの山、小鮒釣りしかの川」（故郷）を歌い、山村の小学生が「松原遠く消ゆるところ、白帆の影は浮かぶ」（海）を歌わなければならいことのおかしさを考えてみれば、よく分ると思います。（中略）日本にはそれぞれの地域に固有の風土と伝統があります。だから同じ内容の歌を同じ時期に、全国で歌うことに無理があるのです。それとも、固有の風土や伝統を消し去ってしまうことが、文部省唱歌の本当の狙いだったのでしょうか。———

　確かに本質を鋭く衝いた指摘である。ただこの教科書の中央集権化は、文部省の当初からの目論見であり、日本語の「東京の中流の人の言葉を使う様に」という標準語を定めたり、明治34年来の仮名使いの統一、漢字の整理、口語文法の確立の一環として進められたものである事を考慮に入れなければならない。文部省唱歌に限った事ではない。

　先に述べた「国定国語読本編纂趣意書」に「海国思想を養成し、田園趣味を涵養し、又立憲自治の思想を確固にして云々」とその教育目標に掲げている様に海のない場所にいる少年に、「海」を教え、田舎を知らない都会の子に「兎狩り」の楽しさを教える教育の一環であって、決して唱歌の罪ではない。

唱歌と日本史

先に触れた様に読本唱歌から文部省唱歌に移る際一曲だけ内容の変更があったが、ここで紹介する。

〈同胞ここに五千万 (読本唱歌)〉

1. 北は樺太 千島より　南台湾澎湖島
　　大洋の波に洗わるる　大小四千の島々に
　　朝日の御旗ひるがえす　同胞ここに五千万

2. 神代はるけき昔より　君臣分は定まりて
　　万世一系動きなき　我が皇室の大みいつ
　　あまねき光仰ぎ見る　同胞ここに五千万

3. 武勇のほまれ細戈　千足の国の名に負いて
　　礼儀は早く 唐 人も　称えしその名君子国
　　祖先の遺風つぎつぎて　同胞ここに五千万

〈同胞すべて六千万 (文部省唱歌 6 - 11)〉

1. 北は樺太 千島より　南台湾澎湖島
　　朝鮮八道おしなべて　我が大君の食す国と
　　朝日の御旗ひるがえす　同胞すべて六千万

2. 神代はるけき昔より　君臣分は定まりて
　　万世一系動きなき　我が皇室の大みいつ
　　あまねき光仰ぎみる　同胞すべて六千万

3. 武勇のほまれ細戈　千足の国の名に負いて
　　礼儀は早く唐人も　称えしその名君子国
　　祖先の遺風つぎつぎて　同胞すべて六千万

(以下 4 連略)

　以下 7 番まで連綿と尊皇愛国の内容が続く。もっとも度々言う様だが思想教育の中心である「修身教科書」と「国語読本」の締め括りは、修身では「教育勅語」国語読本は「軍人勅諭」であるからこの程度の歌詞は驚く様な事ではないかも知れない。但しこの曲は昭和 7 年「新訂尋常小学唱歌六年生」（文部省）では削除されている。

　問題は第 1 連 3 句目の内容である。読本唱歌から文部省唱歌へ転載された際この曲だけが歌詞が変更された。明治 43 年の「日韓併合」を受け我が大君の食す（支配する）国の範囲が広がった。いかにも何事もなかった様に平和裏に、日朝同祖論をもとに日本の国に組み入れられた様に教わるが、これは誤った歴史観である。

　ここに注目すべき論文がある。在日の金知栄氏による明治大学大学院修士論文（1997 年）―「韓国併合条約」等の無効論―という占領された側からの実証論文である。170 ページに及ぶ長大な論文で、その一部だけを紹介するのは著作者から怒られるがそれに沿って考えてみたい。（年号は全て日本式の年号に）

　明治 30 年季氏朝鮮から国号は「大韓」と改称。それ以前日清戦争開戦後明治 27 年(1894)陸奥外相は日本の保護国にする旨を閣議提出。但し決定には至らず最終目標とされた。朝

鮮の保護国化を公式決定したのは明治34年（1901）桂内閣に於てである。しかし、ロシアの承認を得られず失敗。明治37年（1904）日露戦争が始まると韓国の中立宣言を踏みにじって韓国派遣軍を上陸させ「日韓議定書」を強要。親日派大臣を買収し調印を強制。翌明治38年（1905）イギリス、アメリカ、ロシアの承認を取りつけ「韓国保護権確立」を閣議で公式決定。そこで「着手の上到底韓国の同意を得る見込みなき時は、最後の手段として韓国に向ては保護権を確立したる旨を通告…」と武力行使を辞さない一方的方針を決定。そして条約締結の際は大韓季年史によると―――17日は早朝から五江各処に駐屯していた日本軍は皆、京城に集まった。騎兵隊700〜800人、砲兵4〜5000人。歩兵2万〜3万を各所に配置、わが国民は一歩も自由に歩くことが出来ず、宮城の内外は完全に包囲され、出入りする大小官吏を戦慄させた。――

　この様な伊藤博文特派大使を始めとする日本政府の軍隊をもとにした恫喝と脅迫による条約締結は明治43年（1910）の韓国併合条約迄行われた。しかも時の皇帝高宗の署名がないままに。日本政府のこれらの行為は当然国際法に違反した行為であり、無効である。各国からの指弾を受けた事は言うまでもない。韓国の国民感情から、ハルピン駅で伊藤博文を暗殺した安重根が英雄視されている事もうなずける。

　この結果、国名が「朝鮮」に改名、神社が建てられ参拝が強要されハングルによる新聞の発行や政治集会が禁止。朝鮮史は日本史の一部として教えられ、日本語の授業が強制された。唱歌も日本語教育、尊皇愛国教育の一部としてとり入れられたが当時は教師が不足し、これは初期のうちはあまり普及しなかった。

　我が国では現在一部の人達が、植民地になったお陰で、朝鮮国内でのインフラが整い、国民生活が向上したと言う事で、植民地政策を正当化している。しかし、皇民化の名のもとに信仰を強制、思想弾圧（ハングル新聞禁止、集会禁止）歴史を書き変えた罪は大きい。日本の歴史の暗部である。

　読本唱歌「同胞ここに五千万」から文部省唱歌「同胞すべて六千万」に変った原因を探す中で、重要な歴史の暗部に辿りついた。文部省唱歌の作詞者、作曲者をああでもない、こうでもないと探す事に現をぬかしている一見平和な時代の我々は、（筆者を含めて）小さな唱歌史と言えども大きな視野に立って当時の唱歌が果たした役割を把え直すべきであろう。（反省を含めて）

〜　〜　〜〈間奏曲　作者探しあれこれ〉〜　〜　〜

　文部省唱歌の作詞者　作曲者は誰かという作者探しは相変わらず盛んである。ここで金田一春彦著「童謡・唱歌の世界」（教育出版・1996年第2刷版 P.58,59）より引用させていただく。

曲名（学年・曲番）	作詞者	作曲者
1－1 日の丸の旗	高野辰之	岡野貞一
1－9 桃太郎		岡野貞一
1－14 菊の花	青木存義	
2－12 富士の山	巌谷小波	
2－14 紅葉	高野辰之	岡野貞一
3－1 春が来た	高野辰之	岡野貞一
3－6 汽車		大和田愛羅
4－1 春の小川	高野辰之	岡野貞一
4－3 田舎の四季	堀沢周安	
4－20 橘中佐		岡野貞一
5－11 三才女	芳賀矢一	岡野貞一
5－15 水師営の会見	佐々木信綱	岡野貞一
6－3 朧月夜	高野辰之	岡野貞一
6－5 故郷	高野辰之	岡野貞一
6－16 鎌倉	芳賀矢一	

　著者金田一春彦博士は「井上武士氏とそのあとを継がれた小出浩平氏の研究による」として、「作者が明らかになって公認されているものは次の曲だそうである。」と慎重な言い回しであるが、井上武士氏と小出浩平氏（両氏とも優れた作曲家）がどういう研究をなされたかその根拠となるものを示されていないし、一体どなたが公認されたかも示してはいない。しかも「だそうである」。すべてあの人がそういったという伝聞証拠のみである。博士は又、この節の始めに間違った編纂委員の名前（P.118〜P.119）を挙げ、「その方々の縁辺の方、お知り合いの方々のお教えを待ち望む」としている。

　一番あやふやなのが「縁辺の方、お知り合いの方」の証言ではないだろうか。何気ない「あれは私が書いたんだ」という本人の話をそのまま信じ客観的に考える事をしない。たとえば「あれは私も携わった」という意味であっても、思い入れが強く信じ込んでしまう。まさか高野辰之と岡野貞一に限って、晩年口が軽くなってペラペラ周囲に喋り回った訳ではないだろう。金田一氏は、ここで誤った委員の縁辺知人の伝聞をとり入れて、あるいは井上、小出氏がそういったという説をとり入れ御自分の説を展開なさろうとしている。裏付として確たる証拠（本人の直筆原稿、公的文書による依頼）は無く、要はウラはとっていない。屋上屋を架す様なものだ。ただ慎重に「だそうである」と伝聞を認めている筆致で

あるが、この様な説が本になって流布してくると、「あの有名な国語学者の先生がそう言われた」となっていかにも正しいものになってしまう。一昔前、あの人がテレビで（今はネットか）そう言っていた、だから正しいという論法と同じ。いい換えれば噂話でしかない。

　もう一つ『尋常小学唱歌「故郷」における一考察（熊本大学学術リポジトリ）著國枝春恵・山崎浩隆』の論文を再考察してみたい。この論文は、あらゆる文献を読み、特に「明治時代の小学唱歌集出版について」の唱歌教科書総目録は研究者にとっては有難い記録である。又、巻末の「故郷」による著者御自身のコラール編曲は美事なハーモニーを醸し出している好編曲である。ただ惜しむらくはこの論文の「はじめに」で文部省唱歌教科書編纂委員は、先に２度程述べた孫引きの誤りを犯している。

　次に「故郷」は一応、高野辰之作詞、岡野貞一作曲ということになっているが、実は自筆譜、詩稿が行方不明であり、今後の発見が待ち望まれるとしている。確たる証拠として「自筆譜、詩稿」が存在しないからという説は正しい考え方である。但し（それはとも角として）高野、岡野の作品として論を進めるのは、結論先にありきの論法である。

　「作詞者・作曲者について」の項で小学唱歌編纂日誌の議事録を引用しているが、この著者は第１回の部分だけ抜き書きし、しかも作曲主任島崎赤太郎、作詞主任吉丸一昌とまで紹介しつつ、肝心な委員名は、読まれていない様だ。あるいは不必要とされたのか。ここは、研究者である限り、細い点まで読み通し分析なさるべきである。

　次に――さて、唱歌「故郷」の作詞者とみなされている国文学者高野辰之は――として以下、略歴が続く。ここでは参考文献として夢一ぺん冬著「わき出づる国歌！吉丸一昌魂の貴香花」から、吉丸一昌という見解もあるという事で紹介はしてあるが、その論拠は考証していない。

　ずっと細かい誤りを指摘して揚げ足取りになった様だが、誰かの決めゼリフ「細かい事が気になるのは、私の悪いクセ」。も一つ細い事であるが――明治41年32才で東京音楽学校赴任とあるが、この年は、文部省国語教科書編纂委員でなく編纂委員補助として任命。音楽学校赴任は明治42年、同年文部省唱歌編纂委員が正しくこれは、他の確たる文書により確認。

＊参考文献　東京芸術大学百年史巻一「年譜P.7」。尋常小学読本編纂趣意書「諸言」P.2（東書文庫蔵）

　ここでは、岡野貞一の文部省唱歌編纂委員になった年も含めて多少の年代表記のズレがある。

　加えて最後に、高野辰之20才の詩集「故山」の前篇、父母や故郷への想いが込められている長編詩の一部を示して、高野説を状況証拠で補強している。いわゆる印象操作というべきか。

　しかし故郷への思いは、当時の唱歌作品を見ると大和田健樹、佐々木信綱、犬童球渓、

吉丸一昌等、郷里を後に上京した詩人達の多くの作品群に見い出すことができる。特に故郷の父母、友人という歌題は、修身の父母に孝順、和睦郷里（ふるさとを大切に）と同じ意味で徳性の涵養としての意味が大きかった。だから故郷をテーマにした詩は高野に限らず誰が書いても当たり前の普遍的なテーマであった。

　岡野貞一の作曲説の根拠は、先ず岡野が敬虔なクリスチャンで本郷中央教会のオルガニストを40年務められた寡黙な人という。として、この曲は、讃美歌の影響が強いとして「讃美歌185番　きよきみたま」を引用。岡野貞一の愛唱歌であり、貞一の告別式にも歌われたようである。として「故郷」の旋律に賛美歌185番の歌詞をつけている。譜面上示すことはしないが「故郷」のふしで〽きよきみたま　みたまよ　てらしたまえ　こころを〽と歌ってみて下さい。著者は「この替え歌には賛否両論あろうが、人々の愛唱歌「故郷」が讃美歌調唱歌であるという顕著な例であろう」としている。「故郷」の句調6（3・3）4がたまたま讃美歌の句調と合っているだけで、むしろ詩人（高野辰之）の側に属する問題である。岡野は作曲家であり詞まで作っていない。さすがに著者はこの項の始めに「小学唱歌には　多くの替え歌があるのは周知の事実である」としているが、牽強付会そのものである。更に讃美歌幷楽譜（1882年）第25番「アメリカ」の7小節目からは「故郷」の最後の4小節に似ているとして楽譜を提示。実際音に出してみるとどこがどう似ているか小生にはさっぱり解らない。似ていないのだ。勿論きちんと音大を出た訳でもないし敬虔なクリスチャンでもない小生の音感の悪さは折り紙付きであるので私の言う事は反論にもならないが、「それでも似ていない」まるで異端裁判で有罪になった昔の偉人の心境である。

　度々言うが、詩人はいかに自分の感動を自分の言葉で表現するかが創作の第一歩である。大袈裟でなく一語一句、助詞一つに至るまで煩悶し魂を込める。作曲の場合も同じで詩人の魂である「言葉」をいかに的確に音として表現するか苦悶する。個と個の激しい角逐（かくちく）の末に0.5＋0.5＝1でなく、2にも3にもなる作品となってくる。

　しかし、今まで「編纂日誌」で見てきた様に詞委員会で修正され作曲委員会で訂正を要求され、最後に文部省で却下という卓袱台返しは当たり前の製作過程では作品中に「個」の入る隙間はどこにもない。これが続くと詞人作曲家も次第に各委員会の求めに合う様に、文部省のお役人の意向を忖度し、徳性の涵養の詞と国民教育的な楽曲のオンパレードになってしまう。

　故に、文部省唱歌のこの曲は誰が作ったか云々は、客観的に信頼出来る議事録等の文献がない限り、本人が家族にそう言った、権威あるあの人がそう言った等の先に結論あるが如き状況証拠を並べられても（勿もこれが俗論・噂話として最も一般受けする）納得出来るものではない。

〜 〜 〜 〜 〜

文部省唱歌拾遺集　巻之１　編纂委員の略歴

吉丸一昌との交流も併せ書いた。湯原委員長と楠美恩三郎は既述の為、省略。

島崎赤太郎　明治７年〜昭和８年（1874 〜 1933）東京生れ。明治26年東京音楽学校専修部卒。同期に北村季晴、石原重雄（二人共吉丸一昌とは縁が深い）、頼母木こま（ヴァイオリン）等が居る。同年卒業と同時に同校授業補助（オルガン）、翌年明治27年講師。明治35年、幸田延、幸田幸、瀧廉太郎に次いで４人目の文部省給費留学生としてライプチッヒに留学。病床にあった瀧の帰国を親身になって尽力したという話が伝わっている。明治35年帰国と同時に東京音楽学校教授（オルガン）亡くなる前年（昭和７年）まで勤めた。まさに音楽一筋、教育一筋の優秀な、いわゆる官学派の代表であった。

　ここでやや詳しく経歴を述べたが、吉丸一昌と公私共に親しい間柄であったからで、吉田稔著「望郷の歌　吉丸一昌」には彼の日記中に文部省唱歌編纂の大仕事が軌道に乗った明治44年頃から、「４月１日、島崎赤太郎、岡野貞一と共に例の島又に飲む」を始め頻繁に飲む記録が出てくる。勿論、公の方では、東京音楽学校の教育面の充実に島崎、片や吉丸は学生監として学生達の監督指導（もっとも吉丸の場は、学生達の私生活の面倒をみたり、就職先を心配したり、教え子の大和田愛羅の結婚の仲人をしたりと厳しくも暖かい学生監であった）の役割を荷ない、更に、文部省唱歌の詞、作曲部門の夫々主任として、校長湯原元一の運営の両輪として、否それ以上の活躍をした。更に、島崎は吉丸の「新作唱歌」全曲の校閲をしている。

上眞行　嘉永４年〜昭和12年（1852 〜 1937）京都生れ。宮内庁令人（笛）、欧州楽伝習生としてフェントンに吹奏楽を学ぶ。明治13年音楽取調掛第一期生（22名）、奥好義、辻則承、鳥井忱等と共にメーソンに学ぶ。翌14年から取調掛助教となる。「小学唱歌集」（明治14 〜 17年）の編纂に携わる。明治22年より東京音楽学校で唱歌、和声、教授法を担当。大正４年から昭和２年迄、同校嘱託（音楽史、雅楽）作品は明治10年「保育唱歌」の唱歌作曲、同22年からの大和田建樹編「明治唱歌」明治26年公布「祝日大祭日唱歌」（儀式唱歌）「一日一日」（年の始めのためしとて…）日清日露両戦争の軍歌等々。日本で最初に西洋音楽を伝えたいわば元勲としての存在であった。明治45年「教科適用軍歌選集」収録の「常陸丸」（佐々木信綱作詞）以後、作品は公表されていない。（「明治の作曲家たち」日本近代音楽館）。文部省唱歌編纂委員に選ばれたのは、作曲面より、委員会の重鎮として編纂委員会に据え置かれた意味が強い。

小山作之助　文久３年〜昭和２年（1864 〜 1927）新潟生れ。明治16年音楽取調掛に入学。

第２楽章　吉丸一昌の足跡　　141

同 20 年音楽取調掛の二期生として卒業。優等生として手当金を支給された。同校で伊沢修二の片腕として音楽教育の開拓に努めた。明治 25 年〜同 35 年同校で唱歌・オルガンを教授。作品に「国民唱歌集」明治 20 年。明治 26 年儀式唱歌「勅語奉答歌」今でも良く歌われる「夏は来ぬ」佐々木信綱詞。(新撰国民唱歌集)、明治 34 年版「中等唱歌」中の「寄宿舎の古釣瓶」は彼の作と言われている。明治 42 年度版「中等唱歌」では土井林吉(晩翠)作詞「吉田松陰」の作曲をしている。先の上真行と共に、音楽界の元勲ではあるが、創作活動は続いていた。

　上、小山の二人の唱歌編纂委員は最初は委員会に出席していたが、編纂作業が軌道に乗り始めると、委員会の重鎮としての役割に徹した様で、委員会への欠席が多くなり事後報告を受けるだけになっていた。

　南能衛　明治 14 年〜昭和 27 年(1881 〜 1952)徳島生れ。明治 37 年東京音楽学校甲種師範科卒。同年の本科声楽部卒に三浦環が居る。後、和歌山師範等を歴任し明治 41 年東京音楽学校で講師としてオルガン・楽理を担当。同年設置楽語調査掛に。この年の音楽学校新任者は、吉丸一昌、乙骨三郎(ドイツ語・英語担当)文部省視学官吉岡郷甫(講師・歌文担当)と翌 42 年文部省唱歌編纂委員、若しくは関係者(吉川)らが居る。同年の 5 月発行「中等唱歌」ではやはり編纂委員として池辺義象作詞「笠置山」を作曲。又同年には、森林太郎(鷗外)作詞で「横浜市歌」を作曲。大正元年東京音楽学校を依願免職。

　この突然の退職については、女性問題の多かった山田耕作の採用に反対の立場で、校長と激論の末、聞き入れられず、とうとう湯原の頭をピシャリと叩いてしまったからだと南能衛のお孫さん南次郎著「どんどんひゃらら　南能衛と小学唱歌の作曲家たち」(近代消防社刊)に詳しく記されている。

　岡野貞一　明治 11 年〜昭和 16 年(1818 〜 1941)鳥取生れ。明治 25 年鳥取教会で洗礼を受ける。後岡山教会で宣教師よりオルガンの指導を受け岡山の私立薇陽学院に入る。東京音楽学校を志し同薇陽学院を中退。明治 33 年東京音楽学校専修部卒。同校研究科を出たあと、明治 37 年同校助教として楽典、ピアノ、唱歌を担当。同 39 年同校教授として唱歌を担当。昭和 7 年から 16 年(没年)迄同校嘱託講師。更に 40 年間本郷中央教会のオルガニストを務めた。明治 42 年東京音楽学校編纂「中等唱歌」の委員。文字通り敬虔なクリスチャンとして又、東京音楽学校の教師として後輩を育成する生涯であった。

　吉丸とは例の日記によると既述の**明治 44 年 4 月 1 日**島崎、岡野と飲む。**同 11 月 3 日**天長節式典後島崎赤太郎、岡野貞一と飛鳥山に散歩する。始めての王子大塚線の私設電車に乗り、吉丸家にて挙杯する。**明治 45 年 1 月 4 日**島崎、岡野両氏と共に箱根塔ノ沢、新玉ノ湯に二泊す。(ここで飲む話は出ないがいずれ酒びたりの温泉旅行だったろう)

　時は下って**大正 4 年 1 月 1 日**。岡野氏来賀をかねて 6 日結婚式の打ち合わせに来る。

午後五時挙式六時披露宴に定める。

同2日。今田家来賀し岡野氏との結婚不如の事を談じ、仕儀なしとの話。

決して心配に及ばざる旨を告げる。

6日、権藤夫婦及今田敬子と我等夫婦、岡野貞一宅へ行き結婚式を挙す。六時すぎより西川洋食部にて披露会、小山作之助、島崎赤太郎夫婦及岡野従弟夫婦と岡野新夫婦、及び我等夫婦と。九時過ぎ帰宅。

9日、権藤氏より礼状来る。夜岡野を訪ね馳走に預かる。

10日、権藤氏へ岡野家大満足の旨申し送りて一句。

　　　福引や　家にあふるる　わらひ声

結婚を控え不安な今井家の相談に乗ったり新婚夫婦の様子を尋ねたり、面倒見の良い吉丸の暖かい人柄がうかがえる記録である。

乙骨三郎　明治14年〜昭和9年（1881〜1934）東京生れ。明治34年東京帝国大学哲学科入学。大学で美学を学ぶ。在学中、明治36年東京音楽学校生徒有志の歌劇研究会主催グルック作曲オペラ「ファウスト」の歌詞を石倉小三郎、吉田豊吉、近藤逸五郎（朔風）らと共に翻訳に当たった。明治41年東京音楽学校で、ドイツ語・英語担当。同42年から文部省唱歌編纂委員。「海潮音」の上田敏はいとこにあたる。吉丸とは親しかった様で、日記には「**大正2年12月29日**、かねてより作曲を試さんとする松島常子の為に「枯木立」の一編を渡す。（新作唱歌第7集に収められている）夜、乙骨三郎氏来宅酒を飲んで詩談す」更に翌**大正3年元旦**、学校の年賀式のあと「一同楠美恩三郎氏宅に行き祝杯。それから、武島又次郎（羽衣）、乙骨、岡野、島崎と共に高野辰之氏宅を訪ね祝杯。夜、乙骨と福田宅に行き、大酔で帰宅」とある。乙骨三郎も相当お酒好きだった様だ。それはさておき、吉丸の交流は殆ど「お酒」の話が中心。「先ずは一献」から始まっている。

富尾木知佳　資料不足で申し訳ないが、明治35年東京帝国大学文科卒後同年東京音楽学校で審美学担当。同年の新任教授には島崎赤太郎、幸田幸（Vn）楠美恩三郎が居る。同42年には中等唱歌編纂委員を経たあと、文部省唱歌編纂委員。大正6年に退職。前年大正5年に「西洋音楽史綱」を著している。これは音楽学校での講義の大成とも言える700ページに及ぶ大部の西洋音楽史でギリシャ、ローマから現代（当時）に及ぶ代表的な作家と作品論である。ただ作曲家名他、現今ではカタカナ表記の所、すべてひらがなである為、読みこなすのに苦労する。（ばっは、はいどん、すたみつ、ごせっく、すからち、ぢゅらんて等々）もっとも、当時の公文書は文語カタカナが中心で現在とは逆であった。

武笠三　明治4年埼玉県浦和で氷川女体神社神主の長男として生まれる。東京帝国大学卒業後、旧4高、浦和中学等で教鞭を執り、明治41年文部省国定教科書の編纂委員。文部省図書事務官等を経て大正13年退官。女体神社前の公園に金田一博士の発起で彼の作

とされている「かかし」の碑がある。（浦和郷土博物館編「見沼とその歴史と文化」より）

　尚、文部省「尋常小学読本編纂趣意書」明治41年度版では編纂委員の中に既述（P.116）の通り武笠の名は入っていない。恐らく文部大臣官房図書課第三部の事務官の一員であろうかと思われる。氷川女体神社は筆者の所から約8千歩。かつては、私のウォーキングコースの折り返し点で女体神社にお参りし、目の前の「かかし」の銅像前で持参のお茶で一休み。特に秋の刈り入れ前の境内からの一望は、「かかし」の描いている風景を髣髴（ほうふつ）とさせる風情豊かな所であるが、決して情況証拠として申している訳ではない。為念（ふぜい）。

　高野辰之　明治9年〜昭和22年（1876〜1947）長野県生れ。明治30年長野県尋常師範卒業。明治32年上京。東京帝国大学で国文学を上田万年らに師事。明治37年より文部省吏員。明治41年、第2期国定読本編纂委員補助。明治42年尋常小学唱歌編纂委員。明治43年東京音楽学校教授として国語を担当。昭和11年退職。例によって吉田稔著「望郷の歌　吉丸一昌」の日記より。

　明治44年11月4日小学唱歌編纂会議ある。「文部唱歌伴奏楽譜・歌詞評釈」福井直秋編に島崎と吉丸が校閲する事に対し高野辰之、武島又次郎の二人より、心配と、反対の意見出る。帰途、委員に「福井直秋は今後の日本音楽界を任う人物であり優秀な人物である、心配の必要なし」と述べ置く。

　翌日朝、高野氏を呼び意見を聞く。武島氏に往って依頼してほしい旨を話す。

　筆者註。この記述（明治44年11月）の時点で武島又次郎は東京音楽学校には在籍して居らず（明治43年辞職）又、編纂委員でもない。恐らく武島は高野を通して言わせたのであろう。

　福井直秋は明治35年東京音楽学校甲種師範科卒。この反対意見が出た時は既に問題になっている「伴奏楽譜歌詞評釈第2学年用」が刊行された時である。（例によって資料不足で1学年用のみ入手出来ず）伴奏譜は島崎赤太郎閲、歌詞評釈は吉丸一昌閲となっている。伴奏譜はやや面白味に欠けるが、理論通り、伴奏のお手本といった書き方である。後、昭和4年武蔵野音楽校（後の武蔵野音楽大学）を創設。吉丸の言った通りに成長した。これ以後二人は急速に親密度を増し、お歳暮に福井がアヒルをもって来たりした。

拾遺集巻之二、作者探し

　人もすなる「作者探し」といふものを、我もしてみんとす。

　筆者の基本的態度は言う迄もなく文部省唱歌に作者を求めるのは、「意味のない無駄な事である」という態度である。何度でも言うが合議制の下では作品に於ける個の主張は無視され矯（た）められ匡正され、画一化される。それでも、資料の中にはこの詩人が関わったと、

記されているものがある。ここで紹介するのは、文部省による読本編纂趣意書、（明治37年、尋常小学校、高等小学校、明治43年尋常小学校。）及び修身書編纂趣意書（明治37年度）。そして文部省唱歌編纂日誌に基づいている。

先ずはっきりしているのは、見てきた様に37年度高等小学校読本の大和田建樹とされる「琵琶湖」（読本唱歌「近江八景」）である。あとは、明治43年読本中の韻文32編の内訳（旧読本より3、修正稿本より6、懸賞によりもの8、人に嘱したもの2、他12編は起草者の作による）の記述がある程度である。いずれも多少の訂正を施しとある。

次に文部省唱歌編纂日誌より。明治42年11月22日の記録で始めて「芳賀矢一、石原和三郎、沼波武夫に歌詞の製作を依頼す」とある。更にここでは誰が何の歌詞を依頼されたかのみを記す。「修正可決」となる迄には度々の審議を受けている。修正可決となっても曲にはならなかった場合もある。あくまでも、詞作に関与したという程度である。依頼日時は順不同、数字は唱歌の学年と整理番号である。

石原和三郎	3－5友だち　3－10鵯越　4－10漁船　和気清麿
杉谷虎蔵	4－2桜井駅　4－4靖国神社　4－12広瀬中佐　水兵の母
下村英	4－1春の川　4－10漁船　4－16冬の夜　5－10菅公　真心
池部義象	3－18思いやり
芳賀矢一	5－1八岐の大蛇　5－18大塔宮　畝傍山　日本武尊
尾上八郎	秋草　秋の田　遠足
沼波武夫	5－8忍耐　5－14入営を送る　記念日
土井晩翠	軍人　行軍　連隊旗　露営　ラッパのひびき

以上8名29曲である。4－10漁船は石原と下村の二名に依頼。競作か石原が提出しない為改めて下村に依頼したのか真偽は不明である。

1－1日の丸は明治42年8月15日吉丸一昌歌題草案に組み込まれて以来、6度もの審議を経て、明治44年2月18日曲譜6曲の審査をした記録がある。この年の5月には1学年用が刊行。やはり読本の顔は唱歌集の顔だから慎重にならざるを得なかったのか。6名全員が作曲して審査されている。それにしてもこれでは、高野辰之作詞、岡野貞一作曲の根拠を求める術もない。

もう一つ。大槻三好著「明治唱歌の恩人石原和三郎」講談社出版（昭和47年）P.214～216に石原和三郎が関口良司氏に宛てた手紙に、「文部省で募集になりました『国旗の歌』最優等で当選になり賞金をもらいました」という内容を披瀝してある。著者大槻氏はこの手紙を文部省唱歌の製作中の明治44年～大正3年の間と推定しているが、後に井上武士により高野辰之作だと否定された事が記されている。これは恐らく明治33年～明治36年に編纂され37年刊行の「小学修身書」の時であろう。趣意書によれば「第二学年教師用」

第2楽章　吉丸一昌の足跡　　145

に掲載すべき『日の丸の旗』の歌詞を懸賞にて募集し特に審査委員を設け…中略「楽譜は音京音楽学校教授鳥井忱、同講師上原六四郎、同ノエル　ペリーノの3名に選定せしめ…略」とあるこの事であろうかと思われる。勿論これは情況証拠にしか過ぎないが……。もう一つ作者自身の草稿とか修身書の教師用歌詞が一致する確実な客観的文書が出てくれば決定するが、それは望むべくもない事であろう。

拾遺集巻之三　刷り込み効果

　長文でなくとも格調高く難しい文語体に旋律をつけるという手法は、度々指摘した「刷り込み」という教育効果を狙っている。私事で恐縮だが筆者の二人の子供達も小学校6年になると決って〳わーれはのーみの子　しーらみの子〳とか〳うさぎお美味い…〳と歌っていたのには驚いた。自分の時もそうであった。熊本の片田舎でも埼玉でも誰も教えていないのに100年間子供達に歌い継がれてきた。それはとも角、「当初は理解出来なくとも、何度もくり返せばそのうちに解る」という主旨である。又々、私事で恐縮。母の命日にはお坊さんにお経をお願いしているが、三回忌の法要のあとの雑談で、お経の全体的な解釈を尋ねたら「繰り返す事で自然に理解出来ます」との御言葉をいただいた。つまる所、説明した所で本当に理解出来ない。何度も繰り返し、体で覚え体で感じ取りなさいという事である。（信仰心の乏しい私はまた悟りの境地には程遠い。嗚呼！）

　先述の様に「6－5故郷」は尋常小学校卒業後5年後10年後に故郷を離れた人が故郷を思う望郷の歌である。現代の我々は、「兎追い」がどんな遊びか知らなくとも「つつがなしやともがき」の意味が不明でも「こころざしを果」たした人も果たしていない人も「ふるさと」という言葉に反応して、夫々の思いを音楽の中に投影して歌いつつ涙ぐむのではないだろうか。

　あの大地震から三年程経って、かろうじて津波から逃れた釜石の友人が私を訪ねて言うには「当時、来る音楽家、来る音楽家も最後に〝さあ皆さん！おしまいに皆さんと一緒に『ふるさと』を歌いましょう〟で慰問演奏会はお開きになる。わざわざ東京から来てくれた方にとっては田舎という意味でのふるさとかも知れないが、ここは自分達が祖先から受けついだ、しかもここでこれからも生活をしなければならない故郷なのだ。しかしこの音楽家も芸がないなと思い乍も歌い始めるとどうしても涙が出てしまうのは何故だろう。」と言っていたが、まさしく、今解らなくともいずれ解る。とりあえず体で覚えなさいという刷り込みの効用である。

　これが、「故郷」で災害慰問専用曲であるうちは平和利用でいいかもしれない。しかし当時の文部省の真の教育目標である徳性の涵養に基づく尊皇愛国の歌。例えば6－5「出

征兵士」や5−14「入営を送る」等で子供の時から音楽によって刷り込み、将来お上の命令を忠実に守る人物を育てる格好の教材であった。5−14「入営を送る」を見てみよう。

〈5学年14　入営を送る〉

1．ますらたけをと　生い立ちて、
　　国のまもりに　召されたる
　　君が身の上　うらやまし。
　　望めどかなわぬ　人もあるに
　　召さるる君こそ　譽なれ。
　　さらばゆけ　国の為。

2．征矢を額に　立たすとも
　　背には負わじと　誓いたる
　　遠き祖先の　心もて
　　みかどの御楯と　つかえまつり
　　栄あるつとめを　盡せかし。
　　さらばゆけ　国の為

　要は将来解ればそれが一番の効果である。勿も、これとは少し違うが先の大戦で盛んに使われた「八紘一宇」という言葉であるが、どこかで勉強してきたがよく飲み込めていなかった三原じゅん子参議院議員が「八紘一宇は大切な日本の精神、首相もこれからはこの精神をもってアジアの外交云々」と予算委員会で発言。八紘一宇という言葉の意味は、第二次大戦期日本の海外侵略を正当化する為の言葉であり全世界が天皇を中心とした一つの家であるという意。要はカッコいい言葉だけが先走りしそのまま意味が曖昧なまま使われる危険な例である。この精神で外交されたら大変である。

　これら尊皇愛国の歌は、先の大戦で目的を遂げ役目を果たしたが、又ぞろ、三原じゅん子参議院議員の様に意味を解らずカッコイイ言葉を並べるという刷り込み初期の段階で復活し始めている。恐ろしい時代になっている。

終結部（コーダ）

　文部省唱歌1学年から6学年の発行により唱歌教育の基礎が出来上がった。全120曲、すべて邦人の作詞作曲である。最初に時代区分した第3期完成期の曲集である。（P.14）この120曲は、時代と共に取捨され、第二次大戦後は、尊皇愛国をテーマにした曲は殆どなくなったが、現代でもかなりの曲が愛唱されている。もう一度振り返ってみよう。

　文部省唱歌は、ただひたすらに尊皇愛国を歌っているだけではない。口語体の歌詞が続く第3学年の前期までは、各詩人たちが「子供の目」を通して自由な詩想のもとに作詞している。私達がよく口吟む文部省唱歌の数々がそれに当たるであろう。本来は一曲毎取り上げ分析し鑑賞すべきであるが、ここでは作品の鑑賞は味わう人の自由に委ねるべきという態度を取る。

第2楽章　吉丸一昌の足跡　　147

大正中期から盛んになった「童謡」は、文部省唱歌への批判を込めて作家の個性を全面に打ち出した「芸術化」運動である。例えば相馬御風作詞、弘田龍太郎作曲「春よ来い」（大正12年）〝あるきはじめた　みいちゃんが、赤い鼻緒の…〟と「春が来た」「春の小川」。サトウハチロウ作詞、中田喜直作曲「ちいさい秋みつけた」（昭和30年）の壊れてしまいそうな繊細な感受性。野口雨情作詞、本居長世作曲「十五夜お月さん」の哀しみに満ちた歌詞と旋律。二年生で学ぶ「紅葉」〝秋の夕日に照る山もみじ…〟、私達が季節を感じ素直に口から出る歌は、どちらかと言えば個性や主張を抑えた文部省唱歌ではないだろうか。ある作品に出会った時どこまで自分の思いを投影できるかが美を鑑賞する一つの原点である。没個性な歌詞の中に、私達は自分の経験やそれに基づいて起った感情を作品の中に投影して、夫々自分の中の「春の小川」や「紅葉」や「ふるさと」を歌うのである。この自分の中に起った感情を、ある人は詩という形であるいは旋律という形で表現するのは創作に携わる人達の仕事である。何も詩人だけが、作曲家だけが偉い創造主であるのではない。聴き手、歌い手の共感、どこまで作品の中に自己を投影出来るかによって始めて作品が活き活きとした生命を持ち動き出すのではないだろうか。この文部省唱歌の「没個性」は勿論、国策通りに作りなさいという事であるが、片方では（副産物として）作品の良さを自分の心で味わうという思いの外の結果をもたらした。鑑賞者は真の創作者である。

　近年名曲や有名絵画が、いつの時代どの様な状況のもとで何を表現しようとしたか等と微に入り細をうがって専門用語を駆使し解説し、そういう風に味わいなさい。それは間違った聴き方ですよと教えてくれる。もとより絵画や音楽の本質は「言葉」では表現出来ない世界である。いきおい技巧面のみを取り上げて専門用語を羅列するか、作品の由来を調べたり画家、音楽家のエピソードを面白く並べるかで終ってしまう。

　鑑賞者は立派に創作に参加しているのである。自分がその作品をどう感じるかを大切にすべきであり、マスコミ、批評家の先生方の良し悪しの基準で鑑賞すべきではない。世俗的なゴッホやシューマンの話でそろそろ話題作りは終りにしないと、作曲者の耳が聴こえなくて「ベートーヴェンの再来」と騒ぎたてられ、もてはやされ、ＣＤが爆発的に売れたという、文化国日本のすばらしい文化がいつまでも続く事になってしまう。

　文部省唱歌の完成は又、もう一つの弊害をもたらした。西洋音楽の導入を〝歌〟という一ジャンルだけにした事で〝奏楽〟つまり器楽教育は後回しになった。音楽はヴァイオリン、ピアノ等の器楽。器楽のアンサンブル、オーケストラなどの魅力を教えるのは教育者達の習熟度もあったろうがそれらの反省から器楽演奏、オーケストラ鑑賞が小学校教育に導入される様になったのは第二次大戦後の話である。

　「唱歌」に於いても2拍子、4拍子中心、伴奏譜のない単旋律。3拍子、4拍子、短調

の曲は紹介するのみ。等々片寄った音楽技術を伝えた。一方、内容面での批判は、数年後の「童謡運動」という形で起った。

　しかし、最大の弊害は、音楽を皆で楽しむもの、生活の一部として人間にはなくてはならないものとしてではなく、特別な才能を神から与えられた人しか扱っていけないものとして神聖化してしまった事であろう。そこまでいかなくても、「この崇高な芸術をお前たちに教えてつかわす」といった高度な学問へとしてしまった。結果和声感の乏しい、3拍子に弱い、カラオケは大好きだが五線譜はどうも、演歌は解るが交響曲は解らないといった日本人が出来上がった。音楽は解る解らないの問題ではない。何度でも言うが音楽は肌で感ずるものである。自分が創造者となって、自分にとって快か不快か、そんな簡単な事から始まる。「庶民に受け入れられる」これは大衆化として斥ける事でなく歓迎すべき事である。でないと文教未進の状態はずっと続く事になる。

第2楽章　吉丸一昌の足跡　　149

第3楽章

吉丸一昌のミクロコスモス

第3楽章　吉丸一昌のミクロコスモス

第1楽節〈学友会雑誌「音楽」の創刊〉

　今までみてきた様に吉丸一昌は明治42年文部省唱歌編集委員になった年は、さすがに作品数は中等唱歌中「夏休み」「演習」（曲はいずれもドイツ民謡）の2作品であった。翌明治43年になると、既に紹介済みであるが北村季晴著「中等音楽教科書」の仕上げ第4巻24曲、楠美恩三郎著「オルガン規範」中26曲に作詞している。

　それに先立って明治43年、年明け早々に東京音楽学校学友会の雑誌「音楽」を創刊。今までの「学友会誌」を発展的解消したもので、吉丸一昌、乙骨三郎の両教授を編集主任として新しく創刊された。当初は隔月の予定であったがすぐ3月より月刊になった。学友会だけでなく、そこに掲載された新曲は、「師範、中学、女学校、小学校の生徒の好究愛唱の材料を資せん」と広く外部を視野に入れての編集方針であった。大正11年12月で第1期は終刊。

　吉丸一昌はこの雑誌「音楽」に情熱を注ぎ没年大正5年迄作品を書いていた。

　創刊号は、吉丸一昌作詞、山田耕作作曲、「東天紅」（女声3部）が巻頭を飾り、湯原元一、島崎赤太郎、南能衛らが寄稿。巻末に吉丸一昌作詞、大和田愛羅作曲「荷車」。作曲懸賞として吉丸の「水の皺」が載せられている。尚大和田の「荷車」は、明治45年「幼年唱歌」に転載されている。

　次に、学生側の編集責任者中山晋平の気鋭の論文「新詩論」の要旨を紹介。

　「主観を取り扱うという点で詩は音楽と直接の関係を有する芸術である」とし「近い三〜四年来文壇に興り来った新運動の余波」は、今日の詩壇とは「殆ど別色の差異」があるとして、旧態依然の態度を取っていくことは「我々にとって不利益」であるとしている。次章では、「音楽の本領はどこまでも普遍的、一般的である。随って聴者はそれに対して如何なる思想内容を求めようとも全く自由である。」と音楽そのものの持つ自律性を認め、これに詩が付くと、「感情の内容の説明」となって音楽の普遍性、一般性といういうものが「蹂躙」されてしまう。音楽と詩の結合は「詩にとっては不利益」になる。更に従来の詩形、5・7調7・5調の外形の要求に作者の主観は左右され、又、言葉の面では「雅語とか詩語」に制約され、我々の現実の生活とはかけはなれた存在になっている。「この二つに縛られて在来の詩は真の情緒を歌うことが出来なかった。」そして「それらの制約から全く離れて自由に感情の節奏を歌おうとして立ったものは新興の口語詩である」として、最後に「古い詩の時代は既に過ぎ去った。吾等は新しい眼を上げて新興の文芸の前に讃仰

の鐘を叩かねばならぬ」と吉丸一昌、乙骨三郎、高野辰之ら文部省唱歌編纂委員になった教授達を前に、堂々の論陣を張っている。後の童謡、民謡、流行歌（中山の造語）で、私達一般大衆の心に残る名曲を書いた中山晋平の才能の片鱗である。勿もこの様な、詩と音楽に対する確とした意見をもっていたからこそ後年の名曲の誕生があった。

　　　　◇参考文献「カチューシャの唄よ　永遠に」監修町田等（郷土出版社）P.146～P.150
　中山晋平の様な一学生のラディカルとも言える詩論であっても堂々と載せる。吉丸一昌の学生の自主性を尊重する教育方針が伺える。尚、中山は明治45年東京音楽学校卒業後東京浅草千束小学校の教師に就職が決まり、雑誌「音楽」の学生側の編集者は牛山充に代わる。

　　ここで雑誌「音楽」に発表された吉丸一昌の作品を大正五年迄辿ってみる。この目録は、神戸女学院大学音楽学部音楽学科津上智実教授著　「東京音楽学校学友会『音楽』に見る芸術歌曲の奨励」の論文からの引用（P.40～P.42）及び、臼杵文化財センター蔵「吉丸一昌唱歌集巻一、巻二」（萬古刀庵版権）を参考文献とした。記述に間違いがない様に念を入れた筈であるが、当方の資料不足は否めず、更なる正確を期す為に先達の御助言を待つものである。

　　　　◇**第1巻**（明治43年）

Ⅰ－1東天紅	山田耕作作曲（女声3部合唱）	
荷車	大和田愛羅作曲（独唱曲）	
水の皺	懸賞曲	
Ⅰ－2懸賞曲一席	梁田貞作曲（独唱曲）	
二席	大和田愛羅作曲（〃）	
Ⅰ－4哀怨	露国ツーリ民謡（独唱曲）	
亡き母をおもう	原田潤作曲（四部合唱）	
Ⅰ－6福寿草	大和田愛羅作曲（独唱）	
Ⅰ－8雪月花	白露西亜民謡（独唱）	
春の窓	大和田愛羅作曲（独唱）	
宵の春雨	大和田愛羅作曲（四部合唱）	
Ⅰ－9秋の祭	E.Auschiily 作曲（独唱）	
里のあけくれ	Chr. Schuly 作曲（独唱）	
Ⅰ－11年は暮れぬ	露国スローベンスク民謡（独唱）	

第3楽章　吉丸一昌のミクロコスモス　　153

◇**第 2 巻**（明治 44 年）

Ⅱ－1 祝い歌	モラビア民謡（5 ～ 6 部合唱）
春の窓	梁田貞（独唱）
しだれ柳	ボヘミヤ民謡（独唱）
Ⅱ－6 鶏の声	ライネッケ作曲（独唱）
春の野辺	ライネッケ作曲（四部合唱）
Ⅱ－7 春の野川	岡野貞一作曲（独唱曲）
四季の雨	南能衛作曲（独唱曲）

◇**第 3 巻**（明治 45 年、大正元年）

Ⅲ－2 春よ急げ	作曲者未詳（独唱曲）
月に漕ぐ船	ライヒャルト作曲（独唱曲）
Ⅲ－3 夕顔	梁田貞作曲（独唱曲）

◇**第 4 巻**（大正 2 年）

Ⅳ－1 早春賦	船橋栄吉作曲（独唱曲）
Ⅳ－12 月の御船	露西亜旋律（四部合唱）

◇**第 5 巻**（大正 3 年）

Ⅴ－1 春を待つ	メンデルスゾーン作曲（四部合唱）
Ⅴ－2 音に誘われて	弘田龍太郎作曲（独唱曲）
Ⅴ－3 心の花	ブラームス作曲（四部合唱）
別れ路	ブロッス作曲（四部合唱）
Ⅴ－4 東京音楽学校寄宿舎団欒の歌	本居長世作曲（三部合唱）
Ⅴ－5 祈願の歌	シューベルト作曲（四部合唱）
Ⅴ－7 涙の幣	本居長世作曲（四部合唱）
Ⅴ－8 子守謡（The Slumber Song）	キュッケン作曲（四部合唱）
Ⅴ－9 雪国の歌	島崎赤太郎作曲（独唱曲）
Ⅴ－11 夜（Die Nacht）	シューベルト作曲（四部合唱）

◇**第 6 巻**（大正 4 年）

Ⅵ－2 冬の野の黄昏に （Altdeutsches Marienlied）	プレァトリウス作曲（四部合唱）

Ⅵ-5 宵の春雨	山田耕作作曲（独唱曲）
Ⅵ-6 夏野（女声にて）	ウェーバー作曲、弘田龍太郎編曲
	（独唱＋ヴァイオリン＋ピアノ）
Ⅵ-10 日和下駄	藤井清水作曲（独唱曲）

◇**第7巻**（大正5年）
Ⅶ-1 始業式の歌

（作曲研究会第2回当選の1）	松島彝子作曲（独唱曲）
新年の歌	M.Z. ティンカー作曲（二部合唱）
Ⅶ-3 母よさらば	成田為三作曲（四部合唱）
私立静岡英和女学校校歌	島崎赤太郎作曲
Ⅶ-12 望郷の歌（遺作）	成田為三作曲（独唱曲）

　他に上記になく「吉丸一昌唱歌集」中、日付が書かれていない数篇の作品がある。吉丸一昌は几帳面に自作品の完成した時の日付を表記し、その習慣は彼の薫陶を受けた本居長世、弘田龍太郎に引き継がれている。研究者にとってはありがたい事である。

夏の曙	山本寿作曲
自治の歌	島崎赤太郎作曲
神の御稜威	シューベルト作曲
泡雪	作曲用試作

等がある。

「新撰作歌法」を読む

　ここでもう一度、吉丸一昌の著による「新撰作歌法」（大正2年10月）を見てみよう。

　東京音楽学校年譜によれば明治42年「規則改正により予科二年、本科は学年制を廃して三年以上五年以内とす。本科の楽歌部及び研究科の作歌部を廃する。」とある。明治33年の規則改正で、本科に声楽部、器楽部、に加えて作歌部が設けられ、外国の旋律に訳詞をつけるという事が重視されていたが、この42年の時点で、教養としての短歌や訳詞等を学ぶ事よりも、本格的に音楽的技術の習熟に取り組み始めた。

　その事を受けて、吉丸一昌は、自身の作歌法の集大成としてこれを著したと思われる。

この著で吉丸は古歌から近世に至る短歌の綿密な分析を行っている。何を歌材とし如何に描写するか。例えば歌材は人事界と自然界及びそれに対する各人の感想を主観的描写、客観的描写、主客混合型に分類。夫々に豊富な歌例を示している。次に自分を感動させた主要な一部分のみをはっきりと力強く描写する場合は、主要事項の全部を概括的に描写するより効果的である。自分を感動させたものを全部取り上げないで、最も主要な所を力強く描けば、他の枝葉として捨て去った所は、自ずから想像出来るものである。

更に、歌は①複雑な理論を説くものにあらずして、単純な直覚を尊ぶ。②知識を与うるものにあらずして、美化した感情を伝うもの。③道理ずくめに記述するものにあらずして、利那に感じた気分を偽らず矯めず正直に記述するものなり。古来歌は幼く詠めというは、その意味なり。何故ならば小児は理解力によらずして直覚するものなり。

として、夫々の歌例を挙げている。次に、歌は自我の発露なりとして、江戸後期の歌人井手曙覧の「囲炉裏譚」から──古来より早春には「朝日のどかに霞たなびく」歳の暮には「寄する年浪」「春を待たるる」花には「雨のめぐみ」「家づと（家への土産）に折る」月には「隈なき影」雪には「跡つけわぶる」などの詞の外には世に歌詞はないものの如く百人が百人、去年も今年も言い並ぶることの浅ましさよ。と引用して、自分の言葉を使うように、「思うに、我が歌は我なり。我が面目なり。作者夫々の性格が現わるべきもの」として、旧来の習弊を脱し恣に自己の感情を歌え。かくて始めて生命ある自我の歌現われ出ずべし。清新の歌迸り出ずべし。と「個性」を出せと論じている。因みに井手（橘）曙覧は「たのしみはまれに魚煮て児等皆が　うましうましと言いて食うとき」（独楽吟）等の、「たのしみは……する時」と庶民の何気ないささやかな幸せを歌にしている。

更に、歌は「ありのまま見るまま感じるままを言い現すとはいえ、歌は有声の画であり美の彫刻である。何らの詩趣なくば、それは説明文、報告文にして文学の価なし」とし「あはれなりと言わずしてあわれなるが肝要」と近松巣林子（門左衛門）の言を明言として引用している。

長々と「新撰作歌法」を引用したが、ここに紹介したのは全体の１／３程度で、あとは技術的な下句、上句の作り方、古歌の論評等が収められている。ここで引用した部分は、吉丸一昌の歌人としての理念であり、主張でもある。ただしこれを「歌」という箇所を「唱歌」という文字に置き換えてみると、これから述べる「雑誌音楽」「新作唱歌全十集」の創作理念が十分に理解出来る。さらに吉丸が文部省唱歌の詞部門の編纂主任でありながら、それと全く正反対の自己の創作理念との間に激しい心理的葛藤があったと考えるのは、先ず結論ありきの牽強付会と言い切れるものではない。

この書が著されたのが、大正二年八月。丁度、同年５月に文部省唱歌第５学年の発行が終り、最終第６学年の編纂過程に入り、ほぼ一段落した頃の話である。同年12月暮には、

156　　第3楽章　吉丸一昌のミクロコスモス

先に述べた様に、同僚の乙骨三郎と夜を徹して「酒を飲んで詩談す」とある。乙骨三郎は、「海潮音」の訳著者上田敏をいとこに持っている。明治 38 年刊行「海潮音」には、現在でも愛されている「山のあなたの空遠く……」（カールブッセ）や「秋の日の　ヴィオロンのためいきの　身にしみて　ひたぶるにうら悲し」（ヴェルレーヌ「落葉」）「時は春　日は朝……」（ブラウニング「春の朝」）等々の名詩名訳がある。ボォドレール、ヴェルレーヌ、ヴェルハーレン等の「象徴主義の詩」を紹介している。また、「フランスの詩は、ユーゴに絵画の色を帯び、ルコンド・ドゥ・リィルに彫塑の形を具え、ヴェルレーヌに至りて音楽の声を伝え而して更に陰影の匂なつかしきを捉えむとす」と訳者の註が入っている。先述の近松巣林子の「歌は有声の画であり、美の彫刻である」という事と一脈相通じるものがある。当然その感化、影響を受けた吉丸、乙骨の二人の詩人たちは談論風発。これからの詩のあり方などを語り合った事だろう。出来ればタイムスリップしてその場に居合わせたいものだ。　　　　　　　　◇引用文献「新撰作歌法」吉丸一昌著　「海潮音」上田敏訳詞集

雑誌「音楽」に戻る　金田一博士への反論を兼ねて

　再び金田一春彦著「童謡・唱歌の世界」（教育出版）より、金田一博士の「早春賦」に関しての文（P.49 ～ P.50）を引用。

　早春賦。大正 2 年 2 月に刊行された「新作唱歌」の第 3 輯に発表された。（中略）吉丸一昌は大和田建樹に似た、どんな題材でも歌詞にしてしまう器用人で、大和田が明治中期を代表する作詞家であるのに対して、明治末期から大正初期に活躍した人だった。詩才は大和田に劣り、作詞としてはこの「早春賦」が一番いい。（中略）歌詞には日本の早春の情景、本格的な春を待つ心がよく写されており、曲も見事である。

　と書き放っている。もちろんこの著者は、研究書ではなく、無知な我々に対する啓蒙の書であるから、成るべく興味を引く様に書かれているのは確かである。しかし、吉丸はどんな題材でも歌詞にする器用人であったか。詩才は大和田に劣っていたか。そこの判断の根拠になるものが全く示されていない。「明治唱歌」の大和田の作品群、吉丸の他の作品に、果たして真摯に向き合われた結果であろうか。一作一作を熟読玩味なさって到達された結論であろうか。作品の良し悪し、作家の優劣をたった一言で書き捨てていいものだろうか。優劣の判断の基準はどの作品を比較したのか。まさか、「鉄道唱歌」と「早春賦」のヒット作品の売れ行きで、判断なさった訳ではあるまい。いわゆる「風評被害」をもたらす元凶ではないか。吉丸一昌の労作「新撰作歌法」を是非読んで欲しかった。

　具体的な反論など小生等の非才の輩には恐れ多い事であるが、吉丸一昌の既述の「新撰作歌法」に於ける創作姿勢と、雑誌「音楽」に遺した詩数篇を紹介する事で反論に代えたい。

第3楽章　吉丸一昌のミクロコスモス　　157

Ⅰ－1　水の皺

青葉若葉を吹く山おろし	（7・7）
末は水田の水の皺	（7・5）
驚いて飛ぶ青鷺の	（7・5又は5・7）
足のしずくも	（7）
落ちては水田の　水の皺	（8・5）

　雑誌「音楽」創刊号に懸賞曲として掲載された作品。

　詩が先か、旋律が先か、鶏が先か卵が先かの論と同じで、この頃は、外国の旋律に日本の（訳）詩をつける（後付け）からようやく邦人の詩に邦人の旋律をつける（先付け）に移行してきた頃である。現在では、先付けが中心になっている。この用語としての「先付け、後付け」は詩人サイドの発想で、作曲者側には「いい曲が付いた」等と詩人から言われるとカチンと来るが、とり敢えず用語としては解りやすい為、ここで便宜上使用する。

　で、この先付けの場合は、詩人は従来の定型詞にこだわる事なく極めて自由な形式を使う事が可能になる。加えて文語の小難しい格調高さを求める用語から、口語による日常の当たり前の事を解り易く描写出来る用語へと、表現の可能性を大きく拡大する事が出来る。但し吉丸の本格的な口語詩は、次の大作「新作唱歌」まで待たなければならない。

　「水の皺」は第1句第2句こそ7・7・7・5調の、民謡調（独々乙調とも）であるが第3句以下は、7・5、7、8・5と不揃いである。更に、第3句「驚いて（5）飛ぶ青鷺の（7）」あるいは「驚いて飛ぶ（7）青鷺の（5）」と両方に読める。「驚いて」の語調が強い為にそう感じるのだが、ここは作曲者の解釈次第。

　この詩は翌第Ⅱ号で、懸賞曲第1席梁田貞、第2席大和田愛羅となっている。後に山田耕作も作曲。この実際の作曲された作品を一度見たいと願い乍ら残念乍ら資料不足で果たせない事をお詫びする。幸い筆者の手元には、山田耕作作曲の版があるが、第3句「驚いて」を後半と切り離し、あとを7・7・7・5と解釈。前奏もなく始まったハ短調の旋律が、この部分で減7の効果的なSfz（スフォルツァンド＝その音を特に強く）を用い属和音へと移り、その後間奏としてピアノによる6小節のソロ。再び第1句と同じ旋律へ戻る（参考譜「早春賦　吉丸一昌（臼杵市文化連盟）P.76」）。後年の山田の創作力を思わせる詞への鋭い読み取り方と構成力、詩の表す情緒を旋律によって更に深く表現する見事な出来ばえの歌曲となった。名詩が作曲家を育てるのである。

　そしてこの詩を単に、広がる波紋を水の皺と表現し田園風景を描写しただけの詩と読むか。あるいは象徴的に水の皺を心の動きと解するか。とすると第1句の山おろしと対句に

なる3・4句目の青鷺の足のしずくも、読む側の夫々の自由な体験に基づく連想を誘って
この5句1連の短詩はより広く深い意味をもってくる。吉丸一昌は何でも詩にする器用人
であったか。更にもう一作。

I－8　雪月花（白露西亜民謡）

1.　　　雪にならばやな　山に降る雪に
　　　　人目もかれ木に　花と咲かばやな
2.　　　月にならばやな　空を行く月に
　　　　わがおもう人の　窓を訪はばやな
3.　　　花にならばやな　春に咲く花に
　　　　しかも御吉野の　花と咲かばやな

　8・8調2句3連の文語詩である。題材は古来使い古された「雪月花」であるが吉丸は、
ここで彼のロマンティックな面を歌にした。2連目「月にならばやな　空を行く月に　わ
がおもう人の　窓を訪はばやな」の詩は、吉丸が初めて見せた人を想う個人的な感情であ
る。もっとも彼の詩の作品は、中等唱歌等の教育的作品ばかりで、他の彼の短歌俳句の中
には、色々ある筈だが。まさにP.156で見た様に「我が歌は我なり。我が面目なり。旧来
の習幣を脱し恣に自己の感情を歌え」である。更にこの詩では、「ならばやな」と強い
願望を表している。「ばや」はその語のみで希望の意「～したいものだ」となるが、更に
願望を表す終助詞「な」で強調している。この自己の願望を表す「ばや」を使った文部省
唱歌を紹介。

〈鳥と花（文部省唱歌第5学年9）〉

1．鳥にならばや　み空の鳥に
　　霞をわけては　雲雀とあがり
　　霧をわけては　雁とかけり
　　春と秋とを　かざらばや

2．花にならばや　園生の花に
　　桜と咲きては　朝日に匂い
　　菊と咲きては　露にかおり
　　春と秋とを　かざらばや

　この詞に目を通した時に、吉丸の「雪月花」に似ていると感じ、前曲「忍耐」（国語読
本巻10－7）次曲「菅公」（国語読本巻9－23）よりの間に挟まれ、国語読本の柵から
外れ個人の願望を表現する唱歌が出て来たと、心を躍らせかけたが何の事はない、月並な
花鳥風月に換骨奪胎されてしまった。前章「言文一致唱歌」第2曲「みいちゃん」で見て
きた様に、「私の好きなみいちゃん」の個の表現が文部省唱歌「人形」で単に「わたしの

人形はよい人形」と、ごく一般的な表現になった様に。「ばや」という用語を見て吉丸一昌が作詞したと断ずるのは早計であるが、少くとも吉丸一昌がかなり深く関与した詞である事は間違いない様だ。

　少し年代はあとになるが、吉丸の仄かな感情を描いた作品。大正3年11月に書かれ翌4年2月「音楽」で発表された「冬の野の黄昏に」を紹介。

Ⅴ－2　冬の野の黄昏に　プレァトリゥス 作曲

1．夕日野に消えて　落葉が上の夕霜冷たく

　　噫　たそがれぬ

　　寂しきかな　時雨だに降れ

　　なぐさめにせん

2．冷えはてし胸に　春かえらず　ただ昏れゆく

　　噫　わが世かな

　　つれなかり人さえ　今は恋しかりけり

　詩想の主旨を1連目に置くか2連目に置くかでこの詩趣は大きく変わってくる。1連目を中心に、冬の日没の情景がもたらした寂しい心を象徴的に表現したものと解釈するか。否、2連目終句「つれなかり人さえ　今は恋しかりけり」を強調する為の「夕日野に落ち」以下か。解釈は自由であるが、明治の男尊女卑の、男中心の社会背景を考え、特に吉丸一昌は学生時代剣道に没頭、剣道五段の武道家で剛毅木訥な人柄からは、思いもよらぬ繊細さで去っていった想い人を恋う心を、表現。勿論、学生の機関誌という立場からの、押さえた感情であるが、吉丸の短歌の世界ではかなり自由な表現をしている。五首程紹介。これは故吉田稔氏の労作「望郷の歌　吉丸一昌」の短歌集（P.86〜P.107）よりの抜萃。吉田氏はこの短歌集の冒頭で、吉丸一昌の明治42年より大正3年の間の随筆、書簡、日記より未発表の歌を集めたと記しているが、吉丸一昌の人と為りを知る貴重な歌集である。

　　　　君はいま　ひとづまなれば　なさけ知る
　　　　　　聞けや昔の　わがものがたり

　　　　君見れば　心に動く　心かな
　　　　　　わかき昔の　心にも似て

　　　　手紙して　さて言ふべくは　あらねども

きのふの君の　君のおもかげにみる

こひしければ　こひしとひとり　おもふ世の
　　　　　　いづこの歌に　はばかりあらめや

雨の夜の　このあまだれに　まもられて
　　　　　いもと寝し夜の　夢よ昔の

　これらの歌の書かれた書簡集等の背景（「君」が誰であったか等）を知るのは研究者の
する事。ここでは素直に味わって各自が自由にイメージを広げる事を願いたい。

吉丸の個の表現・父性音楽からの脱却

　この書の冒頭（P.36）で触れた様に、明治期の唱歌は、尊皇愛国の徳育を中心に、国家
の役に立つ人になれと教え訓す「父性」の音楽。大正中期に興った童謡は子供の身の回り
の細かい事象や感動を題材にした「母性」の音楽と大別した。
　詩人を詩人たらしめるのは、「個」の表現である。雑誌「音楽」の吉丸の詩は、明らか
にこれまでの彼の唱歌とは、題材、内容共に変化して来ている。「個」としての感情「悲
しみ」「涙」という表現の詩を少し見てみよう。

Ｖ－３　別れ道　　　ブロッズ 作曲
わが歌の　悲しみを記念に
いざさらば　わが友よ　別れん
袖の露　乾くことありとも
この心とこしえに　消えざれ　盡きざれ

Ｖ－７　涙の幣　　　本居長世 作曲
星流れて　永久に還らず　霞砕けて　遂に結ばず
思うも涙　偲ぶも涙　涙を幣に唯奉る
涙を幣に奉る
聞かじ理　そは心なし　言わじ諦　そは情なし
涙は涙の散るに委せよ　散るに委せよ
ああ　いずこぞや　いずこぞや　君が御魂

内に秘めた激しい恋心は、つつましく押さえた表現にしているが、悲しみの表現は誰憚（はばか）る事なく、ただただ「涙は涙の散るを委せよ」と、言い切っている。男子たるもの人に涙を見せるなと教えられていた時代である。まさに吉丸の創作が父性的なそれよりも母性的な作品へと転換した時の作品である。更に加えて、吉丸一昌の作品には、故郷を思う詞が多い。明治期の望郷の歌には、故郷を思う中心は決って「父と母」であった。この時期からの吉丸作品には「父」は出番がなく全て「母」が中心となっている。「いかに在ます　父母（ちちはは）」「恋しや故郷　なつかし父母」（「旅愁」犬童球渓詞）の教育勅語の「父母に孝」の修身訓話は吉丸の念頭になく純粋に「母」を恋う詞が中心になってくる。その代表例として、「望郷の歌」を見てみよう。大正5年1月22日作歌、雑誌「音楽」では同年12号に成田為三が作曲している。文字通り遺作であるが（没年は大正5年3月7日）成田為三の初期の代表作となっている。因みに「浜辺の歌」は約2年後である。そして大正7年「赤い鳥」創刊に、成田為三は鈴木三重吉に招かれ「童謡」の世界に。大正8年の「カナリヤ」（西条八十詞）は、童謡初期の名作となっている。

Ⅶ－12　望郷の歌　　　成田為三　作曲

1. みよや

　故郷の空に　時雨降るなり

　時雨ならず

　雨ならず

　母の袂（たもと）の　涙降るなり

2. 聞けや

　かりがねの声を　啼きてゆくなり

　なくね悲し

　こえ悲し

　わが子恋しと　母や泣くらん

　この作品に見られる様に感情過多とも言うべき、吉丸の父性の詩から母性への詩への変化は、彼の内的なシュトルム・ウント・ドラングとも言えるものである。しかも個人的な変化に止まらず、その思想は後年、彼の育てた才能溢れる若い作曲家達と共に、大正期「童謡」へ多大な影響を与えた。

　更に吉丸の内的シュトルム・ウント・ドラング（疾風怒濤）は、国家主義とも結びついている。「乃木大将の歌」小松玉厳（耕輔）作曲。大正元年9月18日大将葬儀の日作歌。ひきつづき「乃木大将夫人の歌」大正元年11月18日夫人殉死の命日作歌。「乃木大将」の方は、当時学習院助教授小松耕輔がホ短調の葬送行進曲に。又「乃木大将夫人」は大和田愛羅がやはりホ短調の葬送行進曲に仕上げている。両名の殉死を悼み、生前の功を讃えた詞に、シンプルな技法を通して悲愴感溢れる曲になっている。

　尚、この二曲は、吉丸昌昭氏の蔵書よりのもので氏の御厚意を鳴謝致します。

162　　第3楽章　吉丸一昌のミクロコスモス

～　～　～〈間奏曲〉～　～　～

　ところで、「乃木大将夫人の歌」（大正2年3月訂正版、敬文館）の奥付に、従来は、「不許複製」とあったのが、この版では、「不許謄写複製、蓄音機吹込」とあった。1877年（明治10年）トーマス　エジソンが蓄音機を発明、日本に伝わったのは明治43年、とされている。そこから僅か4年後には、既に海賊版のレコードが出廻っていたとは。まだ日本に於いては、音楽作品への著作権が確立していなかった頃（著作権協会の設立は昭和14年頃）の話である。かつて著名ブランドの衣服が、デザイン盗用されたり、逆に「青森りんご」が中国国内で登録商標となったり、資本主義発展段階では、知的財産権が最も軽視されている様である。最も筆者にはごくまれにしか自作の著作権料が、税金やら手数料やら寄ってたかって天引きされて入ってくる位であるが。（蛇足）

～　～　～　～　～

　あるいは、「独逸膺懲の歌」。これは作歌日時は記されていないが、「萬歳　萬歳」の詞から類推すると、これは傍書に独乙（ドイツ）国、奥（オーストリア）国に宣戦の詔書下りし日（大正3年8月23日）作るとあり、この後に（恐らく同年11月頃）書かれたものかと推定。

独逸膺懲の歌　　　　島崎赤太郎 作曲

1. 武力にほこりて　正義を圧みし*
　自国の利益を　これ図る
　独逸打つべし　懲らせよと
　奮然起ちたり　英仏露

2. 帝国日本は　義勇に富めり
　同盟イギリス　助くるは
　世界平和の　為なりと
　ひとしく剣を　執りて起つ

3. 亜細亜の天地に　領土を狙う
　独逸のたくらみ　打破せよと
　天誅下せば　たちまちに
　落ちたり青島　膠州湾

4. 勝ちて兜の　緒をひきしめよ
　われ等の任務は　なお果てず
　天に代りて　成すべきは
　むしろ今後に　ありと知れ

◇註　「圧」か、＊の文字は解読出来ず

　この様な国家主義礼讃の詞は、文語定形を得意とする吉丸一昌の本領発揮というべきか。ただこの頃は北村季晴「中等音楽教科書」巻1や、文部省唱歌高学年に見られる様に教育用としてでなく、広く一般に向かって書かれたものが多く、筆者の手元にある資料でも作歌数は少なくなっている。

吉丸一昌の「個」は、父性的なものから母性的な作風へと転換していった。しかしそれは決して国家主義からの脱却ではない。吉丸の「個」は、ロマン主義的な発想を伴っての転換であった。

「早春賦」への道程

　吉丸の望郷の思いは、「母」を伴うだけではない。季節を歌い、日常を詩にするとき、ふるさとを想起させる詞句が挿入されている場合が多い。例えば、北村季晴「中等音楽教科書」巻３－２「いさら小川」はあきらかに臼杵市の左端を流れる短い小さい流れの海添川（たたら川）かと推定されるし、故吉田稔氏の研究によると臼杵市にある峠が「故郷を離るる歌」の舞台であると比定されているが、確かにその通りではあるが、作品は、万人のものである。夫々の心の中に夫々の故郷があり、夫々の心の中に「いさら（小さな）小川」がある。場所を特定する事は、詩の表現の普遍性を限定する事である。

　「早春賦」は、雑誌「音楽」の第４号１月号（大正２年１月）船橋栄吉の作曲で発表された。ただ現在まで歌われている方は、大正２年２月に刊行された「新作唱歌」第３集、中田章の作曲に依る方である。詩が書かれたのは大正元年11月２日で、雑誌「音楽」の為に書かれた。

　吉丸一昌の春をテーマとした作品は、雑誌「音楽」に多い。掲載順に列挙してみる。Ⅰ－８「春の窓」「宵の春雨」。Ⅱ－６「春の野辺」。Ⅱ－７「春の野川」。Ⅲ－２「春よ急げ」。Ⅳ－１「早春賦」。Ⅴ－１「春を待つ」（後に「新作唱歌」第10集12に「春よ来たれ」と改題されて新作唱歌の終りを飾った。）明治43年から大正３年にかけて、特に大正２年１月の「早春賦」を頂点としている。ここで大正元年11月の「早春賦」が発表されるまでの過程を遡って明治44年からの春の歌の流れを辿ってみたい。

Ⅱ－６　春の野辺　　ライネッケ 作曲（明治44年６月）

　　　あさひの山の
　　　　花のとばりを
　　　かかげて高し　雲雀のこえを
　　　ふもとは川の　聞けやふなうた

　　　ああ　たのしや　春のこのごろ
　　　ああ　たのしや　春のこのごろ

Ⅱ－7　春の野川　　　岡野貞一 作曲（明治44年7月）

野辺の小川のささやきに
　　しばしたたずむ草の上
鳥のなく音（ね）を遠くして
　　白雲ながるる春の空
岸の菜の花低くして
　　蘆（あし）は角ぐむ一二寸
風はそよろと水の上
　　波頭をみせてすべりゆく

Ⅲ－2　春よ急げ　　　外国曲（明治45年2月）

1. 桜咲き出で　鶯来鳴く（きな）を
　　来よや急げ　急げよ春
2. 庭の小草　小石にひそみて
　　春よ来よと　あけくれ待つ
3. 霞の裾　のどかに靡かせ
　　いざや来ませ　いざや来ませ

Ⅳ－1　早春賦　　　船橋栄吉 作曲（大正元年11月）

1. 春は名のみの　風の寒さや
　谷の鶯　歌は思えど
　時にあらずと　声も立てず
2. 氷解け去り　葦は角ぐむ
　さては時ぞと　思うあやにく
　今日もきのうも　雪の空
3. 春と聞かねば　知らでありしを
　聞けば急かるる（せ）　胸の思（おもい）を
　いかにせよとの　この頃か

　「春の野辺」「春の野川」どちらも春の来た喜びを歌っているが、「野辺」の表現は巧みである。帷（とばり）は、夜の帷と言う時が多いが、「花のとばり」を雲雀の声が掲げ上げる、面白い表現である。そして目でなく耳で、「雲雀のこえ」「川のふなうた」と「春」を味わって

第3楽章　吉丸一昌のミクロコスモス　　165

いる。次の「野川」は加えて描写が細かい。吉丸の詩は、対句の手法で書かれた詩が多い。前詩と同じく天と地（「白雲ながるる春の空」と「岸の菜の花」）の対比。そして「蘆は角ぐむ一二寸」とまるで読者がその場に居る様な細かい描写。作者自身の故郷の体験がなければ表現出来ない描写であるが、どこの山、どこの川と特定は出来ない。あくまでも読者の夫々の心の中に想起される事象を大切にしたい。だからこの様な解説は不要であるが、不要ついでに、「角ぐむ」のぐむはだんだんとその兆（きざ）しがみえてくること（明解古語辞典）。芽ぐむ、涙ぐむ、さしぐむ（涙さしぐむとも）等の用法がある。更に、文部省唱歌「春の小川」の作曲者は岡野貞一とされているが、恐らく、タイトルの発音が似て、しかもほぼ同年代に作られたと言う事で混同されてしまった様だ。文部省唱歌の方は、下村英が関わっている。

　そして、「春よ急げ」では本格的な春の到来を待ち侘びる詩へと発想が広がってくる。外国曲の後づけで2句3連の短い詩である。

　「桜」「鶯」「霞の裾」は春を表現する常套語で特に吉丸の表現ではない。むしろ彼は「新撰作歌法」で既述（P.155〜156）井手曙覧の言葉を引いて「自分の言葉で表現する」様に、それが個性であると力説している事に相反しないか。否、この「春よ急げ」は二連目「庭の小草　小石にひそみて」を、春を待ち侘びる主人公として強調する為の、月並みの常套語を前後に置いたと考えるのが筋である。とすると小石にひそんだ小草は何の象徴的表現なのか。それは読者の自由な解釈に委せている。あるいは、文字通りの自然観察記録か。

　最後に大正元年11月に書かれた「早春賦」である。（明治は45年7月30日迄で大正に改元。）初句、第2句共に7・7調、終句7・5調の3句3連より成る。前作の修辞的に使われた「鶯」は、この詩の主人公となった。確かに（P.157）での金田一春彦氏が宣（のたま）わる如く「歌詞には日本の早春の情景、本格的な春を待つ心がよく写されており云々」というおざなりの読み取り方があろうかと思われる。ただその様な表面的な読み取り方でいいのか。そうした時に第3連目の「聞けば急（せ）かるる　胸の思いを」の主体は誰か。急に人間世界に戻った訳ではない。まさか野鳥の鶯が早春の情景の一員として本格的な春を待っている描写詩でもなかろうに。今更乍ら、象徴詩として等と言い立てる迄もなく、この詩を読む人は、鶯を擬人化したものとして捉える筈だ。そして各人各様に擬人化された鶯に各自の思いを馳せるのではないか。一説には「新作唱歌」第3集目次に高等女学校程度と添え書きがある事の連想から、女学生の間で流行したとしている。勿論自分の解釈を他人に押しつける愚は極力避けるべきであるが、その説が、一番妥当ではないだろうか。それにしても金田一説は皮相的すぎる。

166　　　第3楽章　吉丸一昌のミクロコスモス

「歌あそび　うかれ達磨」　吉丸の子供観

これまで、雑誌「音楽」を中心に吉丸一昌の詩について彼のロマンチズム（秘そやかな恋心、シュトルム　ウント　ドラング的な悲哀、国歌主義にみられる激情的詩）、あるいは象徴主義の技法を伴った作品等を、味わい考察してきた。

次に彼が強い関心を寄せ、台本を書いた創作オペレッタ（本人はこの呼び方を否定）「歌あそび　うかれ達磨」を紹介。

北村季晴は日本初の創作オペラ「露営の夢」作曲、上演の（明治38年、歌舞伎座興演）の成功をうけて、作曲家としての名声が盛んになっていた。彼の影響をも受けて、吉丸は創作オペラに強い関心を持っていた。日記にもその事が記されている。

明治43年6月15日　本居長世氏とオペラの趣向を語り合う。この日は夜を徹して語り合った。

小石川下富坂の裏に寺があり、この寺の鐘は余韻が良い。それを本にしてはどうか。先ず鐘が鳴る。余韻が消えかかると第1ヴァイオリンの細きを入れる。白衣の怪物が暗より出て暗に入る。ダメダ極めて暗い。

五人ばやし、雛壇に真の人間を並べる。盗人が来て、白酒を飲み寝てしまう。五人ばやしが踊りだす。いつしか盗人の太郎酔うて一緒に踊りだす。

吉田稔「望郷の歌吉丸一昌」P.36〜37より抜萃。

二人で話し合いながら構想を練り上げていった様子が窺える日記である。この構想は明治45年3月の白木屋餘興場で初演「歌あそび　うかれ達磨」となって結実。大正2年敬文館出版には、振り付けは松本幸四郎事藤間金太郎氏の苦心になるもの（緒言4より）。緒言1では「我国では急に大形式の歌劇を作成し効果を収めるのは至難」として「先ずその予備として、この様な軽き喜歌劇を試作」した。「歌あそび」と題名の上に冠したのは「この歌曲が外国のいわゆるオペレッタやオペラブッファというものではない為『歌あそび』を楽語として創作した」とある。

筋は極めて簡単で、大勢の子供達が達磨転がしの遊び（転がして起き上がった方向に居る子供は何かしらの芸をする）に興じている。最後に転がった達磨、中央に置いてある大達磨の方を向く。子供達がどっしりとしている大達磨に芸をやる様に囃し立てる。と、大達磨は忽然と立ち上り、手が出で子達磨たちを呼び出す。今度は、びっくりして目を見張っているだけの子供達に子達磨たちが「サッても当世の達磨には踊る手もある足もある。パチクリパチクリ目ばかり開けてホンに無芸なお子供衆。ワッハハハ！」と囃し返す。そして子供達が「ワッハハハ！ホンに手もある、足もある。しかも踊りがお上手で、ヤットン、ヤットン、ヤト　ヤト　ヤト　トント　ホンに見事な隠し芸！」と歌う。子供及び達磨の

第3楽章　吉丸一昌のミクロコスモス　　167

舞踊、合唱が続き、最後は合唱、「これにて今日の芸づくし。めでたく済みて千秋楽。御世は萬歳、萬歳楽と歌声高く、寿祝いて、さらばよ皆さん。さらばさらば　さようなら。」

(大団円)

　気鋭の作曲家本居長世の曲と松本幸四郎の振り付けを得て一躍有名になった。大正3年4月には、宝塚少女歌劇団第1回公演で、北村季晴の「ドンブラコ」(お伽話の桃太郎が主題)と共に上演された。近年臼杵市音楽連盟オペラ会主催で大分市オアシス広場21・グランシアターに於いても上演。

　前述の日記の構想と骨組みはよく似ている。単純な筋と切り捨てるのは早計で、ここでは吉丸一昌の子供観に注目したい。まさに梁塵秘抄「遊びをせんとや生れけむ　戯れせんとや生れけん　遊ぶ子供の声きけば　我身さえこそゆるがるれ」そのもの。邪気のない暖かく素直な目で子供を見守っている。そこに描かれた世界は、尊皇愛国、徳性の涵養等入り込む余地のない、自由なのびのびとした子供の世界の活写である。この子供の無邪気な世界を描いた脚本に、本居長世が動がされ、松本幸四郎が動がされ、肉付けされ、最後には、観客が動がされて大成功裡に終ったと言える。時代も又、吉丸の子供の自由な世界を邪気のない大人の目で捉えるという子供観を受け入れる時代に移って来た。この子供観こそが、彼の薫陶を受けた本居長世、教え子の成田為三、弘田龍太郎らに引き継がれ、大正中期からの華々しい「童謡」の時代を創った。

～　～　～〈間奏曲　臼杵観光ガイド〉～　～　～

　臼杵市は、小さな城下町である。城はキリシタン大名大友宗麟によって、その居城として多くの宣教師達を保護した。驚くべき事は臼杵湾に浮かぶ島を平らに削って築城したその土木技術の優秀さ、構想の規模の大きさである。当時は三方を海に囲まれた天然の要害の城であった。九州の西(天草、島原)と、東の臼杵を拠点として宣教師達は布教活動に励んだ。やがて時は移り慶長期(1600年)に美濃郡上八幡から稲葉氏が入城。この稲葉氏は代々続き、吉丸一昌は中学校進学以来稲葉家奨学金を受け、修養塾、夜間中学等の開設、運営にも資金援助を受けていた。

　小さな町だけに、そこに育まれた「人情」は暖かい。その日は、吉丸一昌記念館に早目に着く様に宿を出た。狭い商店街を急いでいると、3名の自転車に乗った高校生が、大きな声で「お早うございます」当初は私に言っているとは思わず知らん顔していたが、3名共私に向かっての挨拶。やがて交叉点で信号待ちをしていると反対側に居た高校生達が次から次に私に「お早うございます」。で、記念館での資料の蒐集を終り、知らない街の散策をと、だが入り組んだ道筋にすぐ方向を見失い、本物の徘徊になってしまった。道を尋ねようとするが、住宅街。誰も居ない。しばらくウロウロしていたら、ジョギング途中の

青年に遭遇。恐る恐る駅までの道を尋ねると、その青年は気軽に私の解る所まで20分かけて案内してくれた。礼を言う暇もなくその青年はあっという間に走り去っていった。ようようの思いで駅に着くと今度は夫々、屯して帰りの電車を待っていた中学生が一斉に「今日は！」。山海の珍味のもてなしどころではない、最高の暖かいもてなしであった。帰りの車中、私の胸が熱くなって来た。

　ずっと昔、大きな船に乗って見知らぬ国から渡ってきた宣教師達。彼らがもたらした文化である、キリスト教・セミナリオ（神学校）・コレジョ（宣教師養成学校）等を暖かく受け入れた人々。更には美濃から移封された稲葉氏の長い間の統治。臼杵の町では醸造業が有名であり、そこで醸される醤油、味噌は確かに関西の味である。

　名所旧跡やその他のグルメをバスで通り過ぎて味わう旅ではなく知らない街を徘徊し暖かい人情に触れた旅であった。

　東京の私立高校の試験に出題された程有名な「磨崖仏」のある低い山々に三方を囲まれ東側を臼杵湾に面した小さな城下町。外来文化を重層的に受け入れ育んで来た人々。見知らぬ旅人への暖かい挨拶によるおもてなしに見られる人情味豊かなこの街が、野上豊一郎、野上弥生子、そして吉丸一昌ら時代を代表する文化人を輩出したのも十分に納得がいった。

～　～　～　～　～

吉丸一昌唱歌集拾遺

　雑誌「音楽」の吉丸の掲載詩は、詩句、著作年月日等の正確さを期すために、吉丸一昌記念館蔵「吉丸一昌唱歌集巻1、巻2」と照合した。ただかなりの数の詩が雑誌「音楽」、北村季晴著「中等音楽教科書」、楠美恩三郎著「オルガン軌範」等にない、いわゆる所属不明のものがある。その中で吉丸の謹直な作品から少し外れた3作品を紹介。

酒に問わばや（如月兄のために）

尋ねては　いづこの花を　歌にせん

かすみ流るる舟もよし

雲雀さえずる路もよし

先づ試に一杯の　酒に問わばや

酒にまかせて　酒に問わばや

　如月は本居長世の号。日記では明治45年3月10日。この詩を書き終ったあと、女児誕生の一報。恭子と命名。とある。本当に二人共負けず劣らずの酒好きであった様だ。

第3楽章　吉丸一昌のミクロコスモス　　169

「郊宴の歌」（瑞西ズゥデルマン作曲）でも4連迄各連の終句にとにかく、「酒酌め」とある。5連目は各連終句のリフレーン。「いざいざ酒酌め　楽しの此の日を　あだには過さで酒酌め」追い打をかけて6連目「酔を入れよ　憂を捨てて酒酌め　人の此の世は幾何ぞや」。吉丸にかかっては人世酔ってなんぼである。

おなじ鼻息

１．ふうんと軽い鼻息を
　　茜木綿の小枕に
　　聞けば可愛いねんね児で
２．ふうんと軽い鼻息を
　　顎と一緒の方向に
　　聞けば他処向く面憎し

同じ音でも人間は
とかく僻んで聞き分ける。

　人間の心理を言った詩であるが、最後「同じ音でも…」以下はわざわざ結論を言わなくとも良いのではないだろうか。むしろ鑑賞する側の自由な想像に委せた方が……。

苺と娘

１．小藪の木陰に　苺が見える　　　　３．娘が苺を　束ねた摘んだ
　　見えるから何だ　見えるから見える　　摘んだが何だ　よそ向いて眠れ
２．小藪のこちらを　娘が通る　　　　４．束ねた苺を　小路に棄てた
　　通るから何だ　通るから通る　　　　棄てたが何だ　よそ向いて眠れ

　「おなじ鼻息」と異り、こちらは結論を言わない。読む人の自由な解釈に委ねている。
　文字通り小娘の気まぐれでする事だ、見て見ぬふりを。と解釈してみる。それでも何だか突き放した様な、それがどうした。儂や知らん。……吉丸の全詩を通してみても始めての表現である。この様な物言いは口語でなくては出来ない。今迄の表現の壁を突き抜けた様な洒脱さがある。あるいは音楽学校の学生監として、女子生徒のムラッ気を言っているのか？いくら何でも、穿ち過ぎであろう。
　いずれにせよ、この三作品は吉丸一昌の肩の力の抜けた自由闊達な作品として掲げた。掲げたから何だ。掲げたから掲げた。よそ向いて次へ移れ。

ローレライ（ライン河精の合唱）

（甲）何処ぞわが友

　　（Ａ）潜める魔神の 輩　　　　　（Ｂ）何処ぞ来よや　いざ来たれや

　　（ＡＢ）吹く風に翼うちて　み空に轟け

　　　　　やよや起て起て　やよや起て起て　やよや起て起て

（乙）水底に潜み時を待つ久し

（甲）ああ　波を分け来よ　　　　　（乙）川の瀬も眠るこの時ぞわが世

（甲）やよや起て起て

　　（Ｂ）起て（Ａ）起て（Ｂ）起て（ＡＢ）起て

（乙）濡めし羽ひろげ　　　（甲）ひろげて

（乙）山を海を翔け行けば　　（甲）翔け行けば

（乙）野山崩れ海溢る　　　（甲）野山崩れ海溢る

（乙）風よ（甲）雨よ（乙）風よ（甲）雨よ

（甲乙）とく起れ　　　（乙）風よ（甲）雨よ（乙）風よ（甲）雨よ

（甲乙）とく起れ　　　（乙）風よ（甲）雨よ（乙）風よ（甲）雨よ

（甲乙）いざ起れ

（甲）我亦淵瀬に　（乙）河底に

（甲）世々の宝守りたり　（乙）守りたり

昭和2年9月23日　共益商社発行

　ジルヘル作曲「ローレライ」は一般的には近藤朔風の訳詞が知られているが、吉丸はほ
ぼ同時代明治43年9月発行楠美恩三郎編「オルガン軌範」第62ローレライとして発表し
ている。こちらはハイネの原詩に近い訳詞で、次の「ブラームスの子守唄」と共に並べら
れている。参考迄に紹介。

ローレライ　　　ジルヘル 作曲（オルガン軌範第62）

　1．水の逆巻　しばしたゆみ　岩にかくれて波は淀む

　　　ここにひそめる淵のぬしは　世にもおそろしの神と聞ゆ

　2．絲の音色に　舟をさそい　笛のひびきに人を寄せて

　　　渦にまきこむ神ぞひそむ　さてもおそろしの淵瀬なりや

第3楽章　吉丸一昌のミクロコスモス

ハイネの原詩に沿った訳詞である。ただ、前年明治42年近藤朔風の原詩に忠実な訳詞で「女声唱歌」（天谷秀・近藤逸五郎編）に発表されたものが一般に広がり、「オルガン軌範」の中の吉丸版は、目立たなかった。歌われる為の出版とオルガンを勉強する人相手の出版と夫々対象が異なっていた為か。

さて合唱の為に新たに書かれた「ローレライ（ライン河精の合唱）」である。こちらは、ライン川の伝説が詩人ハイネの詩心を動かし、そのハイネの詩が、詩人吉丸一昌の魂を動かした作品と言える。詩的幻想が次の詩的幻想を生み出したもう一つのオリジナル作品である。残念な事に作曲者が記されていない。加えて、甲と乙に分かれた対話形であるが、冒頭のAとBは途中で消えてしまった。恐らく「吉丸一昌唱歌集」として作品目録を作る時の筆写の際の誤記であると思われる。

舞台の中央に甲と乙の二人のソリストを置き上手と下手に甲群と乙群の合唱団を配置して、冒頭はフルオーケストラの激流を思わせる音型から始まりそれが伴奏形の主題となり大きなうねりとなり劇的に展開。主な調性は等々、自称作曲家の筆者の創作意欲をも動がす詩である。

〜　〜　〜〈間奏曲　資料探し余話〉〜　〜　〜

臼杵市の吉丸一昌記念館の展示資料は筆者にとってはどれも貴重な宝であったが、中でも「吉丸一昌唱歌集巻一、巻二、萬古刀庵版権」は彼の作品の殆どが詩と共に網羅されている（今まで紹介した詩は全てこの唱歌集からのものである）。萬古刀庵は吉丸の号である。当初彼自身の直筆と思い雀踊りする思いであった。早速写真に収めて帰って再現。（記念館の展示資料は全てが臼杵市教育委員会文化財管理センター所属で、コピーは勿論筆写も許されていない。有難い事に写真撮影は可）落ち付いて何ページかめくると、「郊宴の歌」瑞西ズゥデルマン作曲。大正11年7月5日新響社。あれ？「ローレライ（ライン河精の合唱）」昭和2年9月23日共益商社。ここまで来てやっと直筆ではないと気が付く。追い打ちをかける様に「冬の夜」昭和5年3月13日。作曲下総晥一。自分のオッチョコチョイの早トチリのヌカ喜びでした。後年誰かが作品の散逸を恐れて纏めたものであった。研究に早とちりは厳禁という教訓。

もう一つの貴重な資料がある。「唱歌歌格私説（箇条書）」明治44年7月下旬（講習会員の需に依る）。これは（P.68）で少し触れたが、外国楽曲に作歌する場合の唱歌歌格についての分析と考察を講演した時のものである。末尾に宮城県立佐沼中学校長　岡上梁とサインがある事から恐らくこの方が吉丸の講演を速記し、後に吉丸が朱書で訂正したものと思われる。

どちらも墨痕鮮やかな草書体で書かれている。現代のプリンターによる印刷と違って、

「墨」は百年たっても殆ど劣化しないで残っている。古人（いにしえびと）の叡智に驚かされる。もっとも今の「公文書」は政府の都合によってすぐに処分破棄されるが故に記録として長く保存する必要はないのだが……。

　話が外れてしまった。前記の両者共、書いた人の息遣いまでうかがえる達筆である。小生には読めない部分が沢山ある。そこで知友の書道家松岡洋子氏に解読を依頼。ほゞ読み取る事が出来た。ただ数箇所、文字の崩し方にかなり癖があり、解読不能。喫茶店の片隅で一杯のコーヒーで数時間、ああでもないこうでもない。杉田玄白、前野良沢らがターヘル・アナトミアを前に苦慮している姿が髣髴と目に浮かんだ。あとは文章の前後の関係から判読したが、口を糊する為だけに齷齪（あくせく）とした日々を送ってきた自分の教養のなさを深く恥じ入っている次第である。又、吉丸の日記を丹念に読み込まれ再現された「望郷の歌」の著者、故吉田稔氏の努力いかばかりか。頭の下る思いである。

　緑豊かな熊本の初夏のある日、長時間辛抱強く資料の解読に努めていただいた松岡洋子氏にあらためて感謝する次第である。

第2楽節〈幼年唱歌・新作唱歌〉
前奏

　この唱歌集は、明治45年（1912年）から大正4年（1915年）までの3年間にわたって刊行された。全10集75曲の珠玉の作品集である。明治42年から始まった文部省による尋常小学唱歌の編纂委員、特に歌詞担当委員の主任としての重責を果たしながらの著作活動である。言い換えれば、文部省唱歌の制作に携わり明治教育唱歌の集大成を為（なし）遂げる一方、この「幼年唱歌・新作唱歌」により、次世代、次々世代、否永遠に伝うべき「子供の歌」のあり方を提示したと言えよう。

　この時期は吉丸一昌の詩人として最も充実していた時期とは言え、子供の歌う歌のために注いだエネルギーと情熱は測り知れない程大きい。

　この曲集の概要を知っていただく為に、各集毎の掲載曲をみてみよう。

幼年唱歌第一集（明治45年7月30日）

1）手毬と紙鳶（てまりとたこ）	楠美恩三郎（くすみおんざぶろう）	
2）めくら鬼	大和田愛羅（おおわだあいら）	
3）お玉じゃくし	梁田 貞（やなだただし）	明治44年10月3日
4）荷車	大和田愛羅	
5）螢狩	中田 章（あきら）	

第3楽章　吉丸一昌のミクロコスモス　　173

6) 駈っこ　　　　　　　　　梁田貞

7) 冬の夜のひびき　　　　　沢崎定之

幼年唱歌第二集（大正元年11月7日）

1) つばめ　　　　　　北村季晴　　　　大正元年9月9日

2) 達磨さん　　　　　本居長世　　　　大正元年9月2日

3) 兎の餅春　　　　　与田甚二郎　　　明治45年7月4日

4) 飛行機の夢　　　　大和田愛羅　　　大正元年9月2日

5) 木の葉　　　　　　梁田貞　　　　　明治44年9月26日

6) 学校ごっこ　　　　北村初子　　　　大正元年9月8日

7) 春の草秋の草　　　中島かね子　　　大正元年9月9日

新作唱歌第三集（幼年唱歌改題、大正2年2月5日）

1) かみなりさま　　　永井幸次　　　小学校程度

2) なんだっけ!?　　　大槻貞一　　　小学校程度

3) 犬と猫　　　　　　沢崎定之　　　小学校程度　　明治45年2月9日

4) 水の心　　　　　　船橋栄吉　　　高等女学校程度　　大正元年11月14日

5) 早春賦　　　　　　中田章　　　　高等女学校程度　　大正元年11月2日

6) ニナ　　　　伊国ペルゴレーゼ　　高等女学校程度　　大正元年12月10日

7) 春のたそがれ　　　仏国マラン　　高等女学校程度

新作唱歌第四集（大正2年5月18日）

1) 蜜蜂　　　　　　獨逸民曲　　　　　小学校程度　　大正2年3月21日

2) 落椿　　　　　　ウェーバー　　　　小学校程度　　大正2年3月21日

3) 蝶鳥　　　　　　ツームステーグ　　小学校程度

4) 朝の歌　　　　　仏国民曲　　　　　小学校程度　　大正2年4月9日

5) 海辺に立ちて　　シューベルト　　　中等学校程度　　大正2年4月12日

6) 牧謡調　　　　　プッチャリ　　　　オルガン曲

7) ラッパ調　　　　ヘンリー　パーセル　　ヴァイオリン及びピアノ曲

新作唱歌第五集（大正2年7月22日）

1) 雲雀　　　　　　本居長世　　　中等学校　　大正2年5月12日

　　　　　　　　　　　　　　　　　　　　　同6月17日修正

2) 光　　　　　　　梁田貞　　　　中等学校　　大正元年12月18日

3）末がくれの歌	船橋栄吉	中等学校	大正2年4月13日正午
4）烏	樋口信平	小学校	大正2年5月23日
5）故郷を離るゝ歌	ドイツ民曲	合唱曲	大正2年6月19日
6）僧院の庭	ドイツ民曲	合唱曲	明治45年5月
7）ピアノ曲	ロシア合奏民曲	原題「赤いサラファン」	
8）オルガン曲（同）	ロシア合奏民曲	原題「赤いサラファン」	

新作唱歌第六集（大正2年12月1日）

1）船の真似	稲岡美賀雄	滑稽歌曲	大正2年8月
2）蟹と海鼠	大和田愛羅	滑稽歌曲	大正2年6月29日
3）近眼のしくじり	梁田貞	滑稽歌曲	大正2年8月10日
4）餅売	船橋栄吉	滑稽歌曲	大正2年8月
5）角力	沢崎定之	滑稽歌曲	大正2年6月13日
6）盲と聾	弘田龍太郎	滑稽歌曲	大正2年8月24日
7）子守唄	不詳	ピアノ曲	

新作唱歌第七集（大正3年5月5日）

1）狐の嫁入	英国民曲	大正3年3月14日	
2）盆の一六日	英国民曲	大正3年3月14日夜	
3）ころげて曰く	英国民曲	大正3年4月12日夜	
4）花すみれ	英国民曲	大正3年4月5日	
5）あざけり	本居長世	大正元年10月23日	歌曲同日作
（試作歌劇中の一節）			
6）枯木立	松島彝子	大正2年12月30日	
7）思い出	グスタフ ランゲ	ヴァイオリン曲	

新作唱歌第八集（大正3年6月13日）

1）浅黄の着物	E．アルフィエリ（英）	初等程度 滑稽歌曲	
		大正3年4月29日	
2）兄か弟か	アンシュツ（独）	初等程度 滑稽歌曲	
		大正3年4月30日	
3）東京の馬	英国民曲	初、中等程度 滑稽歌曲	
		大正3年5月2日	

4）二人性急　　　　　　英国民曲　　　　　　　　初、中等程度　滑稽歌曲
　　　　　　　　　　　　　　　　　　　　　　　大正3年5月12日

5）弔花吟　　　　　　　R．フランツ（独）　　　中等程度　独唱曲
　　　　　　　　　　　　　　　　　　　　　　　大正3年5月12日

6）夜の道　　　　　　　梁田貞　　　　　　　　　初中等程度　独唱曲
　　　　　　　　　　　　大正2年大晦日作歌　　　同3年3月1日作曲

7）初愁　　　　　　　　R．シューマン（独）　　ピアノ、ヴァイオリン合奏曲

新作唱歌第九集（大正3年9月20日）

1）雷雨行　　　　　　　英国民曲　　　　　　　重音、中等程度　大正3年6月20日
2）蛇の目の傘　　　　　作曲者不明　　　　　　小学校用遊戯唱歌
3）強者の理由　　　　　英国民謡　　　　　　　滑稽歌曲　　　　　大正3年8月6日
4）笛の声　　　　　　　弘田龍太郎　　　　　　専門的滑稽独唱歌曲
5）子猫と雛罌粟　　　　松島彝子　　　　　　　中等程度
6）小唄調　　　　　　　H．パーセル（英）　　　初等バイオリン曲

新作唱歌第十集（大正4年10月3日）

1）かくれんぼ　　　　　　　工藤富次郎　　　大正3年8月8日
2）お祖父さんお祖母さん　　梁田貞　　　　　大正3年10月27日
3）森の鳥　　　　　　　　　弘田龍太郎　　　大正3年8月16日
4）庭の雀　　　　　　　　　松島彝子
5）停車場の鈴　　　　　　　モーリス
6）秋の風　　　　　　　　　露国民曲　　　　大正4年6月27日
7）夕の鐘　　　　　　　　　独逸民曲　　　　大正4年6月26日
　　　　　　　　　　　　　　　　　　　（原曲 Abendglöcklein）
8）鉄道開通　　　　　　　　マシュネル（独）　　（原曲 Tunnel Festlied）
9）母の心　　　　　　　　　マックス・ブルッフ（独）（原歌 Die Mutter Klage）
10）若松懐古（飯盛山懐古）　シューベルト（独）　　（原曲 Deutschen Messa）
11）秋　　　　　　　　　　　和蘭古曲
12）春よ来れ　　　　　　　　メンデルスゾーン（独）（原歌 Der Frühlings）

註）第1集～第3集までは、吉丸昌昭氏の蔵書より。第6、7、8、10集は臼杵市教育委員会所蔵版からのものである。尚、日付は詞の脱稿の日付である。

解題

　以上全75曲。〈但し第5集の7）ピアノ曲と8）オルガン曲はロシア民謡「赤いサラファン」のピアノパートとオルガン主旋律の合奏曲で、合わせて1曲とみなすべき〉　全楽曲の校閲は学兄島崎赤太郎（東京音楽学校教授）が行っている。

　第1集と第2集は「児童の音楽遊戯の資料にもとて余が感興の湧くに従って作歌したるもの」（例言より）幼年唱歌集と銘うって。それぞれの歌に五線による楽譜（本譜）の下に数字譜（略譜）が記されている。2集の最後の曲以外は、口語（言文一致体）で書かれている。

　第3集は新作唱歌と改題。対象が大きく広がり「幼稚園、尋常小学校、高等小学校、中学校、高等女学校程度の歌曲を網羅（例言）、又、これ以後、外国の曲に詞をつけた曲、重音（合唱曲）が入る。

　第4集からは学兄楠美恩三郎教授の提言により簡単な器楽曲が夫々巻末に加わる。

　第6集以後第9集までは滑稽歌曲という新しいジャンル（15曲）

　第10集は、新しい曲もみられるが合唱曲を含めて全体の補遺として、特にこの集だけは今までの各集が7曲だったのが（9集は6曲）12曲と増えている。

　邦人曲38曲、外国曲29曲、器楽曲7曲（8）といった内訳になっている。

　この曲集は従来の唱歌集と比べて画期的な曲集となっている。第1に、訓育唱歌として教え諭すものではなく、あくまでも子供が自分たちのものとして自発的に楽しむ事が主目的であるという事。幼年唱歌巻頭の例言の「児童の音楽遊戯の資料」になる事が主目的である。ここにある「音楽」が求める究極は、味わう人の心を豊かにする事で、決して作品上の技巧の上手下手を云々する事や、行いを正す為の訓育や長々と歴史を暗記させる実用手段ではない。あくまでも味わう人が、いつまでも飽きる事なく心の友として慰め励まし悲しみ、笑い合って歌う音楽遊戯の資料であるべきだ。吉丸一昌の幼年唱歌で言わんとする精神は大正期の一部の童謡に引き継がれたが、現代社会の子供の歌の創作曲に果たして伝わっているかどうか。ちなみにここで言う音楽遊戯というのは英語の play（演奏する）の訳であり、演奏、鑑賞を含めた広義の意であり、単にあそびたわむれるの狭い意味ではない。

　次に、この曲集全曲にピアノ譜がついている事である。従来の唱歌集の殆どが単旋律で、東くめ・瀧廉太郎・鈴木毅一共著「幼稚園唱歌」（明治34年）、あるいは指導者専用の伴奏譜にピアノ譜を散見する位で、まさに詞主曲従の時代であった。当時のいわゆる芸術歌曲にはピアノ譜が作曲者の手によってきちんと付けられてはいるが、子供の歌にピアノ譜

第3楽章　吉丸一昌のミクロコスモス　177

がつけられている唱歌集はこれが嚆矢である。

　何故ピアノ譜が重要か考えてみよう。作曲をする時、詩の内容を十分に把握する事は勿論、一語一語の言葉をどう表すか（アクセントを含めて）が重要になってくる。例えば「雨」という言葉は全体に対してどういう意味を持っているか。激しい雨か、しとしとと降りつづく雨かによってメロディーは変ってくる。詩の1連目は激しい雨。3連目は心の中に降る静かな雨。機械的に、無神経にどちらも同じ旋律をつける事は、創作的良心が許さない。ピアノパートはその旋律の不備を補い、あるいは強調し、その旋律を生かす為のリズムを提示する。加えて和声の配置によって旋律の背景を豊かにするといった働きをもっている。だから、歌とピアノを合わせてはじめて一つの作品が完成する。たとえ子供の歌といえども、完全な芸術としての音楽作品を提示するという、これも画期的な企画である。（後年の童謡作品は殆どピアノ譜が付く様になった。）たかが子供の歌というなかれ。子供の柔かい心には、リズム中心の甘いケーキの様な御機嫌伺いの歌や、あゝしろこうしろと指示する訓育の歌でなく、子供の豊かな感受性を磨き、自発心を育てるための、子供の心に響くべく完全な作品が必要なのではないだろうか。作品を創る大人の側は、それに応える為に全身全霊を注ぐべきだ。現代の子供の歌にそれを求めたい。

　曲の配列は、作曲者たちに吉丸らしい心配りをしている。各集の冒頭には、外国曲を除いて、お世話になった人、実績ある先輩たちに依頼。そして音楽学校在学中か卒業したばかりの若い人。児童の音楽教育を図る目的の他に、当時無名だった若い人達の音楽的才能を引き出し育てるという目的もあった。ちなみに、当時の音楽学校には、作曲科というものはなく（昭和7年に開講）作曲そのものが社会的需要が少ない頃の事である。そして、ここで育った若い才能は大きく開花し、教育家、演奏家そして作曲家として日本を代表する音楽家になった。吉丸一昌の詩人としてあるいは音楽学校の学生監として若い人達の才能を見る目は厳しく確かなものであった。

　この「幼年唱歌・新作唱歌」は同時並行して作られていた文部省唱歌に対する反発・アンチテーゼとして制作されたという説がある。各曲を精読してみると、文部省唱歌の訓育そのものの曲に比べ、詞、旋律共々自由闊達に作られている所から、その様な考えが出てくるかも知れない。しかし又、微妙に文部省唱歌と呼応している点も否めない。しかも吉丸一昌は、詩部門の主任として、文部省の制作意図を擁護する立場にあった。

　あるいは、文部省唱歌の作曲の選にもれた人々のいわば救済のためにこの作品集は制作されたという説もある。確かに「作曲は其の委員に於て分担する事が原則であるが、委員の他にも之を嘱託することもあるべし」と湯原元一文部省唱歌編纂委員長の第1回編纂会議の訓示にある様に、何人かに依頼して集まった曲を合議により採用する事が行われてい

た。しかし、飽くまでも唱歌制作の基本方針は作詞作曲者の名前は秘されているのである。ために誰が何を書いたか、誰が採用され誰が落ちたかは、何の記録もない。この説は憶測が憶測を呼んだ結果である。

　飽くまでも第一集例言にある「本書は児童の音楽遊戯の資材にもとて余が感興の湧くに従って作歌したるものに、諸友人が作曲したるものなり」を文字通り受け止めるべきである。ただ文部省唱歌には、吉丸一昌の痕跡らしきものは往々にしてみられるがそれは後ほど、別項で紹介する。

　次に幼年唱歌・新作唱歌の曲を詳しく見ていく事にする。尚ここからは煩雑さをさける為に「幼年唱歌集1・2」を含めて全て「新作唱歌集」と呼ぶ事にする。

吉丸一昌の子供観

　先ずは新作唱歌集第1集の出版年号日付、明治45年7月30日に注目したい。この日は明治天皇が崩御、大正天皇に践祚が行われた日である。吉丸の日記によると7月20日より29日迄に人々が明治天皇の回復を祈る様子が記され、

　明治45年7月30日　号外来る。改元して大正と号するとの事。

　大正元年7月31日　大正、タイセイ、ダイショウいかに読むか。

と記されている。恐らく第1集の発行日は過ぎゆく明治への吉丸の限りない哀惜の情のあらわれであろう。

　引用した日記は全て故吉田稔氏の名著「望郷の歌吉丸一昌」臼杵音楽連盟発行からであり、その御労作に心より敬意を表したい。尚これより日記の引用は煩雑さを避ける為「参考文献」としての表記を非礼を詫びつつ割愛させていただく。

　巻頭の例言。本書の楽曲は学兄島崎赤三郎君の厚意で厳密なる校閲を終たるものとする。とある。島崎赤太郎の経歴と吉丸との関わりは既述（P.141）したが、島崎はこの新作唱歌では作曲していない。大所高所の立場で力添えしている。

　ここからは各作品を詳しく見てみる。

　「新作唱歌」が最も言いたかった事は、子供たちの歌う歌の作品を「音楽遊戯の資材」として新しく創作する事であった。1集2集を中心として第10集まで30曲近くを数える。

　ここでは子供達を描いた作品を通しての吉丸一昌の子供観を考察してみたい。

1－1　手毬と紙鳶　　楠美恩三郎 作曲

第3楽章　吉丸一昌のミクロコスモス　　179

1. トントン手毬の音の数
   一い二に三つ四つ五つ
   六つと数えて七つになると
   わたしは尋常一年生
   　　あら　うれしいな、うれしいな

2. ブンブン唸るは紙鳶の声
   天上高く見下して
   画紙鳶の達磨は力んで居れど
   小さくなっては後しざり
   　　あら　おかしいな　おかしいな

　口語、句格は原則7・5調3句目のみ8・7調。子供の遊び、毬つき歌を通し、素直な子供の感動を「あら　うれしいな」「あら　おかしいな」と表現。ややもすると感動の強要と受け取られやすい詞の中の感動表現は、1－3「お玉じゃくし」の終句「かわいいな」と同様、子供の素直な感動の描写である。よくＴＶで見かけるが子供中心のイヴェントの参加者に、リポーターが、（「どう？楽しかったでしょ」）と言わせんばかりに「どうでしたか？」と質問し、「タノシカッタ」と答えを誘導するのとは本質的に意味が違う。又、2連目、紙鳶はそれまでの常套では天に高く昇るのだが、ここでは、いかめしい達磨がだんだん後退りするという斬新な発想で「子供の目」を通した楽しい詞にしている。尚、この第2連目は後項で詳察する。

　曲はヘ長調、2／4拍子。音域はF（ファ）～D（レ）の6度、下属音（♭シ）抜きで、子供の歌い易い声域を使う。まりつき遊びを思わせる、ピアノ（オルガン）の4小節の序奏の音型が効果的。終句を更にくりかえし感情表現を豊かにしているのは作曲者の意向か。

　作曲者楠美恩三郎の略歴はP.111で既述。楠美唱歌の作品は、内田粂太郎、岡野貞一3名の共著「国定小学読本唱歌集（尋常科、高等科）」明治37年発行。あるいは佐々木吉三郎、納所弁次郎、田村虎蔵著「尋常小学唱歌」明治38年発行。これは、「大きな袋を肩にかけ……」がよく知られている。この中で楠美は「星」「金太郎」（こちらは巌谷小波の作詞で、よく知られている曲とは別作品）を作っている。残念乍ら筆者の手元にはそれらの作品集がなく、伝聞でしか伝えられない事をお詫びしておく。唯一手元にある、旗野十一郎作歌、渡辺森蔵編「育児唱歌」秋の巻（明治37年）で「木の実拾い」がある。この時期楠美は積極的に作曲活動を行っていた。「木の実拾い」は詞の内容に沿った楽しい旋律である。

1－2　めくら鬼　　　大和田愛羅 作曲

1. 青鬼さん　青鬼さん
   どこへ行く
   うろうろたずねて
   どこへ行く

2. 赤鬼さん　赤鬼さん
   なにをする
   まごまご歩いて
   なにをする

此方においで　此方においで　　　　手の鳴る方へ　手のなるほうへ
其方に歩けば　犬が居る　　　　　　手の鳴る方へは人が居る

　口語。冒頭呼びかけは5・5調。2句目8・5、3句以後は7・7・7・5調。口語不定型と言うべきか。「めくら鬼」の表題が現在差別用語である為にこの曲が一顧だにされず、というよりほゞ削除同然の憂き目にあっている事を残念に思う。内容は「鬼さんこちら、手の鳴る方へ」の子供の遊びを吉丸の目で描いたもので「目かくし鬼」等、名前を変更してでも残したい曲である。もっとも2連目終句「手の鳴る方へは人が居る」とあるが現代社会では人なるものが一番怖い存在になった。残念である。

　曲はニ長調4拍子。音域は1オクターブ（D〜D）。47抜き音階を使った楽しい曲である。初句の「青鬼さん　青鬼さん　どこへ行く」の5・5調は符点音を使い呼びかける様子を。二句目「うろうろたずねて」は八分音符のみで、ウロウロする様子を表現。ピアノパートもそれに合わせて後打ちに変化。リズム型の変化だけで曲想をたくみに表現している。

〜　〜　〜〈間奏曲　子供の遊びの世界〉〜　〜　〜

　年が離れた私の二人の姉は、よく私の子守りをさせられた。遊びたい盛りの姉達にとって私は手間のかかる厄介なチビ助であった。

　ある日の事、私を肥溜め（昔の農村には、田畑の肥料にするため結構沢山あった）に落ちない様に電柱におぶい紐でつないで、近所の友達を集めて日暮れまで遊び呆けていたそうな。やがて帰りが遅い為に心配して探していた母親に見付かり大目玉。小さい乍らも被害者としての記憶の断片が残っている。今なら、育児放棄、幼児虐待で児童相談所や警察がきて大騒ぎとなる所である。

　それでも戦後の地方の貧しい農村では、見慣れた事であった。先述の様に（P.43）「ねむれよ子　よくねるこには　風車　つづみに太鼓　笛やろぞ　ねむれよこ」等という歌詞は、甘言を啗し小児を睡眠せしむるの類でありもし小児が目覚めた時にその賞品がない時は、その子を欺むく事になる。これが続くと習慣となり、どんな大人になるか。徳性の涵養という見地から不可」とした文部省側の意見は、保母など望むべくもない貧しい農村の現実から乖離した机上論にしか過ぎない。

　ともあれ姉たちのお陰で、地面を這いずり回って育てられた筆者は、田舎の子らしく逞しく元気に育った。

　子供にとって「遊び」は、事程左様に重要な事である。大勢で遊ぶ事は、今の保育園や幼稚園での管理された遊びとちがい、知らず知らずに他者への思いやり、自分達の独自のルールを決めたりと、大人になる為の必要ステップとなる。スマホやパソコン等の電波を

第3楽章　吉丸一昌のミクロコスモス　　181

通してしか他者へ接する事を知らない現代の子供たちには、「毬つき」「凧上げ」「めくら鬼」等の遊びは、知識として知っていても現実味のない遊びになってしまった様だ。日常の子供の遊びが消えつつある今、この吉丸の描いた様な子供の歌は、早晩消滅するのだろうか。せめて歌だけでも残しておきたいものだ。

～ ～ ～ ～ ～

1－3　お玉じゃくし　　　梁田貞 作曲

1.　お玉じゃくしは真黒で
　　あたまが円く　尾が長く
　　手足は無くても　ちょろちょろと
　　池の中をば　はねまわる
　　お玉じゃくしは　可愛いな

2.　お玉じゃくしの　尾がとれて
　　蛙となって　目が出来て
　　手足が出来ては　ぴょんぴょんと
　　草の中をば　飛びまわる
　　蛙の子供は　可愛いな

明治44年10月3日

　口語。句格7・5調。後年大正4年刊行「新作小学唱歌」では第4句「池の中をば搔きまわる」に訂正。さる高名な音楽家によれば、詞は散文的、説明的と切り捨てているが、子供の歌の基本は、邪気のない真っ直ぐな心で物事を見るという所から始まる。はじめてお玉じゃくしに出会った子供にとって、まるい頭と長いしっぽ、何よりもまっ黒の体で池の中を泳いでいる、それこそ未知の世界の生きものに遭遇し、驚きかつ感動した事であろう。その子供の心をこれまた素直な大人の目で表現したものである。

　加えて、岩崎呉夫著「音楽の師　梁田貞」P.150（東京音楽社。1977年）によると、（梁田）貞の曲はきちっとまとまっているけれど、吉丸の歌詞がやや劣るため唱歌＝童謡としてはやや損をしているようにも感じられる。（中略）「池の中をば」はどうにもいただけない。吉丸のいわば悪癖ともいうべき詩句のこなれの悪さが出てしまっている」と評している。

　どこがどう劣るか。例えに「池の中をば」を取り上げて、「悪癖ともいうべき詩句のこなれの悪さ」だろうか。「をば」の助詞は例えば「こちらを向いて　人をばにらむ」（文部省唱歌1年―3、「おきやがりこぼし」）あるいは同12「親の恩」で「親は空をばあっちこっち飛んで」「餌をば探して子に拾わせる」とか、現代でも広島出身の人は度々つかっているし、熊本地方では、をが省かればだけ残っている。当時も今も普通に使われている。とすると上例の文部省唱歌に使われている「をば」は、詩句のこなれの悪さの悪癖から考えると吉丸の詞であると断定していい。との妄想が湧きあがる。

　この著書は梁田貞の生涯を記録し業績を讃えた労作である。しかし、梁田に肩入れする余りに単なる一つの単語をとり上げて評価。しかも、自分の「芸術観」の範囲内で断を下

している。批評家がしばしば陥る誤膠である。もう少し先入観のない広い視野で評価して欲しかった。

　曲はニ長調、四七抜き音階で、リズムパターン、フレーズの展開は従来の文部省唱歌の典型である。後に作曲家として大成する梁田の極く初期の子供の歌の作品であるが、1連2連共3句目「ちょろちょろと」「ぴょんぴょんと」4句目の「はねまわる」「飛びまわる」で、今までメロディに沿った3声ないし4声の和声で書かれていたピアノが、突然8度上に飛んで細かい音型で、詞の意味を拡大して表現する。梁田の才能が光る部分である。

　この曲は第2集・5「木の葉」梁田貞作曲と共に、子供達に喜ばれ広がっていった。あるいは小さい頃歌われた御記憶の方があるかも。

　子どもたちにとっては、言葉尻を捉えてあゝだこうだと芸術至上主義者の理屈や、私の如き楽曲分析は関係ない。この歌が楽しいかどうか、面白いかどうかが問題である。子供こそ一番の音楽批評家である。

1－4　荷車　　　大和田愛羅 作曲（巻末に添付楽譜）

　1．雨に崩れた坂道を　　　　　　　2．道が悪くて気の毒だ
　　　山のような荷車が　　　　　　　　　待てよ小父さん僕が今
　　えんやら　やっと登りゆく　　　　　えんさか　ほいと押してやろ

　口語。句格7・5調。3句2連の定型の短詞。初出は、明治43年1月雑誌「音楽」創刊号。東京音楽学校声楽部を前年42年に卒業後研究科で研鑽中の大和田愛羅の恐らく初めての作曲であると同時に吉丸一昌にとっても初めての口語詩である。夫々に記念すべき第一作である。

　1連目は単なる情況の説明、2連目は修身的教訓と見る人も多いと思う。加えて一連目第2句「山のような荷車が」は「山のように荷物を積んだ」とすべきで、詩句のこなれの悪さと言葉尻を捉えた批評もあるだろう。しかし子供の見たまま感じたままを、まさに「感興の趣くままに」書いたと解釈すべきである。当時はアスファルト舗装もなく、軽トラックもない頃である。この詩にある様な事は少年の感動的行為としてわざわざ修身とし教え込む程の事ではない。雨あがりの日の日常的な出来事であるし子供の目には、沢山の荷を積んだ荷車そのものが山の様に見えるのだ。

　曲は導入部（イントロ）を含め16小節の短い曲。旋律は4小節単位のa-b-a'の三部形式。イントロで示された左手の下降音階は、荷車がゆっくり動いたり（半音進行）やや早くなったり（自然音階進行）あるいは、細かくまとわりついていた16分音符（車輪の泥か）が取れ少し楽になったりと、詞の意図を音型で巧みに描写している。15小節目のカデンツ（終

止）も下属和音を短和音（♭ミ）にして面白い効果を出している。

　大和田愛羅　明治 19 年〜昭和 37 年。東京新宿区で生まれたが５才の時、父虎太郎が急逝。越後村上の祖父清晴の元で中学卒業まで過ごす。清晴は新潟の教会の牧師兼医者で、愛羅の音楽の素養は教会音楽によって培われたといわれている。中学卒業後東京音楽学校声楽部へ進学。明治 42 年同学部卒業後、同校研究科へ。在学中より活発な演奏活動を行い、大正４年、小松耕輔、東儀哲三郎、船橋栄吉らと音楽普及会を結成。地方公演等で音楽の普及活動を行う。後東京府立女子師範学校（現、東京学芸大学）、府立第二高等学校（現、竹早高校）で教鞭を執る。

　大和田愛羅の作曲した子供の歌は、纏まった曲集はないが、村上歴史文化館の資料や筆者の手元にある曲等からみて、子供達が歌い易い様に配慮された優しい曲が多い。西条八十、葛原しげる、北原白秋らの詩人の他に、全く無名の佐藤君、渡辺殖、小野衛子等の詩人達は、大和田の師吉丸一昌の影響を受けたものであろうか、新人を発掘し育てようとする姿勢が読みとれる。子供の目でみた佳品である。その中の作品（詞）を紹介。

雨が降る　　佐藤君 作詞

1．雨が降る降る　雨が降る
　　赤いポストが　ぬれている
　　みの笠着たら　よかろうに

2．雨が降る降る　雨が降る
　　黒いつばめが　飛んでゆく
　　マントを着たら　よかろうに

夜更　　　堀内元 作詞

1．夜更けて空には　お月さま
　　畔には蛙が　カラ　コロ　コロ
　　畔には蛙が　カラ　コロ　コロ
　　稲の穂風に　そよそよと
　　お星もお空で　キラ　キラ　キラ

2．夜更けて空には　お月さま
　　森ではフクロウが　ホホ　ホホ　ホホ
　　森ではフクロウが　ホホ　ホホ　ホホ
　　波立つ稲の穂　ザワザワと
　　またたくお星は　キラ　キラ　キラ

　塩引き鮭が美味しい村上市の駅を出るとすぐ目の前に大和田愛羅作曲乙骨三郎詞と言われている「汽車」の歌碑と、歴史文化会館には久野ひさ（東京音楽学校に 15 才で入学。才能あるピアニストとして将来を嘱望されていた。大和田と同期で、吉丸もその繊細な才能を気遣っていたが、ドイツ留学中に自裁。）の愛用のピアノ、「キャロル　オットー」が展示されている。筆者はたまたま演奏旅行中に立ち寄った為、時間に追われ歴史文化館のピアノを見る事は出来なかったが、上記の資料、楽譜は歴史文化館提供であり、御厚意を篤く感謝致します。

在学中より大和田の才能を吉丸一昌は注目していた。この新作唱歌集には「1－2めくら鬼」「1－4荷車」「2－2飛行機の夢」「4－3蟹と海鼠」の4曲を作曲。又、例によって彼の日記を引用。

　大正元年十二月二日　大和田愛羅の仲人に依頼されており、結婚式を三日後に控え、大和田の母来りてその打合せをする。
　大正四年一月二日　大和田　梁田両生来賀。夜中山生来宅、東京の奉職口の話ある故、中山晋平に問い合せよと話置きたり。
　註。大和田、梁田共に年が近く、よきライバルでもあった。又、中山晋平は前年作「カチューシャの唄」が広く流行し、千束小学校の教師の傍らやっと作曲家への歩を取り始めた時期であった。
　大正四年三月一日　大和田愛羅赴任先、備後福山と定めたり。
　と結婚から就職まで、公私共々面倒を見ていた様子が窺える。

1－5　蛍狩　　中田章 作曲

1.　ほたる来い来い　水をやろ	2.　ほたる来い来い　此処に来い
お前の水は苦いぞ	あちらの土手は　風が吹く
わたしの水は甘いぞ	むこうの山は　鬼が出る
蛍来い来い水をやろ	蛍来い来い水をやろ

　詞と異なり楽譜の旋律には第1句、第4句の頭に「ホ、ホ」という語が加えられ「ホホ　蛍来い」となり従来の童唄をとり込んでいる。恐らく作曲者との推敲の結果だと思われる。
　麦わらで編んだほたる籠を持って夏の夕方、ゆらゆら飛んでいる蛍を追いかけた思い出のある人は、もう少なくなった事だろう。耕地整理と農薬の普及でどこにでも居た蛍と共に、童唄もそして子供の頃の夕べの思い出も消えてしまった。せめて吉丸一昌が童唄に託して残してくれたこの作品だけは、近代化の為に消え去った人間の営みのオード（頌歌）として伝えておきたい。
　曲は童唄旋法に基づき乍らも「にがいぞ」「甘いぞ」「水をやろ」とへ長調へ導かれる。和声も楽理通りの真面目そのもの。歌詞と曲がしっくり合っていない。もっとも、東京音楽学校に邦楽取調掛が設置され本格的に日本音楽の研究が始まったのは明治40年からである。この様な童唄にどの様な西洋和声を付けるか等はずっと後の事で、現代の感覚で100年前の技法を「古い」とか「未熟」とか批判する愚は避けたい。でないと、先の「池

第3楽章　吉丸一昌のミクロコスモス　　185

の中をば」（お玉じゃくし）の一語のみで、「悪癖とも言うべき詩句のこなれの悪さ」と、自己の狭い芸術観のみで批判する事になってしまう。

　話は外れるが、よく目にする文で、「文部省唱歌」では、作曲者、作詞者は秘密にする代わりに、多大の著作権料をもらった」エピソードにもならないさもしい考えを得々と述べてあるのを目にするが、筆者の狭い調査範囲ではどこにも文部省唱歌の金銭出納帳はなかった。金銭に一番関心のある方の考え方である。あるいは文部省唱歌の作者探しで、戦後平和主義が広まるにつれて時代に合う様な作品は、どういう訳か高野辰之、岡野貞一のゴールデンコンビが全て引き受けてしまった。「水師営の会見」「入営を送る」「広瀬中佐」「橘中佐」等々、本来文部省唱歌の作成意図である、尊皇愛国、徳性の涵養の旗印のもとに作られた曲の数々。誰が作ったのだろう。どなたも研究されていないのは不思議な事である。編纂委員には確か高野辰之、岡野貞一も居た筈だが。戦争後平和主義のもたらした弊害である。狭い芸術観どころか、さもしい料簡、あるいは時代の流れに迎合するだけのものになってしまう例である。

　中田章　明治15年～昭和6年　明治40年東京音楽学校甲種師範科卒。同年授業補助としてオルガンを教える。研究科卒業後同校教授として後輩を育てる傍らオルガニストとして活躍。妻は日本を代表する奥村土牛の従姉。中田一次、中田喜直の二人の御子息は、童謡、歌曲の作曲家として一時代を築いた。他ならぬ著者も、お二人の謦咳に接し、薫陶を受けた一人である。更に「新作唱歌」を有名たらしめた「早春賦」は代表作と言える。子供の為の作品は数少ないが「箱庭」（青木存義詞）「風車と水車」（武笠三詞）「栗の家」（不詳）は子供の歌として評価すべき佳曲である。

1－6　駈けっこ　　　梁田貞 作曲

1.　一二三、走れ　走れ
　　どちらも負けずに
　　元気を振え
　　元気のよいのは一の勝

2.　一二三、走れ　走れ
　　中途で落ちては
　　意気地がないぞ
　　意気地のないのは下の下の下。

　口語。第1句3・3・3、第2句8・7、第3句8・5調。吉丸の「唱歌歌格私論」によると3句不同格と称している。資料の蒐集　分析　総合　判断という方法論は、例えばこの「歌格論」の他に「新撰作歌法」等で遺憾なく発揮されているが、更に机上の論理だけではなく自分の作品で実践し効果をあげている。

　この詞に限らず吉丸一昌の「子供の歌」は従来の7・5調、7・7調等の定型、いわゆる紋切り型からの脱却を意図したものと考えられる。子供の歌に尊皇愛国の思想や、表現技

法の形式主義は要らない。もっともっと自由であるべきだ。そういう主張が伺い知る事が出来よう。

　曲も詞の意図を汲んで、第1句「一二三、走れ　走れ」をイントロ代わりに、ピアノパートは和声を付けず旋律をオクターブで出して緊張感を出している。歌が終ったあと、四小節の後奏は、駈けっこがまだ続く、あるいは全力を出し切ったあとの余韻か。梁田貞の、作曲家としての詞（ことば）の読み取り方の深さ、それを音で表現する力は、大いに注目すべきである。

　「下（げ）の下（げ）の下（げ）」は現在では濁音の連続として詩の表現にはふさわしくないと言われている。がしかし濁音を連続して用いる場合は、かえって言葉のリズム感を豊かにする時に多い。

〜　〜　〜〈間奏曲〉〜　〜　〜

　若い頃、自作の歌曲のリハーサルの時の事。歌っていただくのはさる高名なソプラノの先生。その先生、初見かあるいは練習不足か、どうしても音程の定まらない所があった。気の弱い小生、ようようの思いで挙手。恐る恐るその事を歌手に告げると、「アラ、ここは鼻濁音といって、柔かい発音にするのよ。ご存知なかったかしら」と、御自分の練習不足を棚に上げて逆襲。小生その気迫に押されて「ハイ、スイマセン……」

　たしかに出身地熊本県飽託郡（ほうたく）田迎村（たむかえむら）ではそんな発音はなかった。「が」はあくまでも「ga」であり、場合によっては「gua」と発音した。家事（かじ）と火事（くわじ）の様に。この発音は明治、大正期の子供の雑誌の振り仮名をみるときちんと使い分けられている。いつの頃からか「か、が」の東京式発音に駆逐され、現在では地方のお年寄りが使う程度である。まさに「言語集権説」の卑近な例である。勿論鼻濁音も関東中心に使われている方言的発音にすぎない。何が何でも「東京の中流以上の人達の言葉」を正しいというのでなく地方と中央の文化の違いを認め合い尊重すべきである。「ゲゲゲの鬼太郎」は「ge nge nge」とすると「下の下の下」は「ge no nge no nge」か。花粉症の鼻づまりみたいで迫力がない。

　今は故人となられたかの高名な歌手に、負け犬の遠吠えでした。小生が、標準語に対し神経質になるのは、この時のトラウマによるものである。

〜　〜　〜　〜　〜

1－7　冬の夜のひびき　　沢崎定之 作曲（巻末に添付楽譜）

1．寒い霜夜の　月影に
　　からりころりと　急ぎゆく
　　人の下駄音　なくなると
　　夜啼きうどんの　鈴のおと

2．鈴の響きに　つづいては
　　うどんそばやの　寒い声
　　それも遠くに　なくなると
　　あとは雨戸に　風の音

口語。句格7・5調定形。但しこまかくみると3＋4＋5と一音ずつ加わっていく配列になっており、中村節也氏は、「漸増リズム」（『宮沢賢治の宇宙音感』（P.44）コールサック社）と定義しこの表現法は、語句を前進させあるいは強調する働きがあるとしている。

　確かに冬の夜の寒さ、淋しさを、目や肌で感じないで、聞こえて来ては遠くに去っていく、聴覚だけで表すには、うってつけの手法である。2連目第2句「うどんそば屋の声寒し」と断定しないで「寒い声」として、寒さをより強めている。更に人々の営みの音が遠ざかると「雨戸の風の音」が淋しさを強調している。吉丸の詩情溢れた詩である。

　曲もそれに応えるかの様に、冒頭の跳躍進行で「寒い」を強めている。作曲者の沢崎定之は、明治45年に声楽科を卒業。大正昭和初期を代表するテナー歌手に育っていった。新作唱歌は他に「3－3　犬と猫」「6－5　角力」の計3作がある。

　勿論それは後の話であるが、この「冬の夜のひびき」は歌手らしく「歌」というものを知りつくした旋律、一度聞いたらつい一緒に歌いたくなる様な印象的な旋律である。ただ演奏のやり方では、ピアノの左手のパートのリズム型は今のルンバのリズムに似ている為、強調して演奏するとただただ煩雑になって来る。旋律のもっている情感を全て壊してしまう。勿論この時代には「ルンバ」なるダンス曲は存在しなかった。遠くから近づいてくる下駄の音か。否、そこに限定すべきではない。耳に聞こえてくる人間の営みの音、全ての象徴としてのオスティナート（執拗バス）として捉えるべきである。特にオスティナートは、曲が終ったあとも、耳の奥にそれが続いている感覚がある。余韻の継続である。ここでの作曲者沢崎定之の意図は、曲が終った後の静寂の中にある余韻を大切にしたかったと思われる。

　3・4・5調による詞句の前進性、オスティナートのもたらす永続感。「冬の夜のひびき」を技法面から見ただけでも、明治14年「小学唱歌集」より連綿と受け継がれて来た「唱歌作法」の概念を大きく超えた名曲である。

～　～　～〈間奏曲〉～　～　～

　かつて学生時代。深夜、余りの空腹に耐えかねて、チリンチリンと鈴を鳴らして通りかかった屋台のおでん屋さんに思わず駆けこんだ。気がつくとポケットには10円玉が2枚。おそるおそる「これでダシの煮干しを」と言うと、屋台のお兄さん「アイヨ！」気軽にダシガラのイワシを皿に大盛り。おつゆをたっぷりかけてくれた。そのおいしかった事。どんなグルメ料理もかなわない程であった。1964年、東京オリンピックが終った年の暮の東京は牛込東五軒町での話。そしてこの詩の様な風景も人情も東京オリンピック後には絶滅してしまった。果たして今回のオリンピックの宴のあとは、何が絶滅危惧種になる事やら。

～　～　～　～　～

「新作唱歌」の項に入ってから急に私事を並べた〈間奏曲〉が増えた。断っておくが、本書は真面目な研究書である。エッセイ集ではないつもりである。ここで何故〈間奏曲〉の欄が多くなったか。それは、この新作唱歌の一作一作が筆者の狭い僅かばかりの人生体験と重なり身につまされるからなのである。作品に対して共感、共振するのである。やや小難しい顔をした人と遠慮勝ちに話している時、ふと自分と同じ弱点をみつけ、「あ、あなたもそうだったのか。」以後お互いに胸襟を開いて何でも話し合える仲になる。人生では滅多にないそういった貴重な出遭いにも似たものを覚える。この曲集で夫々の曲の中に、何の虚飾や衒いなく「感興の湧くがままに」胸襟を開いて作歌した吉丸一昌が居た。まさに東京音楽学校の偉い先生で武道の達人という顔でなく「私もあんたと同じなんだよ」と語りかけている。読む側も「そうだそうだ同じなんだよ」と応えてしまう。それが〈間奏曲〉が多くなった理由である。これからも徳性の涵養を錦の旗印にして教え込んだ「鳥の目」目線の唱歌から、「人の目」「子供の目」を通して描いた彼の作品をしばらく味わってみる。

<h2 align="center">新作唱歌第二集（大正元年 11 月 7 日）</h2>

2－1　つばめ　　　　北村季晴 作曲　（巻末に添付楽譜）

1．軒に巣をくう親つばめ　　　　　　　2．つばさ休むる暇もなく
　　朝から晩まで餌とりに　　　　　　　　一心不乱に飛びまわる
　　雨の降る日も風吹く日にも　　　　　　親の心を子供は知らず
　　子ゆえに迷う西東　　　　　　　　　　なぜに遅いと泣きさわぐ

大正元年 9 月 9 日作

註）巣をくうは巣を「食う」ではく「構う」（かまえる）の意

　口語。第 1 句 7・5 調第 2 句 8・5 調第 3 句以降は 7・7・7・5 調の四句不同格。後に「親つばめ」と改題。新作唱歌では数少ない修身的内容をもっていて、同じ修身的内容の文部省唱歌 1－12「親の恩」との関係は、第 5 節補遺 1「つばめ考」に譲る。

　それにしても、現今は、親が子供をいたぶり殺す時代になった。家庭内で荒れ狂い妻に子供に暴力を振るう父親に、ただ「ごめんなさい」と謝るか、泣くかしか出来ない子供。そういった子供達からの「この歌のような親になって下さい」との逆修身としてのメッセージに相応しい。

　曲は、イントロの部分で燕が飛び立ち（冒頭の八分音符）宙返り（3 拍目の 3 連音）終りの拍（八分音符のスタッカート）で給餌。次の小節では宙返りの連続と給餌。3 小節目で餌を深して飛び回る（トリル）様子を実に巧妙に音で描いている。歌が始まるとピア

ノパートは控え目にリズムと和声だけの後方支援。そして各フレーズの終り毎に表に出る、前奏で出た宙返りの音型。後奏にな入って八分音符３度進行の給餌と16分音符による、子つばめ達の騒ぐ声。顔中を口にして巣の中で騒ぐ情景が目に浮かんでくる。音の絵である。ピアノパートは、ここでは単に、旋律の和声やリズムを補強するだけでなく、前奏で示されたモチーフが独立して展開されていく。ピアノは単に歌の伴奏としてではなく、ピアノパートとして独立した主張を行っている。お互いに対等の立場で詞の持つ意味を深め高め合う、ここでも０.５＋０.５＝１でなく３にも４にもなってゆく。創作の妙である。

〜 〜 〜〈間奏曲　イントロ考〉〜 〜 〜

　イントロとはイントロダクションの省略形。序奏部とか導入部とか称される本来はジャズ用語。

　朝日新聞天声人語欄に、1986年にはイントロの平均時間は20秒以上、2015年にはインターネットの普及により興味を早く引こうという事で平均５秒。あるいはイントロなど要らない聴き手の為にイントロなし。という記述があった。それを読んで売れない乍らも一応は自称作曲家の筆者は考え込んでしまった。「歌」を書き始めた頃、師匠、先輩から「歌のスケッチ（アウトライン）が出来たら先ずイントロを考えよ。イントロは四小節のドラマであり、その歌の良否を左右する最も重要な部分だ。決して刺身のツマではない。」とくり返し教え込まれた。ベートーヴェンの交響曲５番の「運命」の有名な冒頭の４小節がない場合を考えても解る。この４小節が聴く側にインパクトを与え、次に音楽の中で語られる事を予感させ期待させる。例える事の好きな日本人はこの「序」を聞いて「運命」という日本人好みの名前まで捧げてしまった程だ。

　イントロが消滅しそうなのは、楽曲そのものが安直に出来ているからで、楽曲の集約されたものとしてのイントロにも何の魅力もない、音の羅列だけになってしまう。頼るのはアーチストと呼ばれる、ダンスの振り付けつきのタレント歌手に頼らざるを得ない。

　歌は魂の叫びなのだ。売れる事優先の音の羅列ではない。と怒り狂うのは過去も今も、将来も売れない作曲家の僻（ひが）みか、はたまた年寄りの冷水かと笑われるだけ。やーめた。血圧が上る。

　でも、ボタン操作だけで手軽に全てが解決するかに見える現代社会は、私達が今迄引き継いできた「文化」を捨て去ってしまった。日本の音楽文化の将来は、日本社会の将来は。かつて天が落ちてはこないかと心配した中国は杞の国の人の心情がよく理解できる。

〜 〜 〜 〜 〜

作曲者北村季晴の事は第２楽章〈吉丸と北村　二人の酒好きの出会い〉P.91で簡単に

触れたがここでもう少し詳しく。

北村季晴　明治5年〜昭和6年。明治26年東京音楽学校師範部卒。在学中に三味線音楽に興味を持ち以来邦楽の改良、洋楽と邦楽の融合を目指す。明治32年〜34年長野県師範学校で教鞭を執る。この時に県民歌「信濃の国」を作曲。明治37年「露営の夢」発表。翌年松本幸四郎により日本で始めての創作オペラとして上演。以後劇音楽に力を注ぎ明治43年には「演劇同志会」を結成。同45年「お伽歌劇ドンブラコ」発表。大正3年第1回宝塚公演で上演。その時に同時上演されたのが吉丸の「歌あそびうかれ達磨」である。明治41年から刊行された「中等音楽教科書」は、類をみない新しい音楽教科書として評価された。その後の北村の活躍、音楽普及への功績は、限られた紙数では語り切れない。ただ北村季晴の音楽観、人生観は吉丸一昌に大きな影響を与えたという事を附記しておく。

2－2　達磨さん　　　　本居長世 作曲

1．何処の山から出てきた達磨
　　毛布(けっと)にくるまり　けろりくぅん
　　肝をつぶした顔の前を
　　赤いうきよの風が吹く

2．投り出されて起きては見たが
　　どちが西やら東やら
　　そんな座禅は役にたたぬ
　　いっそそのまま寝てしまえ

　　　　　　　　　　　　大正元年9月2日

尚、昭和5年に刊行された「小学生の唱歌・信濃版」（井手茂太編）では次の様に改定（傍点の部分）

1．何処の山から　出て来た達磨
　　大きな目玉で　ケロリカン
　　肝をつぶした　顔の前を
　　赤い都の　風が吹く

2．抛(ほう)り出されて　起きては見たが
　　どこが西やら　東やら
　　とてもそれでは　物にならぬ
　　九年面壁　やりなおせ

　　　　　　　　出典は「合輯新作唱歌」（昭和3年京文社）

　出版年代が吉丸の没後から15年も経っている事から、勿論吉丸本人の編纂ではなく、大正4年刊行の「新作小学唱歌」及び「新作唱歌1〜10集」の子供の歌を合わせて編集したものではないだろうか。大幅な歌詞の改定は「新作小学唱歌」の凡例（三）に「比度本書を編纂するに当り、歌詞の改訂をなしたる所尠(すく)からず。聊(いささ)か作歌者としての責任を重んじたるが故なり」とある所からみて、新作小学唱歌が原出典と考えて良さそうだ。

　そして詩人として、創作家としての良心に基づいて、機会のある毎に一句一句を納得がいく迄、磨き完成させていった。

第3楽章　吉丸一昌のミクロコスモス　　191

達磨考　吉丸の子供の歌への変化

吉丸一昌には達磨を詩材として扱った作品が多い。時系列に(要は発表順)並べてみよう。

明治44年3月「おきやがりこぼし」（文部省唱歌1学年）

同　45年春　「歌あそびうかれ達磨」（白木屋餘興場試演）

同　45年7月「手毬と紙鳶」第2連（新作唱歌1）

大正元年9月　「達磨さん」　　　　　（新作唱歌2）

大正4年11月「達磨さん改定」　　　（新作小学唱歌）推定

　明治45年(同年8月からは大正元年)を中心に5曲程ある。まさに同工異曲とも言えよう。

　ところで明治44年文部省唱歌1-3「おきやがりこぼし」は、吉丸一昌が作歌したのではない。厳密に言うと吉丸が深く関わった曲である。傍証として、文部省唱歌編纂委員会第4回会議（明治42年8月6日）で将来製作する歌詞の題目を吉丸、乙骨の2名で草案を作ること。同8月11日吉丸委員提出歌題草案を議題とし4学年迄を修正。但し未確定。同8月15日正式に決定。とあり、ここでの吉丸は、唱歌作成の全体像を作る立場にあった。その原案の中に第1学期-5「起倒翁」（起き上り小法師）がある。

　この草案は、正式に決定刊行されたものとしてでなく更に修正が加えられた。この草案の内容は国語読本、修身書に沿って進められてゆく。「日の丸の旗」は読本1-1「ハタ」。「鳩」は読本1-4「ハト」という順である。草案1-5「起倒翁」は読本ではうんと飛んで巻3（2年生用）-7「なぞ」として出ている。

七、なぞ

　わたくしには　口も目も耳もありません。手もあしもありません。まるいけれども　まりのようにまんまるではありません。うごかずにいますが、しんだのではありません。私をころがすのは　だれにもできますが、たたせることや、二つかされることは、どうしてもできません。私はそとがかたくて、中がやわらかです。かたいものにあたれば　こわれます。私はなんなのでしょう。

明治43年国定国語読本巻3（東書文庫蔵）

　これ以前の国語読本には「起き上がり小法師」はない。この明治43年版の読本に初登場した。恐らく草案の起草者であった吉丸が読本を精読中に、低学年の始めの部分にと、

加えたものであろう。「起倒翁」から「おきやがりこぼし」と、くだけた子供言葉にタイトルを変えて、幾多の審議を乗り越えて、初学年用として不動の位置を保ちながら。

　吉丸一昌が文部省唱歌１－３「おきやがりこぼし」に深く関わった事を実証する為にかなりの紙数を費やした。勿論私説であり情況証拠のみである。ただ、吉丸の中にある子供心というべき純粋さが、おもちゃとしての達磨さんの動きを「おもしろい」と感じ唱歌の歌題として選んだのである。文部省唱歌１－３「おきやがりこぼし」を紹介。

おきやがりこぼし（文部省唱歌１－３）

１．投り出されて　ころころ転び
　　体ゆすって　むっくと起きて
　　あちらを向いて　黙ってすわる
　　おきやがりこぼしは　おもしろい

２．幾度投げても　何時でもおきる
　　体ゆすって　むっくと起きて
　　こちらを向いて　人をばにらむ
　　おきやがりこぼしは　おかしいな

子供の目で見、感じた事をそのまま詩にしたもので、あの尊皇愛国一点張りの文部省唱歌にもこの様な一面があったかと改めて評価しなおした。

　一年後、「おきやがりこぼし」は内容が充実拡大して「歌あそびうかれ達磨」として発表。「おきやがりこぼし」が吉丸一昌が直接作詞したか否かは関係なく、少くとも文部省唱歌のそれに強く影響を受けた結果の「うかれ達磨」である。ここでは達磨は子供と同じ対等のものとして扱われ、子供にとっては威厳も何もない、現世に甦って楽しく子供達と遊ぶ、等身大の姿がある。

　その年の７月新作唱歌第１集１「手毬と紙鳶」の第２連では「天上高く見下して　絵紙鳶の達磨は力んでおれど　小さくなって後しざり　あら　おかしいな」となり、子供の目からみたら威厳も何もない。そんなもの遠くへ飛んでいけと言わんばかり。

　そして新作唱歌２－２「達磨さん」。前作「うかれ達磨」の延長線上にあり、幕間の合唱になりそうな詞であるが、ここでは、世間知らずの役立たずと叱りつけている。後年の改定版では更に厳しく、九年もの間、壁に向って座禅をしたのに何の役にも立っていないではないか、もう一回やり直せ。と叱る。

　ここで吉丸は、達磨は子供のあそび玩具から、子供と遊ぶ等身大の達磨。更には強面の威厳ある存在を叱りつける。と詩想が変化していった。吉丸は連作「達磨」に託して何を言いたかったのだろうか。

　最も考えられるのは、達磨は吉丸一昌の唱歌作品、あるいは吉丸自身、あるいは文部省唱歌に擬えたのではないか、という事である。子供が喜ぶ唱歌、子供と一緒になって楽しむ唱歌。これらは勿論大切にすべきであるが威厳のある強面で周囲を睨みつける様な唱歌は

この「新作唱歌」には必要ない、ずっと遠くに飛んで行け。そもそもお前が修業したのは一体何なのだ。少しも役に立てていないじゃないか。もう一度修業し直せ。

と言わんばかりの連作ではないだろうか。これは必ずしも深読みとは言えない解釈であると思う。

大正元年の9月は、新作唱歌第2集の為に集中して子供の歌を書いた時期であった。

紹介が遅れたが作曲は「うかれ達磨」でコンビになった本居長世である。子供の歌い易い旋律と充実したピアノパートで、童謡時代の全盛期の一翼を荷なった才能の片鱗がうかがえる。理論上の事であるが、4小節目に旋律と低音の間に禁則とされている並行八度の進行がある事だが、この曲の場合、瑕疵とあげつらって騒ぎ立てる程の事でもない。

本居長世　明治41年に東京音楽学校器楽部卒業。同期の声楽部に山田耕作が居た。在学中よりピアノの才を認められ卒業と同時に前年設けられた邦楽調査掛補助として学校に残り同43年にはピアノと和声を担当する気鋭の教授であった。吉丸はこの若い才能を可愛がり、オペラの構想を徹夜で（吉丸の事だから恐らくお酒は欠かさなかった）議論したり、病気療養中の本居を見舞い「作曲をもって立つべし。病何かあらん」と励ましている。まだ音楽学校へ残るか、外に出て学校の唱歌の先生になるか、音楽そのものでの生業（なりわい）が難しい時代。まして需要の少ない「作曲」で身を立てる事は大変な時代であった。本居の大正時代のめざましい活躍はいずれ機会がある時に譲るが、この頃の本居は「歌あそびうかれ達磨」のあとはオペラの作曲に力を注いでいる。大正3年3月には「夢」「月の国」を発表している。

吉丸が大切にしている北村と本居の二人の作曲家の作品が第2集を飾り、新たな子供の歌の地平を拓いた。

次の二作品は夢二題とも言うべきか。

2−3　兎の餅春（もちつき）　　與田甚二郎 作曲

1. 昨夜の夢はおもしろい
   月の世界に行ったれば
   ねじはちまきの白兎
   餅をぺったんこ春（つ）いていた

2. 大福餅の春（つ）きたてを
   あとはお宅（うち）のお土産と
   くれた什箱（じゅうばこ）えんやらと
   担ぐ拍子（かつ）に目が覚めた

明治45年7月4日

口語。句格7・5調4句の定型。夢の中で月の世界の兎に出会った子供の夢の楽しい世界。そして一瞬のうちに崩れ現実に戻される。楽しい夢に限って一番良い所で目が覚める。吉

丸流の子供の詩のトロイメライである。

　吉丸には「母の夢」という大正3年2月12日に書かれたトロイメライがある。

母の夢

あけくれ恋しと思う母は

今し戸を開け入りたまいぬ

　　笑みかがやけるおん唇に

　　あらよと昔のみことば聞かねど

　　われ飛びたちて寄りそえば

ゆり起されて夢は消えぬ

　　あなかしこしや　かしこしや

母のみたまは夢のまも

我身護らせたまえるか

　　あなかしこしや　かしこしや

大正3年2月12日作

　吉丸一昌記念館に、本人の直筆の詩として開示されていたものを復刻したものである。作曲者不明。

　この書の冒頭で明治の「唱歌」を父性の歌、大正期の「童謡」を母性の歌と定義した。確かに吉丸の作品には父を詩材にしたものは見当たらない。母に対する強い思いを綴った作品は絶筆となった大正5年1月「望郷の歌」がある。これをもって父性、母性という訳ではない。改めて言うが「唱歌」＝父性というのは、男子たるもの皇国（みくに）の役に立つ大人に、女子はそれを支える貞淑な妻になれと教え訓す内容の詞を言う。「童謡」＝母性は子供の内面に入りあれこれ気遣う詞と夫々定義した。詩人の立場で考えると、国家主義的創作から詩人の個としての内面の心情の吐露への転換である。

　「母の夢」では恋しい母が夢枕に立って、自分を護ってくれる感謝と畏怖の念を赤裸々に告白し、「兎の餅春」と次の「飛行機の夢」では子供の偽らない願望を夢に仮託して表現。

　童心芸術として「童心」の概念を打ち出し華々しく喧伝し、童話、童謡が出てくる10年も前の事である。吉丸は「新作唱歌」として時代を先取りした子供の歌を発表していた。

與田甚二郎　明治38年東京音楽学校甲種師範科卒。昭和29年没。他に活動歴（演奏会出演記録、作品発表等）の記録がなく、恐らく教育畑一筋に活躍した人であろうか。曲は、旋律の運び、リズムパターンが多分に唱歌的であるがピアノパートが詞の場面毎（フレーズ毎）に状況に応じて変化し効果的である。この時代の低音の動きは、この曲に限らず旋

律が上向するとバスは下降。あるいは旋律が下降するとバスは上向という反行形が散見される。勿論、島崎赤太郎の新作唱歌の綿密な校閲と指導の結果であろうかと思われるが、作曲をした與田も、相当の力を持っていたことを証明する作品である。

　尚、当時の師範部は甲種（4年）中等学校、高等女学校と乙種（1年）尋常小学校、高等小学校とに分かれ、唱歌担当の先生の養成が急がれていた。同期に犬童信蔵（球渓と号し、「故郷の廃家」「旅愁」等の名訳詞を残した。）田中銀之助（永井幸次と共著で「女子音楽教科書」を出版。女学校の音楽教科書を代表するものとして長く使用された）らが居る。

２－４　飛行機の夢　　大和田愛羅 作曲

1. 僕がつくった飛行機の
　　ハンドル執って舞いあがり
　　日本国中飛んで見た
　　　これは昨夜の夢で候。

2. 読書算術体操と
　　何でも甲をもらったら
　　この子は良い子と褒められた
　　　これは本当の事で候。

大正元年9月2日

　吉田稔版によれば大正2年4月2日作とある。恐らく次の「新作小学唱歌」の構想に組み込まれていた為の作詞時間のズレでないか。「新作小学唱歌」では、歌題を「夢とまこと」に。2連目第2句「何でも甲を」は「全てに甲を」と夫々書き直されている。大和田愛羅の作品目録も「夢とまこと」と記載。

　以上の事から勘案すると既発表の子供の歌を題名を含めて彫琢した作品を大正4年の「新作小学唱歌」の為とするのは早計に過ぎるだろうか。北村版「中等音楽教科書」にも数点改題されているのがある。それらを含めて、常に完成度を高める為に一語一句を丁寧に推敲を重ね、磨きあげてゆく吉丸の創作者としての姿勢は、見習うべきである。

　ライト兄弟が人類初の飛行機を作ったのは1903年（明治36年）、当時の世界の驚きと夢を「子供の目」でしっかり捉えている。2連目は現実として、まるで小学校で度々大分県より成績優秀で表彰された吉丸自身の事を言っている様だ。この様な優秀な子は1連目の様に飛行機を作る事位は可能であろう。ただ、人類の夢を荷なった飛行機も10年後の1914年第一次世界大戦には武器となった。悲しく憂うべき「まこと」である。更に宇宙旅行の夢を限りなく広げてくれたロケットの開発も、国家間の醜悪な争いの為の武器となった。兎がぺったん餅をつくどころの話ではない。子供達の夢を育てる義務を負った大人達が、積極的にそれを打ち砕き、破壊している現実。やり切れない思いである。

2-3 木の葉　　　梁田貞 作曲（巻末に添付楽譜）

1. 散るよ　散るよ
　木の葉が散るよ
　風も吹かぬに
　木の葉が散るよ
　ちら　ちら　ちら
　ちら　ちいら　ちら

2. 飛ぶよ　飛ぶよ
　落葉が飛ぶよ
　風に吹かれて
　落葉が飛ぶよ
　ひら　ひら　ひら
　ひら　ひいら　ひら

明治44年9月26日

　吉丸一昌唱歌集１では大正４年12月25日文部省検定済みとして「落葉」と改題。文部省唱歌１-16「木の葉」と混同されない様に 慮 って改題したか。題名のみの変更である。

　口語。句格第１句６・７調、第２句７・７調、第３句６・７調として６・７調が基調になっているとみるか、第３句を８・５調とみるべきか。作曲の方は、８・５調と考えた様である。第１句第２句は、子供の目で見たまま、有りの盡をそのまま綴り第３句はオノマトペ（擬態語）を重ねて使用し、永続感と広がり（高い大きな木と広い庭）を想起させている。詩を読む側の感動を誘う様な語句を一切加えず思い切った省略法で、かえって読み手が自由に自分の思いを投入させる。味わい深い詩である。

　梁田貞も作曲家としてこの詩の語感を適確に捉え、ピアノ左手のアルベルティバスで木の葉のざわめきのイメージを表現。ありきたりの伴奏型であるが情景の描写としてうまく使っている。３句目からは一転して、旋律の下降跳躍進行を使い、ピアノパートも装飾音符を加えて、落ちる様、飛ぶ様を強調した。更に間奏を兼ねる後奏でも同じ旋律で、永続感を持たせている。

梁田貞　明治18年〜昭和34年。札幌農学校中退、早稲田中退と、父親、叔父の猛反対を押し切り明治42年東京音楽学校本科声楽部入学。大正３年研究科卒。在学中は、小松耕輔詞による「隅田川」（明治43年）発表。同年１月より雑誌「音楽」１-２「水の皺」（懸賞作１席）を皮切りに、同誌上に吉丸の詩を中心に次々と充実した内容の作品を発表。大正２年には北原白秋詞「城ヶ島の雨」で彼の作曲家としての名声を確立した。

　吉丸は、新作唱歌では大和田と共に梁田貞を重く用い、唱歌集の邦人作品38曲中、最も多い７曲を作曲させている。梁田の初期の最も充実した時期であった。

　東京音楽学校卒業後は、府立一中（日比谷高）府立五中（小石川高校）成城小学校、東京外国語学校。同音楽学校。成城学園、玉川学園等で教鞭を執る傍ら、大正４年より詩人葛原しげる、作曲家小松耕輔との共著により「大正幼年唱歌」全８集（大正８年〜同13年）を発表。殆ど同時代に興った「童謡」と並んで、看過出来ない作品集を残した。因み

第3楽章　吉丸一昌のミクロコスモス　　197

に「とんび」は「大正少年唱歌1」に、「どんぐりころころ」（青木存義詞）は大正10年「かわいい唱歌」に夫々収められている。

参考文献、「音楽の師　梁田貞」岩崎呉夫著、東京音楽社。

〜　〜　〜〈間奏曲　アルベルティバスとバイエル教則本〉〜　〜　〜

「木の葉」のピアノ左手のパートで、アルベルティバスという用語を使ったが、少し詳しく。

アルベルティは1700年代初頭、イタリアで活躍した歌手及びチェンバロ奏者。3曲のオペラを初め多数のチェンバロソナタを作曲。この分散和音（ドソミソ……）による伴奏型は彼の創始とも、そうでないとも言われているが、アルベルティが自身の作品に多用しその名前がつけられた。（「標準音楽辞典」音楽の友社刊より）。その後、この音型はスカルラッティやモーツァルトに受け継がれ、更にツェルニー、バイエル等の学習者用教則本に用いられ広まった。日本では明治13年政府御雇教師L．W．メーソンが、音楽取調掛に赴任時に持参したバイエル教則本20冊が始めてである。メーソン以前のピアノ教師松野クララやアンナ　レール（海軍軍楽隊で指導）は、バイエル教則本を使用していない。メーソンは他にツェルニー2冊、クレメンティ2冊、クーラウ4冊、ディアベリ2冊と現在でも使用される教則本を持参。最も中心になって使用したのがバイエルであった。明治14年の音楽取調掛のカリキュラムで長年生（急いで一通りの伝習を終了させるコース）で洋琴（ピアノ）一週三回、一回45分（教授本急読法、バイアル氏洋琴教授本等）。少年生の部（伝習の完成を期すコース）は洋琴一週三回、一回45分（バイアル氏教授本等）と定められていた。

参考文献「東京芸術大学百年史第1巻」P.39〜40他

現代はピアノ初学者の為の教則本は実に数多く刊行されているが、このバイエル教則本はこの時を皮切りに戦後迄絶対的な存在として学習者に君臨していた。俗に「悪いピアノ教則本はない。あるのは悪い先生である。」と言われているが、筆者にとっては来る日も来る日も同じ事の無味乾燥な繰り返し。ある程度進んだ所でとうとう投げ出してしまった。筆者のピアノに対する坐折感と悪夢の源流はここにある。現代の中国では、発音表記として「拝厄（バイエル）」という表記であるが、筆者にとっては正に文字通りの「厄を拝む」となった教則本である。

〜　〜　〜　〜　〜

2－6　学校ごっこ　　北村初子 作曲

1. かぎになり　棹になり
　　飛びゆくかりがね

2. 庭の上　屋根の上
　　友呼ぶ小雀

198　　第3楽章　吉丸一昌のミクロコスモス

さきのは慥<ruby>慥<rt>たしか</rt></ruby>十三羽　　　　　　　　数えて見れば十三羽

今は六<ruby>羽<rt>ろっぱ</rt></ruby>のつれが行く。　　　　やがて六羽は逃げて行た<ruby>た<rt>た</rt></ruby>

合せて幾つ　手を挙げて　　　　　のこりは幾つ　手を挙げて

大正元年9月8日

（注意）一、最後の和絃にて手を挙げしめ、さて指名して鳥の数を問ふべし

　　　二、便宜上鳥の数を変へても可<ruby>可<rt>よ</rt></ruby>し。例へば十三羽を十六羽、三羽を七羽とするが如し。

　「早春賦　吉丸一昌」臼杵市文化連盟刊では1連第3句「さきのは慥<ruby>慥<rt>たしか</rt></ruby>十三羽」が「先に飛んだは十三羽」、2連第4句「やがて六羽は逃げて行<ruby>行<rt>ゆ</rt></ruby>た」が「やがて六羽が逃げて行く」に夫々改定されている。この場合も「新作小学唱歌」の時に改定されたと見るのが妥当であろうかと思われる。筆者の手元には、「新作小学唱歌1」しかなく第2集がない為に、情況証拠でしかないが。

　第1句5・5調第2句4・4調で情景描写。第3句以後は7・5調で算数問題へと変る。情景描写から学校ごっこへの内容の変化を句調の変化で巧みにあらわしている。

　少し話が外<ruby>外<rt>そ</rt></ruby>れるが、子供達の勉強する場所が、江戸時代の寺小屋の開放された所から、明治になって、頑丈な高い塀で囲い一般社会から隔絶された神聖な「学校」へと変った。そこは、鐘<ruby>鐘<rt>ベル</rt></ruby>の合図に従って時間を正確に守り集団の規律を学び、体罰をも辞さない「訓導」に学問を授かる場所であった。（刑務所も発想は同じで高い塀に囲いこまれ、「先生」と呼ばれる刑務官の教えに（命令に）従って動く。唯一の違いは、24時間拘束されるか、午後には校門を出て開放されるかの違いである。）明治の初期は、農村ではやっと働き手になる年頃の子を「学校にとられる」と言っていたそうで、「兵隊にとられる」「税金をとられる」と同じ謂<ruby>謂<rt>いい</rt></ruby>である。

　ただ、子供達は校門を出るとすぐ標準語と唱歌を忘れ遊びに夢中になる。あるいは今日あった事までもたくましく「ごっこ遊び」にしてしまう。この詞は従来の教科統合の手段としての唱歌ではなく、子供の遊びの世界の活写であると言える。

　曲は第1句第2句の情景描写を四分音符主体で歌いあげ、3句目以降質問調になると、八分音符で畳みかけ、5句目「合わせていくつ」は最も大切な事を強調する（念をおす）かの様に四分音符。生徒が考える時間は1小節休み。代わりにピアノに「いくつ？」と歌わせ、「手を挙げて」と急速に終止。注意書きにある様に最後の強く短い和音で「ハイ」と一斉に手を挙げる。劇音楽（特にオペラ）に集中していた夫君の北村季晴と共に仕事をしていただけに、台詞の調子、間の取り方を、四分音符と八分音符（長い音、短い音）の組み合わせで巧みに表現している。特に終りの1小節の休みには、子供達が指を折って計算している様が目に浮かぶ様だ。

第3楽章　吉丸一昌のミクロコスモス　　199

北村初子。結婚前天野雍子。明治34年東京音楽学校専修部卒。明治38年北村季晴のオペラ「露営の夢」の上演の際、歌手として出演。翌年に結婚、北村初子となる。明治44年、音楽と演劇の融合を図る目的で「演劇同志会」を結成。夫北村季晴を支え演奏活動をしていたが、その後離婚。離婚後の音楽活動歴は伝わっていない。没年齢不詳とある事から恐らく音楽界から遠ざかった人生を送ったと思われる。

この「学校ごっこ」の作品を見るだけでも彼女の楽才の輝きは充分に認められる。唱歌に限らず作曲を続けていたら幾多の名作を生んだかも知れないと惜しまれてならない。

２－７　春の草　秋の草　　　　中島かね 作曲

1．心ゆかしや春の草	2．心ゆかしや秋の草
雲雀の歌を聴きながら	みそらの月を葉に宿し
花に胡蝶を遊ばせて	虫のいろいろつどわせて
ひとりほゝえむゆかしさや	ひとり興ずるゆかしさや

大正元年9月9日

　「新作唱歌」で始めての文語。7・5調4句の定型詩。吉丸の本領発揮である。幼年（小学校迄）の唱歌には口語体でという吉丸の創作姿勢から考えるといささかハイレベルの曲であるが、第2集の巻末を飾るに相応しい曲として、ここに置いた様だ。

　吉丸は、この「新作唱歌」では積極的に女性に作曲させた。前作の北村初子、この曲の中島かね。そして第7集6「枯木立」を含め3曲を作曲した松島彝の3名である。戦後しばらく総合的判断が男性より劣る為、女性には作曲は無理だという偏見が根強かったこの世界で、まして大正初期のこの頃は誰も考え及ばなかった事である。性差等の偏見に関係なくその人の持つ才能に着目しそれを伸ばし育てるという吉丸一昌の考えは、卓越した教育家のそれであり、夫々の才能を見出す力を持っていた。才能は才能を知るである。

　特に、文部省唱歌に要求された「没個性」でなく「新作唱歌」では作曲家達の個性をのびのびと育ている。因みに、北村初子は消息不明であるが、中島かねは後に一世を風靡する歌手として、松島彝子は学習院で音楽を教える傍ら作曲を続けた。

　中島かね　明治25年〜昭和59年。明治45年東京音楽学校声楽部卒。同年研究科入。大正3年白樺派柳宗悦（民芸運動家、思想家、宗教哲学者）と結婚、柳兼子となる。その頃在学中の結婚は学校の方針で認められなかった為、卒業2ヶ月を残して迷わず研究科を退学。同期には梁田貞、中山晋平らが居る。

　在学中は、男まさりの天真爛漫な性格で、厳格な吉丸を手古ずらせた様だ。吉丸の倫理の講義中に大っぴらに他の科目の内職中なのが、吉丸に見つかり「中島！何をしている！」

200　　第3楽章　吉丸一昌のミクロコスモス

と眼鏡を光らせて詰問された。同じ様に内職に精を出していた居合わせた一同、顔を見合わせどうなることやら。中島は平気で「お名ざしで恐れ入ります」と鮮やかに受け流した。という話も伝わっている。

　吉丸は彼女の才能を特に愛でていた。後年の読売新聞（大正2年2月7日）で楽壇の才媛と題し「薗部（立松）ふさ子の華やかな声に恍惚とした後、中島かね子のアルトの強い渋い声を聞くと春の曙と秋の夕との対比をはっきり感じられるという」とある。（立松ふさ子は大正2年声楽部卒。ソプラノ）。当時から二人の楽才は並び称せられ両人共戦後まで活躍した。　　　　　　　参考文献「柳兼子音楽活動年譜」松橋桂子著（日本民芸協会）

　この「春の草　秋の草」は、二人の才媛を讃えるオード（頌歌）である。在学中の二人は、春と秋に例えられていたのであろう。それを吉丸がはっきり詞として表現。それが読売新聞に伝わったといえる。

　この曲は柳兼子の重要なレパートリィとして後年度々演奏されている。

〜　〜　〜〈間奏曲　幻の第三集〉〜　〜　〜

　ここで第2集の奥付のページに第3集目次予告があったので紹介する。

一、	かみなりさま	永井幸次氏作曲
二、	なんだっけ	大槻貞一氏作曲
三、	**福引**	中田章氏作曲
四、	**からす勘三郎**	大和田愛羅氏作曲
五、	**猿廻し**	船橋栄吉氏作曲
六、	**弥次郎兵衛**	梁田貞氏作曲
七、	犬と猫	沢崎定之氏作曲

　この版は、後の手が加わっていない初版である。（第1集から第3集迄は、吉丸昌昭氏の御厚意によりコピーとして提供していただいた。）

　で、刊行された第3集には、ゴチックで示した3）福引、4）からす勘三郎、5）猿廻し、6）弥次郎兵衛の4曲は無く、代わりに、4）水の心（船橋栄吉）、5）早春賦、6）ニーナ（ペルゴレージ）、7）春のたそがれ（マラン）となり、高等女学校程度の曲が並んでいる。曲集の名称も「幼年唱歌」から「新作唱歌」へ改題。

　「第3集目次予告」から察するに、吉丸の当初の構想は飽くまでも第1集例言「児童の音楽遊戯の資材」としての幼年唱歌であった。第2集の発行日は大正元年11月7日、第3集の発行日は大正2年2月5日。わずか3ヶ月の間に何があったか。この間の事情を示

す資料が不足している為に推量するだけである。

　考えられるのは、「水の心」大正元年11月14日、「早春賦」同11月12日、「ニーナ」同12月10日と高等女学校用の詩作に専心している事からこの方面からの要望があった為か。（永井幸次の影響か）。いずれ新しい資料（日記、書簡等）が出て来るのを待つのみである。

　「幼年唱歌」の名称と共に消えてしまった4詩はどこに行ったか。吉丸一昌唱歌集1、2、にもなく恐らく構想だけだったと思われるが、決して吉丸の心から、幼年の為の歌が消えてしまった訳ではない。第10集に到るまで常に子供の目で見た作品を書いている。吉丸の本質である純粋さ無邪気さがそうさせているのである。

　結果論になるが、内容の変更がなければ、新作唱歌を有名たらしめた「早春賦」、名訳詞「ニーナ」等は生まれなかった。それにしても「福引」「からす勘三郎」等々、子供の世界を活き活きと描いていたであろう作品の下書きのメモでもあればと惜しまれる。

～　～　～　～　～

新作唱歌第三集（大正2年12月5日）
諸言

　一、本書は幼年唱歌改題にて、この第三集以下は「新作唱歌」の名の下（もと）に幼稚園、尋常小学校、高等小学校、中学校、高等女学校程度の歌曲を網羅することにしたり。

　二、略

　三、本書所載の外国曲は、極めて邦人の趣味に合える名曲のみを取り、歌詞も出来うる限り原歌曲の意を酌んで、しかも我国語の音調を損ぜざらんことに力（つと）めたり。

　四、略

　編集内容がこの集より大きく転換した。作品の対象が、幼稚園から、中学校、高等女学高へ広がり、外国の訳詞が加わった。ただ、本項の主旨は、吉丸の子供の歌が中心である為、中学校、高等女学校対象曲、外国曲等は夫々分類して紹介、考察する。

3－1　かみなりさま　　永井幸次作曲

1. 大空一面かき曇り
　　　そろそろ吹きだす南風
　　　夕立来るぞ　雷鳴るぞ
　　　干物（ほしもの）入れよと大騒ぎ

2. 太郎は裸で腹鼓（はらつづみ）
　　　こわくはないぞと云（ゆ）ううちに
　　　ごろごろぴかり　ぴかりごろごろ
　　　おへそを押えて逃げこんだ

口語、句格第3句7・7調を挟んでの8・5調の4句不同格。8（4＋4）・5調の場合、初語（4＋4）は2拍子4拍子の枠内に隙間なく押し入れられ　息をつく時間がないが、4＋4＋4＋1と最後にひとやすみとなり、どんどん畳みかけて語る場合に用いられる。例えば文部省唱歌4－10「漁船」（この場合は8・8調であるが。）

漁船（文部省唱歌4－10）

1. えんやらえんやら　艪拍子そろえて
　　朝日の港を　漕ぎ出す漁船
　　見よ見よあの雲　今日こそ大漁
　　それ漕げそれ漕げ　おも舵とり舵

2. ゆらりやゆらりと　浪間に揺られて
　　磯には網船　沖には釣船
　　見よ見よあれ見よ　かかるわ捕れるわ
　　網にも絲にも　魚のかずかず

（第3連　略）

他にも、「かたつむり」（8・5）「兎」（8・5、8・7）「小馬」（8・7）「仁田四郎」（8・7）「時計の秋」（8・8）等が挙げられる。

さて、「かみなりさま」であるが、「大空（おおぞら）（4）一面（4）かき曇り（5）。そろそろ（4）吹き出す（4）南風（5）」と事態がどんどん進行する。第3句「夕立来るぞ　かみなり鳴るぞ」（7・7調）で間に一拍間をとってあちこちで起る声。（2連目「ごろごろぴかり　ぴかりごろごろ」も同じ）と句調の変格という技法上の工夫で詞の表現をより確かなものへとしている。

尚、「早春賦　吉丸一昌」（臼杵市文化連盟刊）では、1連第2句「そろそろ吹き出す」が「それ先触れの」。2連第4句「おへそを抑えて逃げこんだ」を「おへそを抑えてうろたえた」に改定。

曲は、従来の唱歌に見られる旋律の展開。リズムパターンであるが、第4音を効果的に使って47抜き旋法からの脱却を図っている。（7音は欠）。3句目のピアノパートは低音が細かく動き、旋律の背景を補強している。

永井幸次　明治7年～昭和40年。鳥取県出身。田村虎蔵と同郷で一年後輩。明治29年東京音楽学校専修部卒。同期に、安藤幸（幸田露伴の妹）、東クメ（「幼稚園唱歌」の著者。滝と共著）らが居る。後、静岡師範、鳥取師範を経て明治40年大阪清水谷高等女学校赴任。同42年、後輩の神戸高等女学校教師田中銀之助と共著の「女子音楽教科書」（全5巻）は、北村季晴の「中等音楽教科書」と共に、夫々を代表する教科書として永く使用された。大正4年大阪音楽学校（現大阪音楽大学）設立。関西の音楽界の発展に尽力した。

この様な経歴をみると、吉丸一昌との接点は少ない様だが、恐らく「かみなりさま」の作曲を依頼した時に、話として永井から高等女学校の作品が少ない事を聞き、第3集目の

内容が改変されたのではないだろうか。飽くまでも推測の域を出ないが。

3－2　なんだっけ!?　　大槻貞一　作曲（巻末に添付楽譜）

1. 背戸の薮から　のそのそと
   とのさま蛙が　罷りでて
   雨手をついたが　やや考えて
   わたしの用事は　なんだっけ!?

2. 太郎使いに出ていって
   みちくさ喰って　暇取れて
   行ったは行ったが　やや考えて
   わたしの用事は　何だっけ!?

　口語。句格原則8・5調。初句7・5、第3句8・7調の4句不同格。前曲「かみなりさま」と同じ「太郎」が主人公である。太郎は前にも述べた様に年金太郎とか郵貯花子と同じ人格のない無個性の普通名詞であるが、この二作で吉丸は夫々に個性を持たせている。誰でも身に覚えがある、経験のない怖いもの知らずや、他の事に気を取られてついうっかり忘れ物等々。我身に思い当たる所がある為、「太郎」を自分の事に置き換えてしまうのである。いつ来るか解らない自然災害に備えず、怖いもの知らずの楽天家。用事があって隣の部屋に行ったはいいが、何の用事があって？この二つは、特に後者は、老境の筆者の身につまされる。

　それはとも角、楽しい詞である。一連目は「とのさま蛙」の跳びまわる姿よりも「ガマガエル」「ヒキガエル」がのっそりと罷り出る感じが強い様であるが、「トノサマガエル」の方が句調が合うし、おっとりとした殿様の語感がイメージを膨らましている。ここで芸術至上主義の先生方の様に、生物学的根拠を言いたて云々する気は毛頭ない。

　曲は、平坦なリズムパターンであるが、9小節目、「やや考えて」は短い休符を入れ、13小節目、一拍たっぷりとって「何だっけ」と結論。リズムパターンに休符を入れるだけで、この歌を楽しい作品に仕上げた。

大槻貞一　明治11年〜昭和41年。明治39年東京音楽学校甲種師範科卒。同期に器楽部小松耕輔、久野久子が居る。子供の曲は、この一曲しか見当たらないが、生涯を音楽教育に捧げた。また、言文一致唱歌推進者田村虎蔵が兵庫県立師範学校に赴任した時、2年生だった大槻貞一は彼の授業に大きな影響を受け東京音楽学校へ進んだ。東京で勉強中の時でも、しばしば田村の講座を受けていた記録がある。

＊参考文献「田村虎蔵の生涯」丸山忠璋著（音楽之友社）

3－3　犬と猫　　沢崎定之　作曲

1. 僕等は犬が大好きだ
   口笛鳴らして　名を呼ぶと

2. わたしは猫が　可愛いな
   おいでよ玉やと　名を呼ぶと

遠くに居っても　飛んで来て　　　頭をかしげて　すり寄って
袖にすがって　ワンワンワン　　　膝に上って　ニャンニャンニャン

明治45年2月9日

　口語。句格7・5と8・5の混合による4句不同格。文部省唱歌1－19「犬」も発想（子供の目）、用語「袂にすがって」「可愛いな」等共通類似点が多いが、吉丸の作品と断定するには早計である。吉丸が深く関わったと言うべきだろう。第1連「大好き」第2連「可愛い」の理由を、第二句以降あっさりと明解に述べている。

　曲は、唱歌的であるが「口笛吹いて」で細い符点音を使い、口笛を真似した小節（こぶし）の音型。四小節のフレーズ毎にピアノ伴奏型を変化させる等、個性豊かな曲に仕上がっている。

　作曲の沢崎定之については、先の1－7「冬の夜のひびき」（P.188）で簡単に触れたが、もう少し詳しく。

沢崎定之　明治22年〜昭和24年。明治45年東京音楽学校声楽部卒。声楽部同期に梁田貞、中島かね、器楽部に中山晋平らと机を並べ研鑽を積んでいた。大正から昭和にかけて、テナーとして活躍。昭和4年母校教授。合唱指導者として東京放送合唱団、昭和合唱研究会等設立。

　さて、この次は、「新作唱歌」第3集4「水の心」5「早春賦」と続くが、もうしばらく子供の歌を紹介。

第5集─4　烏　　樋口信平　作曲

1．裏の畑に烏が下りて　　　　　　2．物を投るの勢いすれば
　　さわぎののしる忌々しさや　　　　それは礫（つぶて）の真似に候（そろ）と
　　ほうと追えども尻目にみやり　　　ついと飛びては小枝にとまり
　　へへと笑うや腹の底　　　　　　　へへと笑うや笑い声

大正2年5月23日

　吉丸一昌唱歌集（記念館蔵）では次の様に改定。旋律も中間部が部分改定。

畑の烏

1．裏の畑に烏が下りて　　　　　　2．おのれ憎いと小石を取れば
　　まいた種物ほじくりかえす　　　　それはごめんとそっぽう向いて
　　ほうと追えども尻目にみやり　　　ついと飛び去り小枝にとまり

第3楽章　吉丸一昌のミクロコスモス　205

クックッと笑うて逃げもせず　　　クックッと笑うて羽根を掻く

大正 4 年 12 月 5 日（文部省検定）

　「烏」は文語。「畑の烏」は口語。句格 3 句迄 7（3 ＋ 4）・7（4 ＋ 3）調。4 句目 7・5 調。いわゆる口説調（くぜつ）という形式。文部省唱歌には、7・7 調は結構多く、20 曲前後数えられるがこの 7（3 ＋ 4）7（4 ＋ 3）× n ＋ 5 の形式は「1 － 12 親の恩」「2 － 10 紅葉」「3 － 3 茶摘」の 3 曲のみである。

　吉丸は詞の句格について研究し、形式と内容の融合を新作唱歌で作品を発表するという形で追求していった。読んでいるだけで、カラスの憎々しさが調子よく伝わって来る。

　曲は、詞の工夫に較べて、子供が歌いやすい様にとの配慮か 47 抜き調。第 7 音は終止の為の上向導音として一回のみ使用しているがそれ故にこの曲に変化が出て効果的である。ピアノパートも平凡なアルベルティバスの連続。楽しい詞だけに、曲はやや工夫が足りない様だ。

　樋口信平　大正 2 年東京音楽学校声楽部卒。大正 9 年没。詳しい経歴は不詳だが、卒業の年の 11 月 28 日付の読売新聞に帝国劇場で行われた「東京フィルハーモニィ会」第 12 回演奏会で、中島かね子が第 1 部。樋口信平が第 2 部に夫々独唱出演の記事がある。長くなるが「柳兼子音楽活動年譜」松橋桂子著 P.11 よりから抄出させていただく。

　──帝国劇場は当時創立 2 年目でこの日は宮殿下台臨（たいりん）（皇族の臨場）他、英・米・露・白（白耳義）（ベルギー）・和（和蘭）他各国大公使。高橋（是清）蔵相、牧野（伸顕）外相らが臨席するという大変な会であった。以下略。

　（　）内は筆者註。松橋氏の註によるとこの頃の音楽会は演奏者よりお客の方が豪華に礼装していて、二頭立ての馬車で聞きに来たという。まさに上流階級の社交場であった様だ。

　この様な会で堂々と独唱した樋口信平の歌唱は大変なものであったろう。この読売新聞の記者は演奏の出来不出来には一切言及せずひたすら臨席した客の事しか書いてないので……。

　ともあれ、バス歌手として将来を嘱望されていたこの若い才能の夭折は惜しまれる。

〜　〜　〜〈間奏曲「からす」考〉〜　〜　〜

　唱歌や童謡に度々「からす」が主人公で登場する。時代に応じて「からす」がどの様に捉えられていたかを見てみよう。

　明治 25 年 3 月刊刊行伊沢修二著「小学唱歌巻 1」の「カラス」。

　これは、別項「かぞえ歌考」で伊沢修二の意図を少し触れた。ここで伊沢の子供観についてもう一度。

巻1には、3曲程童謡と称している曲がある。「1. えのころ」「2. カラス」「3. かり」で、「童唄」を元歌とした3曲である。夫々の指導内容が下段にある（教師用）ので簡単に紹介。

1. えのころ　犬でさえも食物を与え大切に養えば、飼主の恩を忘れぬものだ。まして人たるもの他人より恩を受けた事を絶対に「忘るまじき事」として説き及ぼし唱歌の教授に取りかかる様に。我国は太古以来、土地物産は皆帝室の御所有になるものである。人民が安穏に暮せるのは偏に天皇陛下の御恩沢によるものであり云々……。（以下略）

2. からす　烏には反哺の孝といって成長した若烏が老いた親烏に餌をえるそうな。その時烏はカウ（考）と鳴くと云う。人は烏など異り養育の恩は中々に深きものである。能く人道を弁え両親に孝行せねばならない。とよく諭し而して唱歌の授業にかかるべし。教育勅語にも云々……。（以下略）

3. かり　雁は空を翔ける時も、列を正しく長幼の序を過ぎないと云うが、兄姉は弟妹を愛し、弟妹は兄弟を敬し、学校の友だちの中にも長幼愛敬の……（以下略）

伊沢は、子供たちを、「智徳の涵養」（序文より）として、教育勅語を中心に教え込み尊皇愛国の国家主義そのものの人民を育てる事を主に唱歌教育を進めた。そこには、本来子供の持つ自由で伸び伸びした感受性、個性は一切認めていない。ナチスの親衛隊の行進の様に、皇国の為に一糸乱れぬ行動が出来るロボットの様な皇国の民を造り出すことが目的であった。

それから大凡25年後、時代は少しずつ転換し始め、「カラス観（子供観）」は大きく変ってきた。

明治40年「山烏」　　詞 野口雨情

烏なぜ啼く

烏は山に

可愛いい七つの

子があれば

月刊パンフレット詩集「朝花夜花」第一集初出。引用は「定本野口雨情」第4巻解説長島和太郎、P.314より。

この詩は7・7・7・5調4句の民謡の詩である。ここで雨情は純粋な子供の目で烏の子を「可愛いい」と詩にした。この「朝花夜花」は1集2集とも発刊後から新しい創作民謡として評価された民謡詩集である。この作品で生まれた野口雨情の純粋な目で子供を捉える心は、ゆっくりと15年かけて醸され大正10年「金の星」に本居長世の作曲を得て、童謡「七つの子」の名曲へと繋がってゆく。

次に明治 43 年文部省読本唱歌「1.　カラス」。

カラス

カアカア　カラスガナイテユク

カラスカラス　ドコヘイク

オミヤノモリヘ　オテラノヤネヘ

カアカア　カラスガナイテユク

　明治 43 年国定国語読本巻 1 の最後に置かれた韻文で、総カタカナでタイトルはない。「カラス」という題は、文部省唱歌編纂会議では「カアカア」と韻文の第 1 句目をとって呼んでいたが、後に「カラス」に変更された。細密画の様にリアルに描かれた鎮守の森へ向かって鳥が飛んでいく挿し絵に思わず見とれてしまう。勿論巻 1、巻 2 は小学校 1 学年用で、絵を通して文字（カナ文字）や読み方を教える為に、挿し絵は細部に亘って正確でなければならない。そこに個の主張などは存在しない。韻文も同じ事。単に見たままを詩にした。作者の個の表現、感情移入はなく、子供が見たままを素直に描いている。くり返すが、ここでの子供観は、あくまでも文字の習得、教育が主である。やがてその学習した文字を読む能力は、巻 12（6 学年）「24.　大国民の風格」「25.　自治の精神」「26.　帝国議会」「27.　軍人に賜わりたる勅諭」の読解へと繋がってゆく。

　話は外れるが、読本中の挿し絵について、読本編纂趣意書をひらいてみる。

　一、挿し絵は児童に正しい印象を与える事を主眼とし、上級になるにつれてその数を少くしてある

　二、人物、家屋、衣服の挿し絵は成るべく多数国民の階級を標準として、貴族的にならない様に努めた。以下略。

　第 1 項で細密画の意図は理解。第 2 項は明治という時代は、皇族、貴族を頂点とする階級社会であった事を改めて想起させる一文である。

　細密画の中でも画家の個性というか楽しい挿し絵があった。2 学年用巻 3 − 9「こうま」である。「ハイシイ　ハイシイ　あゆめよ子馬……」のよく歌われる曲である。長い坂道を白いカバーをつけた学生帽の小学生が俯き加減に馬に乗った小学生の図である。馬の背中に敷物をひいただけの、馬具などは勿論つけていない。子供が俯き加減なのは落ちない様に手綱をしっかり握っているからだろうか。構図は、すべて後ろ姿。馬のデッカイお尻と少年の背中が大写しになっている。普通乗馬姿というのは、きちんと馬具をつけた馬に背筋を伸ばした、凛凛しい姿を斜め前から描くのだが。何度見ても飽きないほほえましく楽しい挿し絵である。例によって編纂委員達の厳しい審査の目を通っての採用であろうが、

個の主張と言うべきか、遊び心というべきか、この挿し絵画家に拍手を送りたい。

　話がずっと外れっ放しで恐縮。ここでの主題「からす考」に戻る。最後は、吉丸一昌「烏」（大正2年）及び「畑の烏」（大正4年改定）である。ここで吉丸は文部省唱歌の感情移入を拒否した詞から三歩も四歩も進んで、「烏」を憎々しげに捉えている。野口雨情の「童心」による「可愛い」という目ではみていない。極端に言えば両者共「田園詩人」と呼ばれる様な田園の風物を題材にした作品が多い。

　ここで雨情論をするつもりはないが、彼の子供の様な無垢な心は童心芸術として新興の童謡運動の理論的旗頭となった。一方吉丸は、生涯の作品数は多くはないが、彼の田園詩は、故郷（ふるさと）回帰へと繋がってゆく。

　吉丸の「烏」は、実際に畑に出て野良仕事をした人にしか理解出来ない詩である。せっかく播いた種を、後からせっせと掘り返してはつっつく。畑の中で石は投げられないので石を投げるふりをしても、平気の平左。美味しい御馳走を前にして誰が逃げるもんか。まったく憎々しいったらありゃしない。……これは筆者の子供の頃、よく畑の番をさせられた想い出である。秋になると庭一面の天日干しの籾に寄って来る雀達の団体戦にも戦い疲れた記憶を含めて。

　吉丸の子供の素直な目で捉えた詞である。かつての唱歌にこの様な捉え方をした唱歌があったろうか。又、次の童謡時代に移っても同じである。

　あるいは、この「烏」を人の世の事に擬える事も出来るだろうが、それは深読み。あくまでも、子供の素直な目で捉えた詞である。

～ ～ ～ ～ ～

第10集4「庭の雀」　　松島彝子（つね） 作曲

1．御飯が済んで
　　前掛（まえかけ）を
　　御縁でぱたぱた
　　叩いたら
　　ぱらりと三つ四つ
　　御飯粒
　　お庭へこぼれて
　　散らばった

2．雀がいつか
　　食べている
　　周章（あわ）てて食べては
　　笑われる
　　静かにお食べと
　　云ったれば
　　雀は魂消（たまげ）て
　　逃げました

　口語。句格第一句のみ7・5調。2句以下8・5調4句2連。「烏」（からす）の次は「雀」となってしまっ

たが、2連目の少女の雀に対する暖かい眼差し。しかも自分があわててご飯粒をこぼしたのに、雀には静かにお食べと諭している。何気ない日常の一齣<ruby>齣<rt>ひとこま</rt></ruby>のスケッチの楽しい詞である。もっとも近頃は生活環境が大きく異なり雀の繁殖場所の瓦屋根や藁屋根の家が少くなり、代わりに鳩の糞害に騒ぐマンションの生活に変ってしまった。大袈裟に言えば、人口が都市に集中し鳥達の生活環境に侵入し破壊した報復とも言えるのではないか。

　第10集は「新作唱歌」の補遺的な性格で編集されたと冒頭で述べたが、この「雀」はその例の一つである。曲は4小節単位でa＋a'、b＋a'の二部形式。47抜き音階。ピアノパートは単純なアルベルティバスの連続。「新作唱歌」に松島はこの曲を含めて「7－6　枯木立」（大正2年12月30日）、「9－5.　子猫と雛げし」（大正3年2月4日）の3曲があるが、それらの作品に見られる才能の輝きはまったくない。吉丸に勧められて及び腰で書いたのか、かなりオッカナビックリの書き方である。恐らく作詞の日付がない事からも、大正2年以前吉丸が「幼年唱歌」の構想に入った頃の作品ではないかと思われる。松島彝は明治44年東京音楽学校器楽部卒。詳細は「枯木立」（P.222）の項で。

第10集1「かくれんぼ」　　工藤富次郎 作曲（巻末に添付楽譜）

１．顔に両手を当てながら
　　縁にうつぶし「もういいか」
　　笑忍んで抜足差足<ruby>笑<rt>わらいし</rt></ruby>の<ruby>抜足差足<rt>ぬきあしさしあし</rt></ruby>
　　そっと隠れて「もういいよ」

２．声のあたりへ走り行き
　　ここかそこかと探せども
　　どこへ居る<ruby>居<rt>お</rt></ruby>のかありかが知れねば
　　あたり見廻し「もういいか」

　　　　　　　　　　　　　　　　　　　　　　大正3年8月8日脱稿

　口語。句格、第1、2、4句7・5調。第3句8・8調の4句2連。子供の遊びを、素直な子供の目で捉えて、心の動きを含めて描いた。あたかも自分がそこに居る様な巧みな吉丸の表現力である。何度もくりかえすが本書の子供の歌に対するテーマである梁塵秘抄「遊びをせんとや生れけむ」の境地である。吉丸の中にある子供の無垢な心が共振し「わが身さえこそ　揺るがるれ」となった詞である。

　唱歌とか童謡芸術とかのジャンルを超越した吉丸一昌の世界である。

　曲は47抜き音階が主体となりやや唱歌的な旋律展開であるが、13小節目「そーっと」に今までなかった第4音（ファ）を加え、この部分のピアノ左手の音型も変化させて、詞の意図を音でうまく表現している。前奏はないが詞の第2句まで8小節は遊びの活写か、オスティナートのリズムパターンが楽しい。第3句「笑いしのんで…」9小節以降、オスティナートが止んでP（ピアノ、弱く）のスタッカート。旋律は冒頭と同じでありながらその為に新鮮な感覚になってくる。そしてドッペルドミナントによる山場へ。くり返すが、詞

の意図を十分に汲んだ曲となっている。音を言葉でうまく表現出来ないもどかしさを痛感。

尚、新作小学唱歌に選ばれた際には、1連第2句「縁にうつぶし」が「縁に顔伏せ」、2連第3句「何処へ居るのか」は「何処に居るのか」と改定されている。

工藤富次郎 明治25年～昭和8年 明治42年東京音楽学校師範科卒。一年後輩に船橋栄吉、信時潔らが居る。卒業後函館高等女学校で教鞭を執る。後大正2年～8年「アポロ音楽会」を結成、北海道での洋楽の普及に努めた。また、日本教育音楽協会の北海道責任者として、ＮＨＫ音楽コンクールの前身「児童唱歌コンクール」を積極的に北海道に導入、推進した。

10－2　お祖父さん　お祖母さん　　　梁田貞 作曲（巻末に添付楽譜）

1.「お祖父さん　お祖父さん
　　あなたは何でも食べられる、
　　固いものでも食べられる」
　　「いやいや私は歯が抜けて
　　固いものなど食べられぬ。」
　　「そんなら使いに行く間
　　この菓子あなたへ預けましょう」

2.「お祖母さん　お祖母さん
　　あなたの眼鏡で見ますると
　　物が大きく見えますか」
　　「老人眼鏡で物見ると
　　物が大きく見えますよ」
　　「そんならカステラ切る時は
　　必ず外して下さいな」

大正3年10月27日

対話形式の楽しい詞である。唱歌に口語が使用される様になって散見される様になった形式で、有名な曲として幼稚園唱歌1.「ほーほけきょ」（滝廉太郎作詞作曲）、幼年唱歌第2編上巻「兎と亀」（石原和三郎詞）、文部省唱歌1－9「桃太郎さん」等が挙げられる。

吉丸一昌はこの新作唱歌では特別に滑稽歌曲というジャンルを設け対話形式を多用している。口語体の追求との意味もあるが、「うかれ達磨」を含めてオペラ指向の強かった吉丸には必然の形式であった。更に、「教えてつかわす」の上から目線の唱歌ではなく、お互いに対等の立場で、映像で云う鳥の目から人の目に移った歌と言える。

童謡時代に移って、赤い鳥「かなりあ」西条八十詞（大正7年11月号）、金の船創刊号「鈴虫の鈴」野口雨情詞、北村季晴作曲（大正8年11月）第3号「すずめの歌」（長田秀雄詞萱山三平作曲。金の船大正10年7月号）「七つの子」（野口雨情詞本居長世作曲）と続いてはいるがこの形式は数える位である。童謡時代になると作家たちは「個」の表現から、芸術と称してひたすら「自己主張」の追求へ。再び、芸術家の目で（鳥の目で）子供達を見る様になった。筆者が安易に「童謡」「芸術」というタームを使わないのは、「子供」がそこに居ないからである。

第3楽章　吉丸一昌のミクロコスモス　　211

くり返すが、心の暖まる楽しい詞である。お祖父ちゃんにとっては眼に入れても痛くない程可愛い孫の為、たとえ歯が悪くなくても孫の好きな固い煎餅、あられは大事にとって置くし、お祖母ちゃんは、目の良し悪しに関係なく御自分の分までカステラを切り分けるだろうが、そこはそれ、年端の行かない孫が、無い知恵を絞って「そうだ！お祖父ちゃん（お祖母ちゃん）に預けよう。」とさんざん考えた挙げ句の事である。まるで子供の声が、お祖父さんの声が聞こえて来る様だ。対話形式による表現の妙である。

　曲は、梁田貞。新作唱歌では邦人作曲家中最多の７曲を作曲しただけに吉丸の意図を音で巧みに表現している。原譜は、子供のパートをお祖父さん（お祖母さん）のパートと二段に分かれて書いてあるが、ここでは紙数の関係で一段にした事を予め断っておく。子供のパートは最高音（ミ）を使いソプラノの音域で、お年寄りのパートは、中間音（ミ）からアルトの声域で答えている。独唱の際、声色を変える迄の事なく理解出来る書き方である。勿論子供と大人のパート分けが望ましいが、一人デュエットでも十分楽しめる。少し話が外れるが、このごろ都に流行る「カラオケ」世界では、デュエットという言葉は男女が一つの歌を交互に体を寄せ合って歌う事を言うそうな。小生の学習時代デュエットというのは二つの音の重なり、ソプラノとアルト、テナーとバス等々の組み合わせであり、合唱曲作曲の基本として二声対位法の技法をみっちりと叩き込まれたものだが……。筆者の時代遅れは尋常ではないと笑われるがそれでも敢えて言う。デュエットは、二つの音を寄せ合うのであって躰を寄せ合う事ではない！

　少しでなく大きく外れてしまった。恐縮の極みである。

　さて、冒頭の子供が呼びかける所は２小節ともＰ（弱く）を要求、和声も３小節の間に目まぐるしく変化、やっと４小節目で主調のハ長調へ戻る、まるで落ち付かない。あたかも子供がそわそわとまわりを気にして内緒話をしている様子だ。音型から最初の「お祖父さん」を強く、次の「お祖父さん」を弱くと対比する歌い方も考えられるが、大声で内緒話をする子供は居ない。お祖父さんがよっぽど耳が遠いのなら別だが。更に「固いものでも食べられる？」では、ほんの少し息を飲んでためらった後思い切り打ち明けるかの様な休譜。詩と曲の美事な融合である。

　吉丸一昌の「子供の歌」の最高境地に達した、「お祖父さん　お祖母さん」である。前作「かくれんぼ」と共、是非共、時代を超えて歌い継がれる名作として楽譜として取り挙げた。

〜　〜　〜〈間奏曲　理屈と膏薬〉〜　〜　〜

　それにしても大正初期、デモクラシーという思想は根付き始めたがまだ一部の人々の理念にしかすぎず、庶民生活は貧富の格差は増大する一方であった。だから「お祖父さん」「お祖母さん」の話し振り、まして子供のオヤツにカステラが出る等、考え合わせると、ここ

の家庭は相当裕福な家庭であったろう。

　かつて「靴が鳴る」（清水かつら詞弘田龍太郎作曲）を指して、高名な評論家が「大正時代に音が出る様な皮の靴を履くのは余程裕福な家庭の子女でないとその様な贅沢は出来ない。従ってこれは一部の富裕層の為の童謡である。」と難癖をつけた人が居た。理屈と膏薬は何とやらである。

　しかし子供達はそんな屁理屈は関係ない。自分達が良いと感じた歌を歌う。子供達にとっては、一年間履く為に正月元日に下した、古びた月星印の運動靴でも一向に構わない。心が鳴るのだから。

　筆者の性格上、交友関係が狭く、ついつい身内の話になってしまう。ここでは、母に再登場を願う。

　この歌は明治42年宮崎生れの母の愛唱歌で、先に述べた様に文部省唱歌の数々特に「水師営の会見」を含め、何かの折によく歌ってくれた。尋常小学校5年（大正9年）の時、唱歌の時間の代用教員（母の表現による）として来た若い先生が歌ってくれたこの歌を、楽しさに引き込まれ一度で覚え、大層褒められたという自慢話が必ず後奏についたが。筆者も折にふれて聞いて育った。長じて自分が音楽の世界に足をつっこみ、やっと生業として過ごせる様になって、ふとこの曲の曲名、ルーツを知りたくなり、唱歌・童謡の研究に手を染めた。もう30年程前の事である。当然楽譜等何もなく、認知症がだいぶ進行した亡くなる2年前、採譜すべく歌ってもらったが、あとで調べると、音程とリズムの長短に多少の乱れはあったものの歌詞は驚く程正確であった。これをもとにやっと梁田貞の曲集にあると知り、玉川大学図書館から楽譜をコピーしていただいた。

　幼なくして、母を亡くし、母親代わりに弟の面倒を見てきた母にとってはその人生を支えてくれた歌であり、その亡き母の思い出と共に私の人生をも支えてくれた歌である。更に拙い乍らもこの研究書（？）を出すきっかけにもなった歌である。

　その後、音楽学者で高名な小島美子氏の著書「日本童謡音楽史」序章で、明治38年生れの小島氏の御母堂が宮崎高等女学校在学中に、唱歌の時間、教師園山民平から、新作唱歌4－2「落椿」を教わり、今までにない「ハテナ」「アハハ」といった日常の生きた言葉による表現に感動した。という事が書かれていた。園山民平は、大正11年には「満州」へ赴任。その前迄は宮崎高等女学校で教鞭を執っていたことから、筆者の母の話とも符合する。園山民平は明治43年に東京音楽学校を卒とあるが、筆者の手元の卒業生名簿にはなく、恐らく研究科を卒業したのであろう。

　吉丸一昌の薫陶を受けた園山民平。彼から直接唱歌を教わった母。その母の歌で育った不肖の御子息の筆者。つまり筆者は、吉丸一昌のこれ又不肖の孫弟子に当たる。（「理屈と膏薬」の伝である。）

～　～　～　～　～

第3楽章　吉丸一昌のミクロコスモス　　213

子供の歌と芸術　「水口」考

　「新作唱歌」の邦人作曲家による創作子供の歌の紹介と考察は、「10−1. かくれんぼ」「10−2. お祖父さんお祖母さん」を従来の、唱歌にも次代の童謡にもない、子供の歌の最高作品として捉えた事をもって区切りをつける。勿論、吉丸の子供の歌は、訳詩を含めてまだ数多いが、本項では、子供の歌と芸術というテーマで論を進める。

水口	巽 聖歌 詩	「赤い鳥」大正 14 年 10 月号、推奨作品
野芹が	咲く田の	水口
蛙の	子供ら	かえろよ
尾をとる	相談	盡きせず
あかねの	雲うく	水口

　後に「たき火」(渡辺茂作曲)の名曲を書いた巽聖歌のデビュー作。「赤い鳥」は創刊以来、広く童謡詩を募集している。詩に限らず綴方(創作童話)自由画を含め推奨作品として誌上に掲載(詩の選者は北原白秋)。特に推奨となった詩に作曲の応募も勧め、「それぞれ優秀な人々は赤い鳥で作家作曲家としての地位を与え、社会に推薦する」(同誌「応募要項」から)を積極的に底辺を広げる事を行っていた。この「水口」も大人の部の推奨作で、次に「眼白の声」(佐藤義美詩)が並んでいる。

　水口といっても現代の都市生活に慣れた人には理解出来ないが、用水路から田圃に水を引く為の取水口の事である。農家にとっては重要な意味を持っている。筆者の思い出話になるが、秋口、田圃の水を落す時に、水口の出口に笊を置き待つ事小一時間。居るは居るは、鮒やタナゴ、オイカワ、鯉ッ子、雷魚がピチピチと一杯に跳ねている。強い農薬がなかった頃は、貴重な蛋白源として甘辛く煮付けて晩のおかずに。懐かしい思い出である。

　その水口に集った蛙の子供らが尾を取る相談をしているのだろうか。もう夕方だ、早くお家に帰りなさい。と、優しく呼びかける。確かに、水口に蝟集しているまっ黒なお玉じゃくしに注がれる眼差し。発想の独自性、四・四・四調の切りつめられた無駄のない言葉での適確な表現。とても美しい詩である。

　この詩を推奨作品にした選者、北原白秋の評は、「巽君の『水口』はおっとりとしていい気品のある芸術童謡です。めずらしいほどいい。四・四・四調は私も小曲でやってみましたが、全く気品のある調律です。箏唄調の脱化ですが、いい形式だと思って、私もこの作を見て大いに意を強うしました。佐藤君の作品はどれもわるくないが中でも「目白の声」

がいい。少々調子がくずれていますがこの内容の無邪気が何よりもよいのです。」以下略。

　ここで選者は、「水口」を気品のある芸術童謡として絶讃。四・四・四調は選者も試みたがとてもいい形式であると評している。この時から巽聖歌（野村七蔵）と佐藤義美は白秋の門下に。佐藤義美はその後、「いぬのおまわりさん」（大中恩作曲）「おすもうくまちゃん」（磯部俶作曲）等の作品を書いている。

　果たして芸術童謡とは一体どういう意味を持っているのであろうか。おっとりと気品がある事か。四・四・四調の表現形式の新しさの事か。芸術という言葉は何度でも言う様だが、極めて抽象的且つ曖昧な概念である。主に技法上の新しさ、発想の独自性を指す言葉として使われる。象徴派詩人として白露の時代（白秋と三木露風）といわれる一時代を築いた芸術家の言う事だから、芸術という意味は色々な意味に捉えられても差支えないのだろうが。

　しかし、芸術童謡という四文字の中にある「童」という概念、つまり子供がそこに居ないのである。白秋の評には子供観が全くない。子供の存在はそっちのけで批評している。後半は四・四・四調の技法の新鮮さのみ取り上げ自分も詩に使ったことをさりげなく宣伝している。次の佐藤義美は、先ず技法上の事を取り上げ（調子がくずれている）それから内容の無邪気さを褒めてはいるものの、それを読んだ子供達の柔かい感受性にどう影響をもたらすかは、言及していない。唯々、高踏的に芸術家の目線で四・四・四調の形式面や、おっとりとした気品やらを持ち出しているだけではないだろうか。子供観というのは、小さい子供の低い目線で、子供と同じ無垢の目線で対象を捉え、共振する事から始まる。

　新作唱歌１－３「おたまじゃくし」の詩をここでもう一度思い出していただきたい。お玉じゃくしはまっ黒で頭がまるく尾が長いのである。吉丸はそれこそ子供と一緒に池の端にしゃがみ込んで見たまま感じたままを詩にしている。寄り合い固まっていても、特に尾を取る相談をしている訳でもなかろうに。芸術家の先生方は散文的と仰有るが、水口に野芹が咲いていようが、あかね色の雲が浮いていようが、子供にとってはどうでも良い。ただ自分の感じるままに「おたまじゃくしはかわいいな」となる。子供観が欠如した芸術童謡は、子供の歌とは別の存在である。

　「新作唱歌」で吉丸は、子供の歌に教訓は要らない、こわい顔をした絵紙鳶の達磨はどんどん飛んで小さくなって居ろとばかりに子供の目を通して描いた画期的な作品を次々に送り出した。吉丸のその精神は、彼の薫陶を受けた教え子達に引き継がれたが、やがて、芸術童謡とする子供観不在の、芸術という曖昧な概念のもとで、個の追求ではなく自己主張だけのものに併呑されてしまった。

遊戯唱歌

　吉丸一昌は、新作唱歌で2曲「遊戯唱歌」を発表している。2曲共作曲は邦人に依るものでなく外国曲に詞を当てているが、音楽と、子供達の身体の動きを結びつきを企図した意義は大きい。伊沢的に言うと、まさに知育と体育の融合である。(「徳育」は遠くへ飛んで小さくなっている)

　この遊戯唱歌の日本での歴史は古く、明治20年音楽取調掛第2回卒業生の白井規矩郎の提唱に始まる。東京音楽学校の前身でこの頃は学生と言わず伝習生と呼んだ。14名の卒業生の中には内田粂太郎、小山作之助、納所弁次郎、比留間賢八という後に音楽界の重鎮となる人材が揃っていた。

　白井規矩郎は、「小学遊戯全書」で1. 共同的遊戯、2. 個人的遊戯、3. 弄毬的遊戯、4. 体操的遊戯、5. 理化的遊戯、6. 雑種遊戯と分類し夫々に用例を示した作品を書いている。これは出版社同文館の新刊案内から取ったもので、残念ながら原本は入手不可能であった。しかし項目だけを見ても理論的な分類である事が理解できる。共同的(集団)から個人へと整然と分類している。3. 弄毬的遊戯とは手毬歌等を含めたボール遊びの事か。5. 理化的遊戯は何を意味するか。唯一筆者の手元にあるのは、明治30年同文館発行「新編遊戯と唱歌」(国会図書館デジタルライブラリー)であるが概要を知る為に一瞥してみる。

　序詞は、白井と同年卒の小山作之助。文語カナ書きで抄訳すると、「児童が遊嬉を好み唱歌が好きな事は先天的にもっているものであり、この事からみて児童の心身の発育に有益で多言を要しない。しかもこの二者を適宜に使用する事で、視聴の楽しさと音容の美を雙え、遊嬉の意義を明瞭にし、唱歌の発相を確実にする効果がある。」以下略。と児童は天性のものとして遊嬉と唱歌を好むという明確な子供観をもとに編纂されている。

　次に内容は合計20曲に夫々遊戯法の説明がつく。曲譜は全て数字譜。歌詞は5曲を除いて中村秋香の詞。遊戯法は文語カタカナ書き。例によって拙い抄訳で。

　第1. 進行　衆児(子供達)を一列に並べ(この方法は特に決ったものではなく一列が最も簡単な為で、始めに一列次に二列しても可)進行曲の拍子に足踏を合せ、色々な方向に導き歩ましめて歩行の練習となす。

　第2. 円形　子供達を一列進行させながら、その列が円形になる様に導き先頭が列の最終の子供に接したる後に歩みを止め円の中心に向かってお互い手を繋ぎそのまましばらく円形に進行して次に元の位置に復せしむ。

　次の「れんげ」は円形の応用形と言うものである。

　ここでの対象は全て衆児であり、基本動作は円形の進行から始まっている。だんだん複雑になってくると第6. 鎖進行へとなってくる。図解入りだが説明は仲々理解出来ない。

ただ遊戯唱歌での白井の意図する所は大体把握出来るかと思う。スイスの作曲家ジャック ダルクローズが提唱し日本にリトミックの概念が移入されたのは大正期に入ってからで、白井規矩郎の先見性は評価に値するものである。

　白井はその後、日本女子大学創設者成瀬仁蔵にその功績を認められ、初代の体育教師として活躍した。

　白井の後を受けて一年後輩の鈴木米次郎が明治34年に「日本遊戯唱歌」四編を刊行。

初編1　この道すすめ　鈴木米次郎 作曲

1．この道すすめ	2．手を打ちすすめ	3．笑いて進め
この道すすめ	手をうちすすめ	わらいて進め
進め進め	進め進め	ハハ　ハハハ
手をとり進め	その処^{とこ}とべよ	ここにて止れ
手をとり進め	そのとことべよ	ここにてとまれ
進めすすめ	とべ　とべよ	とまれとまれ

　遊戯法　生徒は二列又は四列で歌い乍ら進行する。而して各節毎に言葉と同じ動作をさせる。「この道進め」は普通に行進し「手をとり進め」はお互いに手をつなぎ……以下略。
　簡単な覚えやすい旋律に歌詞に合わせて振り付けをする。興味深いやり方である。又、第3編は共同的遊戯の他に、個人的遊戯として、指遊びを入れている。又、初編の「守謡^{もり}^{うた}」は子守の風姿（すがた形）をして、人形等を用い絶えず拍子よく身体を軽く動かし、静かに歌う。とある。歌と身体動作を融合させた最も基本的な、遊戯唱歌である。
　因みに鈴木米次郎は明治40年東洋音楽学校（現、東京音楽大学）を設立。後進の育成に力を注いだ。

　そして新作唱歌である。ここで吉丸は7－3「花すみれ」（英国民謡）、9－2「蛇の目の傘^{からかさ}」（作曲者不詳）の2曲を書いている。恐らく「歌あそびうかれ達磨」以来、オペラ指向の強かった吉丸は音楽と身体動作の融合、つまり歌に合わせて動作を行う（踊りを含めて）事の重要性を痛感していたのではないだろうか。とり敢えず紹介。

第3楽章　吉丸一昌のミクロコスモス　　217

７－４　花すみれ　　　英吉利民 作曲

１．わたしは花よ①　菫(すみれ)の花よ　　　　２．いざ来よされど⑥　静かに歩め

　　春の野原に②　小首かたむけ③　　　　　　　摘むをねがいの⑦　わが身なれども

　　寂しやひとり④　ただすみれ草⑤　　　　　　足に踏まれて⑧　泣くのは厭(いや)よ⑨

大正３年４月５日

遊戯方法

　　小児等は紫色の紙帽子、又は紫の房のついた帽子を冠って歌うてよし

①小児等、列をなして進み出る

②野原を指すまねをする

③首を、ちょと、かしげる

④両手をこまねく

⑤両手にて両腰を押える

⑥半円をなして、一人ひとり続いて軽く歩きまわる

⑦少し跳(は)ねる様に歩く

⑧もとの列になる

⑨手を拡げて軽く御辞儀する

　　文語。７・７調３句２連。吉丸の外国曲への詞は、原曲の内容に沿ったものと、全く原詞と関係なく自分の詩想を書いたものがある為、「花すみれ」の詞はどちらに属するか不詳であるが、曲想のもつ「優雅かつやや緩(ゆる)やか」な感じと、詞がよく合っている。（アクセントは別として）。９－２「蛇の目の 傘(からかさ)」の場合は、後付けの弊害であろうか、旋律のフレーズと詞の句調が８つの８分音に、７（３・４）＋８（４・４）とした後半が歌いづらい。ここでは、「蛇の目の 傘(からかさ)」が遊戯の為の唱歌である事を紹介するのみに止める。

　　さて「花すみれ」であるが、２連目の菫(すみれ)を可憐な乙女の独白と読みかえると、意味深長な詞になってとても面白くなってくるが、ただあくまでも、この詞は可憐な子供達の為の遊戯唱歌である。

　　遊戯方法は先に紹介した、白井規矩郎、鈴木米次郎の考え方と同じで集団の動き（共同的運動）を基本に置いて詞の意味に合わせて簡単な振り付けをしている。今はどうか解らないが、かつて学芸会で盛んに行われた方式である。

　　明治の遊戯唱歌に関して、提唱者の白井規矩郎、鈴木米次郎、やや遅れて吉丸一昌の作品を概観してきたが、三者共、明確な子供観に基づいて真摯に実践を通して子供の教育を

考えている。先に紹介した二人は夫々教育方面に生涯を捧げ、後進の育成に多大な貢献をした。

　そして、この遊戯唱歌は、大正期に移入されたダルクローズのリトミック教育の影響もあり、子供の教育には必須と捉えられる様になった。ここにその頃の情況を知るために貴重な資料がある。大正15年6月1日創刊の「最新教材　遊戯と唱歌」学校遊戯研究会編集。主幹小林嘉貞。大正書院発行。を覗いてみる。(資料を紹介する毎に、その資料が完全に揃ってない事をお詫びするが、ここでも例にもれず……。)

　巻頭に当時を代表する作曲家(室崎琴月、草月信ら)の新曲を置き、幼稚園から中学校高等女学校に及んでそれぞれに応じて遊戯唱歌を写真による振り付けと解説。ダンス(主としてフォークダンス)の振り付け、巻末には児童唱歌劇と多岐に亘って遊戯唱歌を分類し研究紹介している。手元には昭和7年度迄しかないが、その真摯な研究は現代社会に大きく引き継がれ発展していった。

　子供達を、徳育一辺倒から開放し身体の運動を通して音楽の本来の楽しさを味わわせるという「遊戯唱歌」は意義のある役割を荷なっていた。

第3楽節〈高学年の唱歌〉

　新作唱歌第3集からは、新たに中学生、高等女学校生対象の唱歌が加わった。外国曲への作詞、滑稽唱歌等を含めず、邦人の作曲に依るものは10曲を数える。ここでは邦人の作品に絞り更に特徴的な作品を抜萃して紹介。

3－5 早春賦

　この曲の詞は、(P.164)「早春賦」への道程で述べたので割合する。ここでは音楽面について考えてみよう。

　この歌はしばしばモーツァルト作曲「春への憧れ」(K.596)と似ていると言われている。確かに調性(ヘ長調)、楽式A(a + a')＋B(b + a')の二部形式、6拍子のリズムパターン、そして春の到来を待つという内容等、夫々よく似ている。ただ大きく見れば西洋的な春を待つ心と日本的な春を待つ心には大きな差異がある。旋律はモーツァルトの作品からの影響は確かに認められるが、決して剽窃ではない。

　モーツァルトの方の訳詩を紹介する。

春への憧れ　　　吉田秀和 訳詞

1. おいで、懐しい春よ。そうして木々をもう一度緑にし、川のほとりに可愛いい菫を

咲かせておくれ！私は再び菫を見たくてたまらない。あゝ懐しい春よ、もう一度また散歩したくてたまらない。（2連以下略）

　5連あってその第4連目には、「一番残念なのは、ロッテちゃんの心臓が悪い事だ。可愛想にあの子は一番花の季節を待っている。」という内容である。

◇引用文献「歌曲選集　モーツァルト、ベートーヴェン」（春秋社）

　長い冬、雪に閉ざされた世界から一息に緑豊かになり色とりどりの花が咲き乱れる世界へ。西欧の人々の春を待つ心を、ここでは個人の願いとして唄い、更には心臓を患う友達への思いやりへと唄う可憐な子供の歌となっている。

　それに対して「早春賦」では故郷への思いの描写を含め、淡い恋心とも取れる大人の歌に仕上がっている。

　冒頭の旋律は分散和音で一気に11度（C－Ḟ）まで上昇する（モーツァルトはF〜Ḟ迄の8度）。この音型の類似は、両者共春への憧れの心を旋律で描写したもので、最高音に達したあとの展開は和声進行を含めて全く異なり、モーツァルトの世界へ、吉丸一昌・中田章の世界へと夫々展開していく。

　「早春賦」は日本情緒豊かな愛唱歌として広く時代を超えて今でも歌い継がれている。（巻末に楽譜添付）この曲については、芸術至上主義者で国文学者金田一春彦氏もアクセントの違い、言葉の切り方について〵張るはなァ一蚤の…〵とはさすがに申されなかった。批評の為の批評という毒牙から逃れた思いである。

5－1　雲雀　　　本居長世作曲（巻末に添付楽譜）

1. 欠伸のような風が吹く
　 夢路のような野が見える
　 眠い眠い春の日を
　 さて　気短の雲雀かな

2. 雲雀の声がするようだ
　 ようだがどうも目に見えぬ
　 何処の空にかくれんぼ
　 もう　戯れまいぞ揚雲雀

大正2年5月12日作歌　同6月17日夜修正

　次に揚げる二編の詩は、「雲雀」をテーマとした吉丸の作品である。

◇うぐいす　ひばり　中等音楽教科書巻2（明治41年4月）

1. 桜花匂える　片岡のふもと
　 ほがらの鴬　げにおもしろ
　 春告鳥の　誘いにつれて

2. 八重霞たなびく　花岡のみ空に
　 声高の雲雀や　げにおもしろ
　 心をのべの　うれしき節を

うたごえを吾等も　いざや揚げむ　　　うちつれて吾等も　いざや歌はむ

◇揚雲雀　オルガン軌範第71（明治43年9月）

1. 麦生の畑の　あげひばり
   何をか告げんと　空に行く
   古巣を我子を　ふりすてて
   ひねもす雲井の　上にのぼる

2. 落ち来よ落ち来よ　揚雲雀
   み空ははるばる　はてもなく
   うた声きくべき　耳もなし
   いざ疾く帰れや　草の床に

　「うぐいす　ひばり」は恐らく北村季晴の作曲によるものであろう。あるいは、4句不同格から考えて、外国曲への後付けか。本人達の著作者名が記されていない為不詳。巻2の冒頭の曲である。文語による格調高い詞で、まるで吉丸一昌がそれまで親しんでいた短歌の歌題の様な描写が並び、その鶯や雲雀の声に誘われて自分達もさあ歌おう、と結ぶ。かなり観念的内容を持ち、いわゆる唱歌的に仕上がっている。

　「揚雲雀」はそれから2年後。楠美恩三郎編の「オルガン軌範」のスコットランド民謡「故郷の空」（大和田建樹詞）をリズム型を変えたものへの後付けである。ここでは吉丸らしく英文の原詩からイメージを受けて自由に創作。「ライ麦畑」の原詩を「麦生の畑」に直し、そこから連想した「揚雲雀」を主人公に。説明する迄の事はないが、家を捨て、我子を捨ててまで何を告げようと高い空に昇ってゆくのか。早く降りて来い。広い大空ではお前のうた声を誰も聞いていないのだ。はやく帰れ草の床に。といった意か。揚雲雀に吉丸自身を擬えたのだろうか。

　そして「揚雲雀」から3年後、新作唱歌5－1「雲雀」である。明らかに吉丸の作風が変った。文語体による格調高く且つ観念的な詩から、雲雀を擬人化した作品へ、更にここではすっかり肩の力が抜け、人生を達観した様な内容になった。ここでの雲雀は気短にせわしく囀る小鳥ではなく、吉丸が携わっている文部省唱歌という仕事として置き換えてみたらどうであろう。

　この詩が書かれたのは大正2年5月12日、ほゞ時を同じくして文部省唱歌第5学年用が同年5月28日発行されている。筆者の手元の文部省唱歌編纂日誌には明治44年8月19日迄の記録しかなくあとは推定するのみであるが、この年の6月28日に第2学年用が刊行されたばかりである。この時点で第3学年用を中心に編纂会議の討議は行われていたが既に4学年（春の小川、桜井のわかれ、つとめてやまず等）5学年（入営を送る、鎌倉）が討議の対象となったり、依嘱されたりしている。かなり早い取り組み様である。

　これらはあくまで状況証拠にしかすぎないが、大正2年5月12日作歌の時点では、1年後に発刊される第6学年用を残すのみで、恐らく詞の方は上記編纂日誌による、先の学

第3楽章　吉丸一昌のミクロコスモス　　221

年へ、先の学年へと気忙わしい程の、取り組み方を見てきた様に、既に草稿として大筋は出来上っていたと考えてみるべきであろう。要は、文部省小学唱歌教科書編纂委員歌詞担当主任の重責から解き放されようとする時期であった。（未だ完全にではないが。）傍証にしかすぎないが、大正2年は、新作唱歌3集から6集迄を刊行。大正3年からは雑誌「音楽」にほぼ毎号それこそ堰を切った様な勢いで詩作している。丁度、北村季晴中等音楽教科書が一段落した明治43年と同じ様に。

　作曲は本居長世。邦楽に詳しい本居だけにアクセントにはうるさかった様だ。文部省唱歌では、第1連目はアクセントに忠実に、第2連以降はアクセントに拘らずにという了解があった。この詞の傍書を見ると、作歌は大正2年5月12日、同年6月17日夜修正とある。本居からの要望であろうか。その間の一ヶ月は、語句のアクセントを調える期間であったのではないか。更に第11小節、4拍目の音は二重音で符の上に＊。註として「第1節の時は、上の音。第二節の時は、下の音符にて唱うべし」とある。頭高型「はるの日」中高型「かくれんぼ」を厳格に区別している。同じ様なアクセントの違いによる分かち書きは、6－4「餅売」で船橋栄吉が行っている。現在では当たり前のこの記譜法だが、今までに見てきた明治の唱歌集にはなく、画期的なものである。

　さて、肩の力の抜けた吉丸の詩想に対して作曲の本居もよく応えている。一語に一音でなく一語に二音（八分音符に分割し母音だけをのばす）を充て、第1句第2語と第2句第1語を同じ旋律（「かぜが吹く」と「夢路のような」を重ね合せ長閑でのんびりした気分を出している。第3句「眠い眠い」は同一音（A）を長くのばし、「春の日」でアクセントに依る変化した音を挟んで再び同音（B）をのばし、眠くてたまらない春の日の雰囲気を殆ど2音によって醸し出し、「さて」と感投詞を入れ、「気短かの」で4音上E音をシンコペーションを使って、詞とうらはらに長くのばしている。邦楽の語りの手法をうまく使っている。音を言葉で説明出来ない文才のなさをお詫びしつつ、敢えて申せば、名詩が名曲を生んだという事である。

7－6　枯木立　松島彝子 作曲

1. 吹くや木枯　降るや時雨
　　さらば　しばしの冬に籠れど
　　野山も里わも枯木立

2. 積むや白雲　降るや霙
　　されど　運命は時を待てとて
　　のどかに眠るや枯木立

　　　　　　　　　　　　　大正2年12月30日

　文語、3句不同格（7・6、7・7、8・5調）、日記は先に乙骨三郎の項（P.143）で引用したが、

「かねてより作曲を試さんとする松島彝子の為に『枯木立』の一編を作り送る」とある様に、前に紹介した「庭の雀」の及び腰の作曲から一変した。叙情性溢れる旋律と、それを支え補うピアノパートの上向アルペジオ。その音型の中に旋律を織り込んで歌い易くするための工夫等々、後年、女性作曲家として大成する松島の豊かな才能の片鱗がここにある。

　加えて、「9－5. 子猫と雛罌粟」では、非和声音を多用し更に旋律的に、女性的な柔らかさが加わってきた。ピアノパートもフレーズ毎の内容の変化に応じて、音型を変化させるといった工夫がある。この詞は雑誌「音楽」（大正2年4月）に作曲用試作「物のさが」として出されている。「9－5、子猫と雛罌粟」として大幅に改作され刊行されたのは大正3年9月。松島の「新作唱歌」への3曲の作曲で一番最後となる。つまり一作毎に作品の内容が充実して来ている。丁度、脱皮をくり返し変身していく蝶の様に。

　その後大きな蝶となり飛び立った松島は女子学習院の教授として教育に専心する傍ら歌曲、童謡、宗教曲等幅広い分野で作曲。昭和39年鎌倉円覚寺の一隅に庵を結び「通念」と号した。「初学者のためのピアノ教本」「松島彝歌曲選集」がある。因みにこの選集には、代表作とされている「真珠」（竹内俊子詞）に加えて吉丸一昌の「枯木立」がピアノパートに手を加えられて選ばれている。ここにはないが、〽お馬の親子は仲よしこよし…〽で知られている「オウマ」（林柳波詞）ウタノホン。がある。

　吉丸は「新作唱歌」で新人の作曲家を発掘育成する事に力を注いだが、前にも述べた様に特に女性作曲家を発掘する事に腐心した。北村初子（天野雍子）は残念乍ら他の道を選んだが、中島かね子（柳兼子）は、明治、大正、昭和と三代に亘って活躍した歌手として大成。そして松島彝は本邦初の女性作曲家として名を残した。吉丸一昌の慧眼と言うべきか。この「新作唱歌」のもたらした功績は大きい。

東京音楽学校　二人のノラ
10－3　森の鳥　　弘田龍太郎 作曲

1．鳴く音妙なる森の鳥
　据籠に入りて歌わずや
　真紅の紐のふさふさと
　風にゆらめく美しさ

2．歌を命のわれなれば
　ねがいは外にあらねども
　君若しわれに歌あらば
　愛ずと一ふし賜びたまえ

大正3年8月16日作

　文語7・5調4句2連。といっても味気ないが、文語定型詞は吉丸の最も得意とする技法である。しかし乍らこの「森の鳥」は何を意図して書かれたのだろう。字句を文字通り

に読んでも何の事やら。森の鳥と真紅の紐との関係。二連目では自己の森の鳥への願望か。吉丸一昌の研究の途についたばかりの時は、意味不明の謎の詞であった。

やがて研究が進むにつれて、メタファー（隠喩）法による象徴的表現である事に気が付いた。「早春賦」の語句「谷の鶯」を当時の女学生達が自分の事として解釈した事と通底する。

さて、「森の鳥」は誰を指すのか。それは大正３年１月、東京音楽学校研究科卒業まで僅か２ヶ月を残し乍ら、柳宗悦との結婚の為あっさりと退学した、中島かね子（柳兼子）の事を指しているのではなかろうか。とすると「据籠」（鳥籠）は音楽学校であり、「真紅の紐」は舞台衣装であろう。傍証にしかすぎないが、「柳兼子音楽活動年譜」松橋桂子著 P.9によると、大正元年12月12日付読売新聞で――中島嬢の独唱、藤紫に梅の裾模様、赤いリボン、「ヘロデアット」の中のアリアを初めより落ちつき払って…（後略）――とある。

そう考えるとこの「森の鳥」の詩意は充分に理解出来る。第二連は、吉丸の真情の吐露である。君が若し私に歌うのであれば、「愛ず」と一言歌って下さい。「愛ず」の対象は吉丸の歌か、歌が命の吉丸か。解釈は微妙に分かれてくる。

この詞に応えるかの様に、新作唱歌２－７「春の草　秋の草」は彼女のレパートリーとして独唱会で度々演奏している。

以上、情況証拠の寄せ集めによる牽強付会極まる結論である。新しい資料に基づいた新たな見方が出てくる事を望む。

それにしても、この詞を弘田龍太郎に作曲させた吉丸一昌も人が悪い。

というのは、弘田自身が、大正３年春には結婚したばかり。相手は東京音楽学校器楽部で、同じ机を並べた同期の高安百合子嬢である。父君は当時詩人で劇作家。且つイプセンを日本に紹介した高安月郊。

ここで弘田龍太郎の初期の作品を掲げる。尚、参考文献は「弘田龍太郎作品集　巻3」ゆかり文化幼稚園編。が主で、日付がないものは雑誌「音楽」からのものである。

◇明治45年３月　　　　　「おぼろ夜」　　　　　　近藤義次詞

◇大正元年８月　　　　　「昼」　　　　　　　　　林竹次郎詞

◇同　　　　８月10日　　「浜辺の盂蘭盆」　　　　**高安月郊詞**

◇大正元年11月８日　　　「ちゅうちゅう鼠」（俗謡）近藤義次詞

◇大正２年６月　　　　　「春の行衛」　　　　　　**高安月郊詞**

◇大正２年６月９日　　　「ダリヤ」　　　　　　　**高安月郊詞**

◇大正３年６月11日　　　「流れごころ」（船歌）　　**高安月郊詞**

◇大正３年６月30日　　　「寂寥」　　　　　　　　薄田泣菫詞

◇大正４年６月８日　　　「木蓮のひとひら」　　　**高安月郊詞**

◇大正６年９月９日　　　「春の月」　　　　　　　**高安月郊詞**

作品はいずれも音楽的に質の高い内容をもっている。これからも歌い継がれるべき曲の数々である。

　さて、百合子嬢との出会いは恐らく、高安月郊の詩に作曲をはじめたのがきっかけであろう。そして結婚の前後は集中的に月郊の詞を作曲している。なる程なる程。宜なるかな。

　これは、筆者が、東京音楽学校卒業生名簿と、弘田龍太郎作品集から得た結論であり、弘田龍太郎の最後のお弟子さんの中村節也氏に後で確認した所、まさにそうであるとの返事をいただいた。加えて、在学中は、柳兼子のピアノ伴奏をやっていたとの事で「あの娘（百合子）が未だネンネの頃、よく伴奏してもらったのよ」と伺ったそうである。

　もっとも、当時の社会風潮は、男女間の交際に厳しく、時に学生監の吉丸一昌に見つかると大変な事になったと言う。例えば交際相手の柳宗悦とデートの際は市電や山ノ手線を利用。電車の中では二人とも口を利かず、話したい事は手紙で表現し合い、友人を仲介としたり、差出人の名を変えて投函。これらの恋文は数百通残されている。（松橋桂子編「柳兼子音楽活動年譜」（P.8）いやはや大変な時代であった。デートといえば今では軽い意味で使われるが、当時は文字通り「逢いびき」であったり「密会」でもあった。高安百合子嬢は、ピアノ伴奏の他にその時のカモフラージュに利用されたと言われているが、百合子嬢も片方では密かに弘田龍太郎との仲を進行させていた様だ。父君高安月郊の専問イプセンの「人形の家」の新しい女性ノラを地で行く様な御二人の結婚でした。

　もう一度重ねて言うが、吉丸も人が悪い。

　この項は、傍道に外れっぱなし。まるで三流週刊誌の裏付けのない噂話を集めたスキャンダル記事になってしまった。（反省）

　弘田龍太郎　明治25年〜昭和27年　大正5年に東京音楽学校研究科卒業後同校授業補助。大正9年同校助教授。昭和3年ベルリン留学。昭和22年「ゆかり文化幼稚園」園長。

　音楽教育に携わる一方、歌曲、童謡、器楽曲、オペラ、劇音楽、仏教音楽等々幅広い分野で作曲活動。その作品は優に千数百曲ある。私達に馴染み深い童謡「雀の学校」「靴が鳴る」「叱られて」以上清水かつら詞（少女号）等の童謡史を飾る名曲を遺している。「新作唱歌」では、ここで紹介した「10－3森の鳥」の外「6－6盲と聾」「9－4笛の声」（専門的滑稽歌曲）の合計3曲を書いている。

外国曲への訳詞 2

「新作唱歌」に収められた 75 曲中、外国曲への訳詞は 28 曲とかなりの比重を占めている。

吉丸の初期、北村季晴著「中等音楽教科書」（全 117 曲）、楠美恩三郎著「オルガン軌範」（全 26 曲）等に見られる様な、原詞と殆ど無関係な歌詞を付ける「自由訳」から、原詞の意を汲んだ「意訳」と変化していった。もっとも中には原詩の意味や内容に拘わらず大胆に詞をつける、いわゆる「豪傑訳」とも言える作品も散見する。

「新作唱歌」は第 3 集より外国曲の訳詞が加わってくる。第 3 集「緒言」3 を引用。

――本書所載の外国曲は、極めて邦人の趣味に合える名曲のみを取り　歌詞も出来うる限り原歌曲の意を酌んで　しかも我国語の音調を損ぜざらん事に力めたり――

とある。この項では 28 曲中、主だった曲を紹介する。

３－６　ニーナ　　　伊国ペルゴレージ

二日経れども　ニナは目覚めず

日影眉を照れど覚めず

我が笛に覚めずや

目覚めずやニナ　目覚めずやニナ

覚めて再び笑まずやニナ

覚めなば如何に嬉しからまし

目覚めよニナ　目覚めよニナ

（大正元年 12 月 10 日）

我が児の突然の死をすぐに受け止められない、切なく哀しい親心をうたった詞である。この「ニーナ」は、18 世紀に活躍した作曲家 G．B．ペルゴレージの作曲とされていたが現在は否定され、作曲家不詳となっている。

原詩の大意は「三日前からニナはベッドに伏している。笛、太鼓、シンバルよ、私のニネッタを起こしてくれ。もう眠らないように」という意。

細かい事を言う様だが、原詞「三日」が「二日」に、「笛、太鼓、シンバル」が「笛」に、それぞれ変わっただけで殆ど原詞に忠実な翻訳詞である。愛児の死は、洋の東西を問わず万人の心を打つものである。吉丸訳詞は原詞の押さえた感情表現を、「目覚めよニナ、目覚めよニナ」と一気に爆発させた表現に。吉丸の訳詞の頂点に位置する作品である。

それにしても、現今の、自分の子供を虐待死させる事件が多発しているのは何故？

５－５　故郷を離るる歌　ドイツ民曲

1. 園の小百合 撫子　垣根の千草
   今日は汝をながむる　最終の日なり
   おもえば涙　膝をひたす
   さらば故郷　さらば故郷　故郷さらば

2. つくし摘みし岡辺よ　社の森よ
   小鮒釣りし小川よ　柳の土手よ
   別るる我を憐と見よ
   さらば故郷　さらば故郷　故郷さらば

3. ここに立ちて　さらばと　別れを告げん
   山の陰の故郷　静かに眠れ
   夕日は落ちて　たそがれたり
   さらば故郷　さらば故郷　故郷さらば

（大正２年６月19日。土曜演奏会のために）

最後の夕べ（水上尚子 訳）

1. 君が別れを告げた最後の夕べに
   思いを馳せると
   あゝ、月は何と輝いていたことか
   私は例え君と
   別れなければならなくても
   私の心はいつも君の側にいる
   さあ、さようなら　さようなら
   さようなら
   さあ、さようなら　さようなら
   さようなら
   愛しい人よ達者で

   　　　　　　（２番〜５番略）

　ドイツ民謡の原詞の翻訳は水上尚子氏にお願いした。５番まであるが紙数の関係で１番のみで申し訳ないが、以下の大意は愛しい人との別れがテーマになっている。もっと金銀をもつ裕福な人になる様にとの母の願いで愛しい人と別れなければならない。それでも君は私の最愛の人（宝物）であり、君は、冷たい墓場まで、ずっと最愛の人であり続ける。といった内容である。恋人との別れは辛いものである。

　吉丸訳では、恋人との別れを、故郷への別れに変更。勿論、「新作唱歌」の編纂対象が最高学齢中学生、高等女学校迄と主に学生相手であり、成人用ではない為に教育目的の見地からも、故郷への別れとなった。もっとも、吉丸にとって故郷への思いは恋人のそれより強く激しいものであった。従来の作品中でも田園詩人と呼ぶに相応しい程、故郷の山川、風景が出てくる。そして「故郷を離るる歌」の、「園の小百合」「垣根の撫子」を始めとする「山の陰のふるさと」は、その全てが愛しい恋人であった。その思いは、母への思いと重なり遺作とも言うべき大正５年１月22日作歌「望郷の歌」の絶唱へと連なってゆく。（詩の紹介はP.162）

　一連目第四句「さらば故郷、さらば故郷　故郷さらば」は原詞では「Nun ade,ade,ade, Nun ade, ade, Feinsliebchen lebe wohl」（さあ、さようなら　さようなら　さようなら、さあ　さようなら　さようなら　愛しい人よ達者で！）となり、同語のくり返しが未練たっ

ぷりの感覚をよく伝えている。

　私事であるが、苦学を前提に東京の大学受験に向う車中、暮れなずむ故郷の山々が、汽車が進むにつれて次第に変容するにつれて「さらば故郷、さらば故郷、ふるさとさらば」と思わず口をついて出た。これから先の見知らぬ都会での生活や受験の不安で張り裂けそうな私の心を、吉丸のこの詞の一節が暖かく優しく慰撫してくれた。筆者は今でもそうだが、ロマンチックな青年であった。

5－6　僧院の庭　　　ドイツ民曲

鳴く鳥は遠き　寺の庭の真昼
枝を葉を漏れてさす
　斑日の影に　不図見るや
陽炎の縺れゆく乱れ

（明治45年5月東京音楽学校学友会のため作る）

　筆者の畏敬する、チェコ少女合唱団の指揮者イリー　スコパル教授に、「僧院の庭」の出典を尋ねた所、たしかにチェコの民謡であるという返事と、同時にチェコ語の詞と英文の対訳を送っていただいた。ここでは英文のみを紹介。

Once I'm gonna go through that forrest.

you my little horse carry me nicely

gallop and gallop, just don't stamp (ne tapes pas)

take me my little horse, wherever you want.

　大意は、「私があの森を通り抜けようとする時はいつも、私のかわいい仔馬よ、まっすぐに駆け続け、私を上手にはこぶ。私の仔馬よ、あなたがどこに行こうとも、私をつれていく。」（相変わらずの受験英語の拙訳で恐縮。意味の通る名訳を乞い願う）

　残念乍ら原詩は何連か続く第1連しかなく全体像が摑みにくいが、高度な宗教観のもとに旋律は極めて悲愴感に満ちている。例によって原詞の意味とかけ離れているが「僧院の庭」となった時、単にありきたりの「木もれ日」でなく「斑日の影」という表現。あるいは「陽炎の縺れゆく乱れ」等の表現等は、作者の内面の心の動きの描写として、短調の調べに合っている。

　以上の二曲は傍書きにある様に東京音楽学校学内演奏会で演奏された。同校では明治31年より春秋2季に定期演奏会を行う事が決定。明治45年からは学友会の「土曜コンサー

ト」が始まった。吉丸一昌が深く関わった学友会雑誌「音楽」の掲載作品は、これらの学内演奏会で試され、巣立っていった。

◇ **10－6　秋の風**　　露国（ロシア）民曲

1. 柿の木の枝の先
 赤い木の葉が一つ
 風になぶられて
 ひらひらと危い

2. 風の吹く枝の先
 三日月様が見える
 危いところだ
 散されはしないか

(大正 4 年 6 月 27 日)

◇ **秋の風**　　**新作小学唱歌版**

1. 霜置く寒き枝に
 赤い木の葉が一つ
 風になぶられて
 ひらひらと危い

2. ふるえる枝の先に
 三日月様がかかる
 網目の枝から
 落されはしないか

(大正 4 年 11 月出版)

　上の詩は大正 4 年 6 月 27 日作詞の「新作唱歌」第 10 集の中のもの。下の詩は、ほゞ 3 ヶ月後に刊行された「新作小学唱歌」に収められた詩。1 連 2 連共、第 1 句目が大きく書き直されている。何故。

　これは外国曲への日本語の当て嵌めの場合、屡々起きてくるものである。P.20「和歌の浦」で旋律の句（フレーズ）と、日本語の句の不一致。平たく言えば、音の数と言葉の数が不一致である。

　吉丸は、新作唱歌中「9－2 蛇の目の傘」、遊戯唱歌の項で少し触れたが、この「秋の風」でも同じ誤りを犯している。「かきの木／のえだの…」と、かなり歌いにくいが改訂版では「しもおく／さむき…」となりすっきりとしてくる。

　詞の内容は、オー・ヘンリーの不朽の名作「最後の一葉」を思い起こさせる一場面で、吉丸一昌の死の 8 ヶ月前に書かれた作品であると考えると、意味深長になってくるが、それは穿ち過ぎ、考えすぎであろう。しかし、1 連、2 連の第 3 句第 4 句の臨場感溢れる表現は美事という外はない。つい柿の一葉の危うい状態に読者を誘い込んでしまう巧みな表現である。この詩を吉丸の周辺の若手の作曲家達に書かせていたらと思うと惜しい気がする。

第 3 楽章　吉丸一昌のミクロコスモス　　229

10－10　若松懐古（原曲ドイツミサ）　　シューベルト　作曲

1．千年契る若松の
　　小枝折れて　あかつきの
　　風は白し　飯盛山
　　鳥も鳴く音を立てもせず

2．昔偲ぶ我涙
　　そでにひとり包めども
　　落ちて散るか　つわものの
　　夢の跡なる草の露

註）詞の方は「飯盛山懐古」となっている。

ドイツミサ　サンクトゥス　　　　水上尚子 訳

聖なるかな　聖なるかな　聖なるかな　聖なる主よ

聖なるかな　聖なるかな　聖なるかな　聖なる主よ

聖なる主は　いついかなる時にも　そこにおられる

主の栄光は大地に満ち満ちて　永遠に共にあらん！

註）ドイツ語の翻訳詞はピアニスト・水上尚子氏にお願いした。氏は国立音楽大学に学ぶ。後ベルリン芸術大学講師として、ドイツ、ポーランドをはじめヨーロッパ各地で演奏活動を行う。帰国後は地元小淵沢で、後進の育成に携わる他、活発な演奏活動を行う。因みに、筆者のＣＤ「ピアノ作品集」の第2部は、氏の名演で飾られている。

　ここに改めて水上氏の御厚情に感謝するものである。

　さて、ドイツミササンクトゥスと「若松懐古」の共通点は。結論は、殆ど共通点なし。吉丸の訳詞の特徴は、原曲を丹念に味わい、原詞の意味を確実に読み込んだ上で、自分の詩想に変え自分の言葉で表現する事であるが、「サンクトゥス」の荘重感と「若松懐古」の悲愴感とは相容れないものがある。翻訳初期に屡々あった「豪傑訳」と言った方が適切であろう。

　それにしても、第10集の最後の4曲には誤植校正ミスが目立つ。特に「10－9. 母の心」（M. ブルフ作曲）が、最も多い。多少の音の間違いは判断して修正出来るが、この曲は　13小節目のテナーパート、バスパートと完全に脱落、しかもソプラノは突然、出せそうにもない高いＣが出たり。

　この版は、奥付によると大正4年10月初版。再版は同5年5月14日。大正14年6月に8版を数えている。吉丸は大正5年3月7日に亡くなっているから、死後2ヶ月後に再版。本人は、ミスプリは解っていたと思うが修正する時間もなく逝ってしまった。それでも8版を数える迄、出版社あるいは吉丸の周辺の音楽家たち誰も気が付かなかったのであ

ろうか。

　この「若松懐古」は、「飯盛山懐古」と詞、曲に別々の名前がある。そして楽譜の最後のアルトの音がFからGになり、静かな長和音で終るべき所を、短和音へと急変化。明らかなミスプリントである。

　この第10集は「10－1．かくれんぼ」「10－2．お祖父さん　お祖母さん」等々の後世に残すべき名曲があるだけに、補遺的な性格があるとは言え、残念な事である。

　先にも述べた様に「新作唱歌」全75曲中外国曲への訳詞は、28曲を数え大きな比重を占めている。短い詩作生涯の中では、邦人作曲家の作品の占める割合よりも、外国曲への訳詞の割合の方が多くなるのではないか。

　明治41年から43年の吉丸一昌の詩作初期は、全てが外国曲への訳詞の時代であった。ここで吉丸は、「唱歌」を徹底して勉強した。当時は、レコード、録音テープ等のいわゆる「音源」はなく、楽譜を読み解き、咀嚼し把握する事から訳詞の作業は始まった。音楽そのものを知る所から始まった。筆者が、手書きの新作を渡すと今の若い人達は決まって「音源はありますか」と尋ねてくる。楽譜を読み取り、歌い込み、体の中に取り込んで始めて音は生命を持つものだと、明治生れの師から厳しく教え込まれたが、時代が大きく変ってしまった様だ。

　少し話が外れたが、吉丸は、最初に「唱歌」というもの、旋律と形式と言葉の相互関係を学んだ。それは、明治44年の「唱歌歌格私説」へと結実する。この過程で吉丸は、教育家としての尊皇愛国中心の詩から、詩人として、人間を描く様になるまで大きく成長した。

　外国曲への訳詞は、吉丸の詩作の原点である。だから「新作唱歌」で訳詞の占める割合が多いのは当たり前である。しかし、第3集緒言3．にある様な、「邦人の趣味に合う名曲」に「原歌曲の意を酌んだ」詞をつける、つまり外国の旋律を借用し、原詞の意から得た訳詞者の詩想を展開していくという吉丸の時代は終っていた。先にも述べた様に、飽くなき西欧文化への崇拝、憧憬をもとにした、原歌詞により忠実な訳詩へと社会の好みは移っていった。「門の椎の木」から「菩提樹」へと、たとえその菩提樹がどの様な樹であるかよく解らないままに。

　吉丸の訳詞作品で残ったのは、原詩に近い訳の「3－6　ニーナ」あるいは「5－5　故郷を離るる歌」であるが、2作品とも訳詞として群を抜いた名作である。また、「僧院の庭」「秋の風」の短詩形の作品は、吉丸の詩想が旋律を凌駕している為、読む為の詩そのものとして、あるいは邦人の手に依る作曲とした方がもっと優れた歌になっていたと思われる。「8－5．弔花吟」（R．フランツ作曲）「10－9　母の心」（M．ブルッフ作曲）等々も訳詞として片付けるには惜しい詩である。

第3楽章　吉丸一昌のミクロコスモス　　231

第4楽節 〈滑稽歌曲〉

「新作唱歌第6集」から滑稽歌曲という新しいジャンルが加わった。第6集の6曲を皮切りに15曲が数えられる。因みに吉丸は滑稽唱歌という言葉は使っていない。

第6集緒言には「滑稽歌曲」の定義も、掲載意図もなく、極く当然の事として「本書は『幼年唱歌』改題『新作唱歌』の第六集にして、器楽曲を除く外、悉く滑稽歌曲のみなり」とあるだけ。とにかく内容を概観してみよう。

6－1．船の真似　　　稲岡美賀雄 作曲

1．昔　或人　お客に呼ばれて
　　はさむお菓子を呉れると思い
　　両手を重ねて出したが笑止
　　隣の人でありました

2．出したその手を引くにも引けねば
　　顔を赤めて隣の人に
　　「アノ　モシ見給え　この手は何と
　　船によく似て居ませぬか」

（大正2年8月）

誰にでもある様な独り合点の勘違い。しかもあわてて取り繕う様子。つい釣り込まれて笑ってしまう落語の枕にある様な小咄である。解説、解釈不要。

作曲担当の稲岡美賀雄は、先述の「言文一致唱歌」で紹介した通り（P.79）言文一致体の推進の先達であり、吉丸も先輩としての気配りがあった。曲は、音階進行を基に流れるような旋律を2拍子の軽快なリズムで支え、楽しく親しみ易い作品になっている。

6－2　蟹と海鼠　　　大和田愛羅 作曲

1．蟹が海鼠に云うことは
　　「どちらが御前のお尻か口か
　　神武このかた不思議の体
　　お化の児ではあるまいの!?」

2．海鼠フフンと嘲笑い
　　「お前の走るは還るか往くか
　　アダム以来不可解至極
　　当人様もわかるまい！」

（大正2年6月29日）

6－3　近眼のしくじり　　　梁田貞 作曲

1．追分の　石の上　烏が一羽　止ってる
　　近眼が人と見違えて
　　「もしもし村へは　どう参る。お尋ねします」
　　と聞いたれど　烏はついと飛んで行く

近眼は急に手を挙げて

「もしもし　帽子が飛びました」

２．或人が　鶏を　抱えて町に　売りに行く

近眼がそれを打ちながめ

「さてさて綺麗なお召物、見せて」

と尻尾を引いたれば　鶏　糞をペッとした

近眼は顔を拭きながら

「唾を　かけずと　可さそうに」

（大正２年８月10日）

　先に紹介した「蟹と海鼠」は、寓話として五十歩逃げた者が百歩逃げた者を笑った様に、人間お互いのほんのちょっとした差異を欠点として笑うなという教訓か。

　「近眼のしくじり」は、物事をあんまり近くで見るな。近視眼的に物事を捉えるなという意か。

　いずれにしろ人間社会への警告と見るのは深読みしすぎか。

６－４　餅売　　　船橋栄吉 作曲

１．餅屋が餅を売りあるく
　　売声途切れて声が出ぬ
　　どうしてそうだと聞いたれば
　　「腹が空いて声が出ぬ」

２．「それほど腹が空いたなら
　　　何故その餅食べないか」
　　餅屋は利巧な顔をして
　　「饐えたものは食べられぬ」

（大正２年８月）

　最後のオチに思わず笑い、その後に色々と考えさせられる。――おもしろうて　やがて悲しき鵜舟かな――　と詠んだ松尾芭蕉の句が思い出された。

　現代社会でも「誇大宣伝」であったり、手抜き工事の欠陥マンションを売りつけたり、一旦事が起ると危険だと解っていても「原発は安全」と言いくるめ再稼働する。いつの時代でも、「饐えた餅」を自分は食べなくても、平気で他人に食べさせる風潮には困ったものだ。

　曲は、詞の意味を十分に伝える工夫がなされている。先にも指摘したが、第１連と第２連の第三句「どうしてそうだ」「もちやはりこうな」をアクセントの違いに応じて大きな音符と小さな音符に書き分け、歌手らしい配慮をしている。「新作唱歌」には、この外、「３－４水の心」「５－３木がくれの歌」計３曲を作曲している。

第3楽章　吉丸一昌のミクロコスモス　　233

今迄、意図して船橋栄吉の作品を避けてきたが、雑誌「音楽」の「早春賦」を含めて、かなり難度の高い曲を書いているからである。従来の唱歌の概念を変えたと言えば聞こえはいいが、更に吉丸の、表現は作曲者の自由にという編集方針にもよるが、素人が気軽に歌える歌でなくかなりの習熟度が要求される。特に「5－3木がくれの歌」は、作者がふと耳に留めた〵かえるが鳴くから　かえろ〵という歌声を見たまま感じたままに詩にしたもので、殊更に構えた詩ではない。ここで船橋は自分のありったけの技巧を持ち込んだ。「知」余りて「情」少なしである。高度な芸術性と言い換える事も出来ようが、本来この詩がもっている豊かな詩情を無視しては作品は成り立たない。

　その様な船橋の書方にたいして、吉丸は「もっと肩の力を抜いて」と優しく諭す様に書かせたのがこの「餅売」であった。船橋もそれに応える様に、素人がすぐに歌える様に易しく、詞意を忠実に表現する書き方になった。

　船橋栄吉　明治22年〜昭和7年。明治39年東京音楽学校予科に入学。三浦環に認められ本科では声楽に進む。明治43年声楽部卒後、同研究科へ。大正6年同校助教授。大正昭和を代表するバリトン歌手として、大正13年「第9交響曲」（ベートーヴェン）の初演時にソリストとして出演等の活躍をした。又、作曲家としても幾多の作品を残している。新訂文部省唱歌（昭和7年）4年用「牧場の朝」は船橋の作曲と言われている。

　これまで第6集の邦人作品4曲を紹介したが、次の「角力（すもう）」と「盲と聾（めくらつんぼ）」は後項に譲る。ここではもう少し、今度は外国曲への詞として書かれた滑稽歌曲を見てみよう。

7－3　ころげて曰く（いわ）　　英国民曲

或人途（みち）にて思わず転けて（こ）
周章てて（あわ）起きたが　またころり転けた（こ）
口惜みて（くやし）曰く
愚かなる事や　ころぶと知るなら
寝て居ればよかった

大正3年4月12日

　曲は短調であるが、暗さを感じない軽快な6拍子の曲である。詞意は解説不要。詞が旋律によく合って楽しい曲である。

8－1　浅黄の着物　　アーネスト　アルフェイエリ 作曲

1．夜中（よなか）宿屋の戸を叩き　　　　2．尋ねゆくうち、ある宿屋

「ここに今夜の日暮方（こよい）（ひぐれがた）
　浅黄の着物着た男
　泊めはせぬか」と尋ねゆく

「お泊りなれど用足しに
　出たまま今に帰りませぬ」
「それは私じゃ　ヤットコサ」

大正3年4月29日

　作曲者アルフェイエリ（英）は寡聞にしてよく知らないが、3度進行を主とした楽しい2拍子の曲。往々にして3度の連続的な跳躍進行は日本語のアクセントとは相容れないものであるが、詞の軽みによく合っている。「浅黄」と聞いて、「ハハン、成る程」と解る人は、かなりの「江戸通」の人である。正確には「浅黄裏」で、参勤交代で江戸に来た田舎の無粋な下級武士の事を言う遊廓の隠語。あとは解釈不用。

８－２　兄か弟か　アンシュッツ 作曲

1.「ひとりの兄ありたれど
　今早やわれ兄となる」（は）
2.　聞くもの皆あざ笑い
　「さる理あるべきや」（ことわり）
3.「五歳にして兄逝きぬ（いつつ）
　われ今十五、故に兄」

大正3年4月30日

1.　僕の年は兄よりも
　七つ上でございます。
2.　そんな事ありますか
　七つ下でございましょう
3.　いいえ僕は十一で
　兄は四つで死にました。
4.　数えてごらん七つでしょう
　七つ上の兄でしょう

「早春賦　吉丸一昌」（臼杵市文化連盟刊）

　左側の文語体の詞は、「新作唱歌」第8集の初出。右の口語詞は「早春賦　吉丸一昌」よりの詞。こちらは、大正4年12月刊行「新作小学唱歌」の為に口語体に書き改めたと思われる。考えオチとも言うべきか。
　ここまでつい釣り込まれて笑ってしまう作品を紹介したが、やや「滑稽」の意から外れた作品もある。

７－１　狐の嫁入　　　英国民曲

1.　日影はきらきら甍を照らして（いらか）
　日和のよいのに軒端は雨滴
　庭木はしずくの白露こぼして
　小雨は降るなり狐の嫁入

2.　不思議やかしこの山雲伝いて
　山より山へと多くの行列
　嫁御寮乗せたる御駕籠を（ごりょう）（おかご）
　しずしず練りゆく狐の嫁入

大正3年3月14日

第3楽章　吉丸一昌のミクロコスモス　　235

どこが滑稽かと聞かれても困るが、非常に幻想的な美しい詩である。それとも人間の嫁入を狐の嫁入に見立てて結婚とは幻想であるとのアイロニー的表現か。5ヶ月後、8月16日に「森の鳥」（作曲弘田龍太郎）が書かれている事から、その辺の事かと考えるのは下衆の勘ぐりか。いずれにしても人生を達観した様な老成した詩を書くには、まだ早いような。

９－４　強者の理由　　英国民曲

1.「小さな体で弱いくせに
　　楯をつくとはさても笑止
　　唯一口に息の根止めん」
　　猫はクルクルと喉を鳴らし
　　ニャオニャオニャオ　さて云うよう

2.「それは近頃迷惑千万
　　君がわたしを威すゆえに
　　怖くて爪も磨ぎましたが
　　決して楯つく心でなし
　　ニャオニャオニャオ　赦してくれ」

3.「理由と理屈はそちらのもの
　　腕と力はこっちのもの
　　猫撫声は聞きたくない
　　それがそもそも癪にさわる
　　ワンワンワン　容赦は出来ぬ」

（大正3年8月6日）

これも、はなはだ感受性の欠乏している筆者には何の事やら、何故滑稽か長い間の謎であったが、制作時期を比較しているうちにやっとその答えが見つかった。日記によると8月16日、「弘田龍太郎の為に執筆中、ドイツ、リエジェ攻囲司令官戦死の報来る。」

「大正3年8月23日『新作唱歌』第9集の校正に際し、朝より苦作したれど成らず。一日成らずして日が暮れる。ドイツ国交断絶の号外来たる。」（この日、日本はドイツに宣戦布告し第1次世界大戦に参戦。吉丸は、この日付で「萬歳　萬歳」《ドイツ、オーストリーに宣戦の詔書下りし日作》を書いている。）

要は、第1次世界大戦前夜の風雲急を告げていた時期である。吉丸は熱心な愛国者。常に対外的な日本の立場を憂いていた。先に紹介した（P.163）「独逸膺懲の歌」が同年11月頃に書かれている。膺懲は征伐して懲らしめる意で、激越極まる内容である。

といった背景から考えると「強者の理由」の犬と猫の関係を緊迫した国際関係と捉え直す事が出来る。当時の事情通の人々は、やや滑稽に描かれた猫の姿を、「成る程」とすぐに理解した筈である。

これまで滑稽歌曲9曲を紹介してきたが、「7－1　狐の嫁入」「9－4　強者の理由」の他は、全て庶民の日々の営みの中で起った事を詩材の対象にしている。一人合点による感違いのせっかち者、慌て者等々。まるで落語の小咄の世界である。

　この滑稽歌という新しいジャンルを拓いた吉丸の意図を考えて見よう。

　先ずは、「座興」の為か。しばしば、酒好きの吉丸の滑稽な姿を、あちこちの著作物で高名な先生方が書いている。確かに第五高等学校で、勉強はともかく剣道に熱中した筋金入りの「蛮カラ」であり、お酒の席でも度々の失敗はあった事だろう。周りを楽しくさせる為に数々の小咄を用意していたかも知れない。「笑い」が人間関係を円滑にするのであるから。勿も、高名な先生方は、その事だけを針小棒大に誇張しそれが吉丸の詩の本質だと言わんばかりの態度は許せない。それも又、吉丸の生活の一部分であり彼の全人格とは全く関係のない事である。作品を評する為に吉丸の酒好きの事を持ち出すのは、今流行の「ごはん論法」と同じで、問題のすり変えである。何もわざわざ「新作唱歌」という貴重な表現の場で、座興としてのギャグ作品を書き連ねる事はあるまい。

　次に、「狐の嫁入」以外の15曲は全て独白か対話で語られる。言文一致体は円朝に学べと「浮雲」の執筆の時に坪内逍遥から教示を受けた二葉亭四迷の例に倣って、口語体の勉強の為に寄席に通い、落語の世界から想を得たのだろうか。将来のオペラを書く時の為にも。

　最後に考えられるのは、吉丸の詩人としての最終到達点であるという事である。

　北村季晴「中等音楽教科書」で吉丸は徳性の涵養を主とした修身的詩から個の表現へ、父性の詩から母性の詩へ。雑誌「音楽」ではシュトゥルム、ウント　ドランクを思わせる、ロマンチシズム溢れる詩へ。「海潮音」の影響をもとに象徴的詩へ。そこで度々見たのは、胸襟を開いた詩人吉丸一昌であった。

　この滑稽歌で、吉丸は庶民の生活を描いた。先に述べた様に、笑いは人間関係を円滑にする。大所高所から芸術という得体の知れない態度で「皆さんの心に寄り添った」と言わんばかりに、物を見、描いても笑う事は出来ない。庶民の目線で庶民を描くには、全く同じく自分が庶民であることを自覚しなければならない。そこでは、胸襟を開くどころか、素裸になってありのままの自分を曝け出すべきだ。本当の人間を詩として描くには、そこから始めなければならない。「笑い」は、その描いている人間の様々な失敗やら勘違いを取りあげ「ああ！自分と同じだ」と共通点を見出すから笑うのである。だから、表現に上品なタブー（芸術性）は要らない。饐えた餅、鶏の糞等々何でもござれである。但し次項「差別語考」で取り上げるが、障害者（盲人、聾者）等は、決して障害者そのものを貶めている詩ではない。

　吉丸一昌は滑稽歌を通して、「笑い」というオブラートに包んで、人間そのものを描き表現した。高い所から、庶民の心に寄り沿っても、到底、人間の本質は描けない。庶民と

共に泣き笑い喜びを分かち合い共有する事は、人間を深く知る事である。吉丸は誰にでもある人生の一部分を切り取りカリカチュアとして表現した。視点を変えると物事の本質はかえってよく見えるものである。

　「芸術」が本来追求してきた事は「人間を深く知る」という事である。それがいつの間にか、技巧優先、発想優先だけのものに変ってしまった。超絶技巧がもてはやされ、構図、構成の着想のユニークさが重要になった。前にも述べた様に「芸術童謡」の４文字の中の「童」が欠落したように、人間そのものから遊離し人間を拒否した「芸術」は本物ではない。庶民の心を描く事が「芸術」の世俗化、大衆化、果ては堕落と言っている芸術至上主義者には決して「人間」の本質は理解出来ないのである。

　加えて「芸術化」は、自己の存在を他と峻別する為に「形式」を作り上げる。当初の表現創作の為に向けられたエネルギーは、内へむかって「形式」を守る為だけに向けられる。表現そのものの形骸化である。極端に言えばマニュアル通りに創作していればそこそこの成果が期待できるのである。

　しかし人間の表現の意欲は、単に変革を求め新しい世界を求め続ける。丁度井出曙覧が「旧来の習弊を脱し、恣に自己の感情を歌え」と主張した様に（P.156）。滑稽を主として人間そのものを謳う狂歌の分野が生まれた。あるいは、連歌から俳諧へ、俳句から川柳へ、種田山頭火の自由律へと俳句の世界は、それこそ詠む人の数程多彩に変化する。

　吉丸一昌の本当の狙いは、文部省唱歌に代表される様に「詞」「曲」共に形骸化した「唱歌」を、「人間を描く」すなわち「滑稽歌」として新しく甦らせる事にあった。

　オペラのジャンルに、神話や英雄伝説を中心題材にした「オペラ　セリエ」とその反動として人間を描いた「オペラ　ブッファ」というのがある。吉丸もそれに倣って従来の尊王愛国、徳性の涵養唱歌を「カント　セリエ」滑稽歌を「カント　ブッファ」とでも名付ければ、一部有識者も振り向いたろうに。もっともそれでは庶民の心から再び離れてしまうが。

　いずれにしろ、その場限りの座興としてのターフェルムジーク（食卓音楽）ではなく、人生の座右の音楽としてのターフェルムジークとして捉え直したい「滑稽歌」の分野である。

第 5 楽節 〈差別用語考〉

　「新作唱歌」には今の社会でいわゆる「差別用語」を使った曲がある。「1-2 めくら鬼」「6-5 角力」「6-6 盲と聾」「7-6 あざけり」の４曲である。探せどさがせど見つからなかった曲のうち、３曲は吉丸一昌記念館蔵の原本を、１曲は吉丸昌昭氏からの厚意でやっと楽譜と詞を入手することができた。

何故そこに拘ったかというと、従来の唱歌は花鳥風月、修身訓話、はては軍歌に到る題材が中心であり、強い日本人を作り育てることが主目的であった。社会的弱者に目を向けた唱歌は皆無であった。やや時代が下って大正時代の童謡にしても社会的弱者に目を向けた作品は限られている。例えば清水かつら詞「叱られて」や野口雨情の「人買船」等、名作はあるが散見する程度である。吉丸一昌のこの３つの作品は、当時の時代の流れに対してはじめて社会的弱者に目を向けた画期的な作品である。

　戦後、多数の人々の貴重な努力によって、障害者の人権が認められるようになった。欧米のそれには遠く及ばないが日本の社会も障害者福祉の面で少しばかり前進している。だがそうそう喜んでばかりは居られない。差別語はすべて撤廃され、障害のある人は施設に入れられ一般社会から隔離された。

　その結果、どういう事が起きたか。もっと深い所で目立たない様に、しかし従前より激しい差別が行われるようになってしまったという側面を考えなければならない。だから今の社会では、障害のある人に出会った健常者の目には、障害者は異星から来た怪獣の如く、ただただ不気味で怖い生き物にしか見えない。

　先年（2016年）、神奈川県相模原市の津久井やまゆり園で起きたあの傷ましい大量虐殺事件を覚えて居られる方も多いと思う。障害者は生きる資格がないとしてその人達の生きる権利を抹殺した殺人者には腹の底から憤りを覚える。更にもっと悲しい事にその殺人鬼の考えを支持する意見がインターネット上に多く寄せられ、御家族は一周忌の合同式典に被害者の名前を出せなかったという。名前を出さないという事は、その人が人生を懸命に生きたという証、その人の人格、傷ましい記憶、それらを全て消し去ることではないか。無責任な悪意のあるネット投稿者によって、被害者は２度殺されていた。

　前にも述べたが従来の言葉はすべて「差別語」として新しい言葉に言い換えられた。盲人、あるいは目の不自由な人。聾者、あるいは耳の不自由な人。障害者、健常者等々。しかし、言い換えただけでは本当の差別感は無くならない。盲学校の先生が“今度「特別支援学校」と改称される。でも私達はあくまでも盲学校という名称にこだわりたい。”と主張していた。特別という言葉はすぐ特殊に変わってしまうからだ。更に、健常者、障害者の用語も、使う人次第では、こっち側の人、むこう側の人とゴミの様に分別、区分けされてしまう。少し例が違うが、「後架」「かわや」「雪隠」「御不浄」「はばかり」「手洗」「お手洗い」「トイレ」「おトイレ」「Ｗ・Ｃ」「お化粧室」どんなに漢語にしたり、英語に直したり、上品な大和言葉に言い換えても「便所」の臭くて汚い場所のイメージはなくならない。同じ様にいくら用語が変わっても、差別主義者にとってはあまり関係のない事で

第3楽章　吉丸一昌のミクロコスモス　　239

ある。かつては、差別用語を使っての差別行為は目に余るものがあった。だから「私達は差別用語を一切使用していません」と言うのは、ある面では事柄の本質から外れた表面的なきれい事で終わりかねない。

陽炎や手に下駄履いて善光寺

タイトルの句は小林一茶が詠んだ名句である。一茶には弱い立場にある人を詠んだ句は多いが、この句は、病気か事故かで足が立たなくなった人が、今では車椅子だが当時は粗末な車輪を板につけただけの手作りの台車に乗って移動している様子を暖かい目で描写している。春先の暖かい日、善光寺の御開帳のお参りだろうか。お参りする時の手が汚れない様に手に下駄を履いて、足が動きます様にと長い参道を懸命に歩く人。そこには薄っぺらな「まぁ、可愛相！」という同情や、「フン、あの様な者が！」と蔑視や嘲笑ではない、不自由な体でも懸命に生きようとする姿に共感し賛同している作者の暖かい心がある。人間賛歌、生命賛歌の句である。これから述べる吉丸一昌の作品にも、この精神が十分に感じられる。

昔が良かったという気は毛頭ないが、かつては障害者、健常者という「用語による区分け」もなく、社会の中に混在していた。確かに目に余る差別行為は周辺に多くあったが、それを咎め戒める周囲の目もあった。どこか欠けている所を欠点として嘲笑うのではなくそこを当たり前に補い助け合う習慣も必然的にあった。江戸時代に確立した、目の不自由な人の生活を守るための、健常者は絶対介入することができない、按摩、灸鍼。座頭から検校に到る邦楽器の世界（男性）。冬の農閑期の数少ない娯楽としての瞽女（女性）の世界。制度化され江戸幕府より保護を受けていた。（明治5年に廃止）

吉丸作品はその様な社会的背景の下に、障害者を詩の題材として扱った、障害者とまともに向きあった作品である。目の不自由な人、視覚の不自由な人の日常のちょっとした感覚のずれを「滑稽歌曲」として笑いのタネにしているようだがそれだけに止まらない。先ずはお互いの差異を認め両者とも仲良く共存できる事を願っている作品である。

ここで一部の方々の指弾を恐れず「6-5 角力」「6-6 盲と聾」「7-6 あざけり」の3つの詩を紹介。尚、「1-2 めくら鬼」は、先に紹介した様に、当時の子供の遊びの名称の一つで、詩の本文には差別用語は全く入っていない。子供の遊びの活写である。ちなみに大正9年4月雑誌「童話」創刊号に千葉省三による同名の詩がある。

詩の解説と感想は、精神障害者の自立を支援する公益法人で働く勤務歴2年の本多真季

氏。同9年目の町田絵里奈氏。先天性緑内障で視力を失い、現在は盲学校の講師として活躍中の坂本利律子氏の3名にお願いした。

6-5 角力（すもう）　　澤﨑定之 作曲

聾（つんぼ） 始めて角力を見

二人の取組（とりくみ）　喧嘩（けんくわ）と見

帽子を被（かぶ）って逃仕度（にげじたく）

そのうち一人が投げられて

行事が団扇（うちわ）を挙（あ）げたれば

見物ヤンヤと褒めました

聾（つんぼ） ケゲンな顔をして

「はて　さて　早い仲直（なかなお）り」

大正2年6月13日作

6-6 盲（めくら）と聾（つんぼ）　　弘田龍太郎 作曲

1. めくらが　提灯（ちょうちん）　借りに来た

「めくらに　提灯　要（い）るものか」

「わたしに　要はないけれど

めあきが　わたしに　つき当たる」

2. 聾（つんぼ）が春季　縁（はるさき）に居て

コケコと鶏（にわとり）　鳴くを見て

「いかさま　永い日で御座る

鶏（とり）さえ　欠伸（あくび）の出しつづけ」

大正2年8月24日作

7-6 あざけり　　本居長世 作曲　（試作歌劇中の一節）

1. わが聴（き）く外（ほか）に声を聴かぬ

女は耳しい①聾（つんぼ）の兒（こ）

わが見る外に人は見えぬ

女は盲（めしい）か盲（めくら）の兒

2. 恋とは何ぞ。生くるために

男に諂（へつら）う笑（え）まい②なり

操（みさお）も先方（さき）の人に依るを

清しと神にも傲（ほこ）る③とよ

大正元年10月23日。歌曲同日作

註①耳しい…耳廃（みみし）い。耳の聞こえない人。盲（めしい）も同じ。　②笑（え）まい…ほほえみ
③傲（ほこ）るとよ…自慢するのだろうか（「明解古語辞典」より）

本多真季

　私は現在、障害者の方々に憩いの場を提供し、メンバー（私たちは障害者の方をメンバーと呼んでいます）の交流あるいは職員への相談等を行う部門を担当しています。もともと私の身近に精神障害の方が居て、その事を勉強する為に新潟医療福祉大学に学びました。だけど個人個人で皆違い、勉強だけではとうてい本当の事は理解出来ないという事で現在の仕事を選びました。現在2年目ですが、次から次へと起きてくる事柄への対処に精一杯で、とまどい乍らも現実をしっかりと学ばされています。また、障害者としてではなく、個人個人を人間として深く理解しようと努めています。

　「角力」はとてもユーモアがあり、差別語という嫌悪感はありません。「盲と聾」では健常者が気が付かない鋭い人間観察で、「なる程！」と考えさせられます。「あざけり」は、当時男女別学で学生間の自由恋愛が厳しく禁止されている事を考え併せると、あざけり否定されているのは恋をする女性だという意味だと思います。

　差別語を使っているだけでその作品を全て悪として否定する事は行きすぎだと思います。口に出さない、活字にしないだけでは問題は解決しません。現にメンバーの方が、バスに乗る時、障害者手帳を提示すれば割引になるのですが、運転手によっては、はっきり拒否されその経験から割引の申し出を躊躇するようになったという事もありました。

　差別されるという形態は、単に言葉を言い替える事ではすまされません。それこそ個々に皆違います。私たちは、その一つ一つを微力ですがメンバーの立場に立って解決してゆきたいと思っています。

2018年3月20日

町田絵里奈

　私は、片親や、虐待を受けた子供たち、あるいは障害児等、児童福祉に興味があり埼玉大学教育学部に学びました。そして現在の職場になったのですが今年で9年目になります。現実には障害者の日本での扱われ方、暮らしを知って本当に驚きショックを受けました。

　入職した頃は、障害者自立支援法は違憲であると全国で訴訟を起こし、真に障害者の立場に立った制度内容にするよう、一丸となり運動に取り組んでいる時期でした。

　障害を「自己責任」とする政府の姿勢は全く現実を知ろう、見ようとしておらず、障害を持つ人に対する差別に他ならないと感じました。

　現在はメンバーの"働きたい"を支える就労支援事業所にいます。リサイクルショップの運営や、古くなった浴衣を草履に再生するといったリメイク品づくり、またハンドメイド小物の製作・販売がメンバーの主な仕事になっています。

「角力」「盲と聾」「あざけり」を読んでこれらの作品は差別語を使って障害者を否定的に扱っている内容ではないと思いました。特に「盲と聾」では同じ人間として対等に扱っていると思います。あとは殆ど本多さんの感想と同じで、この3つの詩を読んでの嫌悪感はありません。

差別感を持っている人に限って差別用語を使っていると騒ぎ立てる様です。マスコミで私達は一切差別用語を使いませんと広言していながら、事件の報道の末尾に「なお、容疑者某には精神科通院歴があります」とつけ加え、受け手の誤解を招くような偏った伝え方には大きな憤りを覚えます。又、私の身近な所でも、メンバーのアパートの契約の時、大家によっては、はっきり拒否。あるいは「見た目で障害が周囲に分らなければ」という条件付きだったり……。

この仕事に就いてそろそろ10年目を迎えようとしています。あまりの現実の対応の忙しさで自分を見失い、落ち込む事があります。

でもメンバーと一般社会の間にあって、今まで作られた厚く高い壁を少しずつ崩し、社会の一員として当たり前に人間らしく暮らしていける社会にしていけたらと思います。その為には、メンバーからもっともっと沢山の事を学び、共に成長したいと考えています。

2018年3月20日

坂本利津子

この三つの詩を読んで、視覚障害者としての感想を述べたいと思います。

この詩が書かれた大正時代のはじめは、今から大体100年前との事で、当時は盲とか聾とか言う言葉は日常的なもので、現在の価値観で良し悪しの判断をしてはならないと思います。

「角力」は障害者が気楽に角力を見に行ける社会環境はとても良いなという感じを持ちました。耳が聴こえない事で起った一寸した勘違い。決してからかいの対象にしている訳ではないと思います。

「盲と聾」思わず笑ってしまう、とても面白い内容です。詩の一番目は、現代のスマホ社会にも十分通用する内容です。というのは、駅のホームでスマホに夢中になっている人達は、私達が側を通っても決して道を譲りません。ほんの半歩動いてもらえばぶっつからずに済むのですが、危なくて仕方ありません。気付いてもらえる様に白杖を大きく動かしても無視されます。いっそ白杖に警報器をつけようとさえ思いつめています。私達の白い杖は歩く時の「眼」になっているのです。

この詩は盲人の立場に立って作られたものだと思います。ちなみに「めあき」という言葉は、今の時代では私達（特に年配の人）が使う、健常者に対する差別語です。

「あざけり」。当時の社会の考えでは「自由恋愛」は殆ど認められなかったとの事。まして、唯一の男女共学の東京音楽学校では男女の色恋沙汰は厳禁との中村さんの解説で、本当の意味が理解出来ました。「恋は盲目」という諺を使って恋する女性を戒め、叱っている内容です。別に障害者を貶めているとは思いません。

　私は「障碍者」「健常者」と言葉による区分けや、「差別語」と指定してこれは使ってはいけない言葉と分別してきれい事で済まそうという考えに疑問をもっています。この社会でお互いの差異を認め合い、私達に不足している部分をほんの少し手助けして欲しいのです。例えば、さっきの駅のスマホの人達が「そら盲人が来るぞ」とばかりに大袈裟に通路を明けるのでなく、ほんの半歩、ぶっつからない様に動くだけでいいのです。また、エレベーターに乗ったら「何階ですか」と尋ねボタンを押してくれるだけでもいいのです。あるいは道を渡る時「信号が青になりましたよ」と一声あると本当に助かるのです。

　話が飛びますが、友人の陸上をやっている人が、「東京オリ・パラの成功のために」という名目で広告費、建築費に莫大な金を費やさないで、パラリンピックの為の練習場が殆どない現状で、ほんの少しの時間だけでも、健常者の練習時間をこちらに譲ってもらえれば大助かりなのに。とこぼしています。

　色々と肌にチクチクする様な差別は日常的にありますが、その事でいちいち腹を立てたり、苦しんでいたのでは、せっかくの人生、先へ進めません。でも、最近では小学校4年の時にバリアフリーの授業が行われているとの事。若い人にその効果が少しずつあらわれています。

　七年前の地震の時、私の乗った電車が、JR池袋駅で停車したまま動きません。途方に暮れていると若い男の人が声をかけてくれ、板橋駅近くのマンションまで1時間近く歩いて送ってくれました。また先程の大雪の時、自宅を出た途端、方向が分からなくなり遭難（？）してしまいました。積雪のため、どこが歩道か車道か分からなくなったのです。ここでも通りがかった学生らしい男の人が駅まで送ってくれて助かりました。さりげなく気遣いしてくれる人達の本当の暖かさを肌で感じました。

　最近、声をかけてくれる人は、若い人の他に、外国の方が多くなりました。ただ私には英語も中国語も話せなくて、折角の申し出をことわり、いつも残念で申し訳なく思っています。

　私たちは、この社会で、皆さんと同じ様に笑い、泣き、苦しみながら生きている普通の人間です。きれいごとの言葉だけによる区分けで特別扱いなどはしないで欲しいのです。

2018 年 3 月 16 日

差別の現状と直接関わりのある方からの、吉丸作品への貴重な感想をいただいた。共通している感想は、差別感やそれに対する嫌悪感は全くないという事である。

　吉丸一昌のこれらの作品は、差別用語を使っているだけの理由で排除されるものではなく、当時も今日でも他に類をみない作品として評価されるべきである。そこには、お互いの差異を認め人間を人間として扱い、慣れ合いでなくお互いの心の痛みを分かち合い共有する吉丸一昌の暖かい創作精神が輝いている。三名の方々の意見はそこへ帰着した。尚、3名の方の意見は、詩を読んでその感想を自由に話したものを筆者が文字に直し、承諾を得たもので、この場で篤く謝意を表します。

第6楽節　補遺
補遺１．つばめ考（新作唱歌と文部省唱歌）

　文部省唱歌編纂委員歌詞担当の責任者であった吉丸一昌は当然文部省唱歌の作詞に大きく関わっていた。「こどもの音楽遊戯の資材として感興の湧くまま」に作歌した新作唱歌と「小学校令施行規則に従って徳性の涵養」を主目的とした文部省唱歌とは、編纂意図からして相反するものであった。その両極に居た吉丸一昌である。だから、吉丸一昌が文部省唱歌への反発として新作唱歌を書いたと断ずるのは早計である。しかし「達磨考」で考察した様に、「新作唱歌」１－１「手毬と紙鳶」で、「天上高く見おろして　絵紙鳶の達磨は力んで居れど　小さくなっては後しざり…」の達磨は実は文部省唱歌の事であった事を考えると、それは反発やアンチテーゼに近いと言えよう。

　と言うよりは、吉丸の中に教育者の立場の中に「子供の自由な視点で子供の世界を描く」詩人の魂があった結果である。

　対極の立場に居たとは言え吉丸一昌が二人に分裂した訳ではない。同一人物である。発想、用語等はどちらの領域に跨がり共通していても不思議ではない。ここで「新作唱歌」２－１「つばめ」と文部省唱歌１－12「親の恩」を比較の為併記する。

<table>
<tr><td>◇新作唱歌「つばめ」</td><td>◇文部省唱歌「親の恩」</td></tr>
<tr><td>１．軒に巣をくう親つばめ
　　朝から晩まで餌とりに
　　雨の降る日も風吹く日にも
　　子ゆえに迷う西東</td><td>１．軒に巣をくう　燕を見たか
　　雨の降る日も　風吹く日にも
　　親は空をば　あっちこっち飛んで
　　虫をとって来て　子に食べさせる</td></tr>
<tr><td>２．つばさ休むる暇もなく</td><td>２．ひよこ育てる　牝鶏みたか</td></tr>
</table>

一心不乱に飛びまわる　　　ここここここと　子供を呼んで
親の心を子供は知らず　　　庭の隅やら　はたけの中で
なぜに遅いと泣きさわぐ　　　餌を探して　子に拾わせる。

　文部省唱歌の「親の恩」では、主人公は燕と牝鶏と対象を広げて「親」に統一。2連目は読本巻1より想を拡大したもので、ついで乍ら紹介させていただく。

　　　オヤドリガ　ココココト　ヨンデキマス
　　　ヒヨコガ　ピヨピヨピヨト　ナイテイマス。

　カタ仮名の学習と読み方の勉強の教材である。「コココ」はそのまま唱歌に転用。これが唱歌になると押さえた表現であるが修身化する。一方、吉丸版では、修身の内容をもっと深めているが、北村季晴の作曲によって、訓育的意図が薄められ楽しい曲に仕上がった。それにしても、お互いに酷似した詞である。ただしこれをもって「親の恩」は吉丸一昌の作詞であるとは言えない。吉丸の原作に各委員達の手が加わったか、「つばめ」の方は吉丸が「親の恩」からあとで詩想のヒントをもらったのか。いずれにしろ、「親の恩」は吉丸が深く関与していた曲に間違いはない。
　詞中に使われている語句の同一は、だからと言って吉丸の作品とは断定出来ない。「軒に巣を構う」「雨の降る日も風吹く日にも」全く同じであるが……。
　同じ様に語句の同一は先に述べた、雑誌「音楽」の「雪月花」と文部省唱歌5－9「鳥と花」の願望を表す助詞「ばや」の使用は既に述べた通りである。
　文部省唱歌はあくまでも作曲家、詩人達の夫々の「個性」の表現を拒否している。作品は没個性である事が要求された。だから何度でも言うが誰の作詩、何某の作曲というのは無駄な事である。その120曲の没個性の作品（例外として5学年冒頭「みがかずば」「金剛石」「水は器」は昭憲皇太后。6学年－1「明治天皇御製」は作詞者が明記）の中で、吉丸らしい「個」の輝きが感じ取れる作品も数多く見られる。ただしその事をもって、これは吉丸一昌が作詞したと言い募るものではない。

補遺II　器楽曲

　「新作唱歌」の内容の紹介で最後になったが、第4集目から、学兄楠美教授の提言と選曲に基づき初学者向きの易しい器楽曲7（8）曲（オルガン曲2、ヴァイオリン曲4、ピアノ曲1（2））が第9集迄夫々巻末を飾っている。（　）の中は、第5集赤いサラファンを2

曲と数えた数字である。

いずれも高度な演奏技巧を要求する曲はなく、第4集6「牧謡調」（パストラーレ）は、オルガンのオスティナートに乗せて田園調といわれる旋律が流れる。吉丸がよく歌詞をつけなかったものだ。

第8集7「初愁」（R．シューマン）は、ピアノ伴奏付のヴァイオリン曲で、ホ短調、短い形式の中に文字通り愁いに満ちた主題がヴァイオリンで繰り返される。楠美恩三郎著「オルガン軌範59. First grief」の編曲か。ロマン派の香り高い小品である。

第5集7「ピアノ曲」「8. オルガン曲」はいずれも露国民曲（ロシア民謡）原題 Der rote Sarafan（現、赤いサラファン）註として「このピアノ曲は次のオルガン曲と合奏曲たるを得べし」とあるが、ピアノ伴奏のオルガン曲である。

現在では「赤い（緋色の）サラファン」として広く歌われているこの有名な曲は恐らくここが初出でではないかと思われる。この「新作唱歌」の特筆すべき点である。

本来は全楽譜を譜面付きで紹介したい程、可憐な美しい小品揃いである。そこに見られるのは詞主曲従の歌詞優先の唱歌教育ではなく、音楽本来の美しさ楽しさを味わうという「新作唱歌」に於ける吉丸と提唱者楠美恩三郎の基本編纂方針である。それは必然的に「文部省唱歌」の補充ともなった。徳性の涵養ではなく音楽性の涵養こそが重要である。と言い度かったのではないか。

補遺III　新作小学唱歌

度々触れたが吉丸一昌は大正4年11月（凡例の日付）に、「幼稚園用から高等小学校用の唱歌教材に資せん」として新作小学唱歌全2集を刊行した。いわば文部省唱歌の補助教材である。凡例3で「此度本書を編纂するに当たり、歌詞の改訂をなしたる処尠からず。聊か作歌者としての責任を重んじたるが故なり。」とある。「新作唱歌」で見てきた様に文語を口語に、句調を整え直したり、等々子供達が親しめる様に完成度を求めて推敲をしている。

更に編纂委員の中に、島崎、楠美の他に岡野貞一、福井直秋らが加わった。

尚、この「新作小学唱歌」は筆者にとっては稀覯本というか幻の曲集であったが、吉丸昌昭氏がその蔵書を快くコピーして下さった。ただ昌昭氏も巻1（尋常1、2年程度）しかなく残念であるが、大変貴重な資料である。例によって目次から。

新作小学唱歌（尋常1、2年用）目次

1. 手毬と紙鳶	7. 夢とまこと

2．めくら鬼　　　　　8．かくれんぼ

3．庭の雀　　　　　　9．お玉じゃくし

4．朝顔　　　　　　10．氏神様

5．停車場の鈴（かね）　　11．夜の月

6．秋の風

　第1集は11曲。「新作唱歌」第1集と第10集から採った曲で殆ど部分的詞句の改定が行われている。「作歌者としての責任を重んじたるが故（ゆえ）」の改定である。それらの改定された詞は、折に触れて紹介してきたがここでは故人とはられたが然る高名な作家の「吉丸一昌の悪癖である詩句のこなれの悪さ」と指摘された「お玉じゃくし」を取り上げる。

お玉じゃくし

◇新作唱歌1－3（明治44年10月3日）　　◇新作小学唱歌1－10（大正4年11月版）

1．お玉じゃくしは真黒で　　　　　　1．お玉じゃくしは真黒で
　　あたまが円（まる）く尾が長く　　　　　　　　あたまが円く尾が長く
　　手足は無くても　ちょろちょろと　　　　手足は無くても　ちょろちょろと
　　池の中をば　はねまわる　　　　　　　池の中をば　掻きまわる
　　お玉じゃくしは可愛いな　　　　　　　お玉じゃくしは可愛いな

2．お玉じゃくしの尾がとれて　　　　2．お玉じゃくしの尾がとれて
　　蛙となって目が出来て　　　　　　　　蛙となって手が出来て
　　手足が出来ては　ぴょんぴょんと　　　　足が出来ると　ぴょんぴょんと
　　草の中をば　飛びまわる　　　　　　　草の中をば　飛びまわる
　　蛙の子供は可愛（かわい）いな　　　　　　　　蛙の子供は可愛いな

　1連第3句「はねまわる」が「掻きまわる」に。2連第2句「目が出来て」が「手が出来て」第3句「手足が出来ては」が「足が出来ると」に夫々改められている。観察がより正確になってきた。確かにお玉じゃくしは「跳ねまわらない。手に掬うと驚いてピチピチ跳ねる」が、普段は仲間同士固まって「尾を取る相談」でもしているのか、極めてゆっくりと動いている。餌を取る時はちょろちょろと動き回る。お玉じゃくしが蛙になるまでは、最初から目はあり、足が出て手が出来てようやく尾が短くなってくる。（筆者の小学校の時の観察記録による。当時は学校で順番に当番で観察日記を書いた）。だから目は出ない。足が先に出て、次が手が出てくる。故に改定された「新作小学唱歌」の「蛙となって手が出来て足が出来ると」というのは逆である。これを正確に足・手・蛙と並びかえると、増々吉

丸のこなれの悪い悪癖が出てしまう。又、あまりに科学的な厳密さを子供の歌から遊離したもの、例えば幼稚園唱歌、東クメ詞「鳩ぽっぽ」を指して「鳩は決してポッポと鳴かない」と評し「全国の子供達に誤った教え方」をしたという芸術至上の考えになってしまう。

　助詞「〜をば」を含め詩句のこなれの悪さ、非科学的記述、あるいは、何の情緒もない事実の羅列とこの「お玉じゃくし」は散々に酷評を受けても子供が喜んで歌ったのは、この詞が子供の目線で物を見、子供の心に共振した作品であるからである。

〜　〜　〜〈間奏曲〉〜　〜　〜

　余り度々、私事を述べ、「恐縮」の度を越して意味のない枕詞になったが、筆者の最も尊敬する詩人に故平井多美子師が居る。久しぶりに師から連絡があって、少しずつ春めいて来たある日の事、師の知人のリサイタルに招待された。プログラムが進み、第2部のトリに平井多美子詩の3曲が演奏された。素晴らしく感動的な演奏であったが、平井師、隣の席で何やらニガ笑いをしている。当方不審な顔をしていると、「三曲共、濁音が耳障りの言葉が多い」と残念そうに申され「早速帰って手直しを」と挨拶もそこそこに帰って行かれた。その3ヶ月半後、訂正する事なく末期の膵臓ガンで遠くへ旅立たれてしまった。私には「お昼寝の歌」という可愛い子供の歌を遺して……。

　それは末期ガンの痛みに耐え乍らも、自分の作品を冷静に聴き、捉え直し分析する、まさに本物の詩人の凄絶な創作魂に触れた瞬間でもあった。

〜　〜　〜　〜　〜

　吉丸一昌の創作態度も同じ事が言える。たかが子供の歌である。しかしそこに吉丸は全力を注ぎ、推敲に推敲を重ねより完成度の高いものを目指した。後になって高名な先生方が批評という形の自己主張の為だけに頭の中で言葉を捏ねくり回す筋合いのものではない。

　次にこの「新作小学唱歌」の初出の作品、「4．朝顔」「10．氏神様」「11．夜の月」の3曲を紹介。

　11　夜の月　　　作曲者不明（外国曲）

　1．嵐に雲の　走れば空の　　　　　　2．白雲はれて　大空澄めば
　　　月さえ負けず　走るよ早く　　　　　　しばしと月も　軒端の松に

　作曲者は書かれていない。8小節の起承転結の整った平易な旋律である。因みにこの「新作小学唱歌」にはピアノ譜は省かれている。

第3楽章　吉丸一昌のミクロコスモス　　249

10. 氏神様　　　作曲者不明（外国曲）

1. 岡辺の森に
   鎮まりますは
   我村護る氏神様ぞ

2. 氏神様の
   めぐみに依りて
   我村長く幸い多し

3. 幸いあれと
   祈るは独り
   我為ならず御国の為ぞ

4. 御国の為に
   あけくれ学ぶ
   わが学友を護らせたまえ

　こちらも作曲者不明。「夜の月」と共に外国曲と（　）で示したが、形式の整い方、子供が歌い易い様に狭い音域の中に、4度7度を多用した7音階である事等を考え併せた。

　7・7調文語体で格調高く国家主義をうたい上げている。吉丸の子供の歌では珍しい内容である。例えば、国語読本巻1.「親の恩」の基になった「オヤドリ」の次に、「モリノ　ナカニ　オミヤガアリマス（以下略）」という課題が細密画付きであるが、文部省唱歌の編纂の過程で作詞され篩にかけられたと考えると、この曲の意図がよく解るが。傍証ではあるが、文部省唱歌の歌題草案（吉丸一昌と乙骨三郎が担当）に、第1学年8.「ひよこ」の次、9.「かたつむり」もしくは（お宮）と記されている。

◇新作小学唱歌1−4「朝顔」

1. 垣根の朝顔
   綺麗に咲いたよ
   数えてみましょう

2. むらさき九つ
   紅色七つに
   絞りが五つ

3. 朝日はほがらか
   露さえこぼれず
   綺麗に咲いた

◇文部省読本唱歌「アサガオ」

1. 毎朝毎朝　咲くあさがおは
   おとといきのうと　だんだんふえて
   今朝は白四つ　むらさき五つ

2. 大きな蕾は　あす咲く花か
   小さなつぼみは　あさって咲くか
   早く咲け咲け　絞りや赤も

　　　（秋季始業尋常小学読本巻2所載）

　上記右の詞は文部省読本唱歌所載の「アサガオ」で曲集中の末尾に置かれている。比較の為に併記。この曲が秋季始業用の読本からのものである事はP.124で述べたが、雪に覆われ長い冬休みがありその為に夏休みが短くなっている寒い所では、秋季始業制をとっていた。その為の韻文であり唱歌であった。その編纂委員会の審議でこれも又、篩にかけられたのか、あるいはそれと全く無関係の吉丸自身の感動体験を詞として表したのか。旋律

は米国民曲とあるが僅か6小節の短い曲で、愛らしい曲になっている。

　最後に「新作小学唱歌」2.（尋常小学校3・4年用）についてひとこと。これは「新作唱歌」第9集、大正5年10月10日再版　の奥付のページに敬文館出版書籍の広告があり、そこで「新作小学唱歌」1及び2の存在を知ったのだが、巻2（尋常3・4年）は手にする事が出来なかった。調査不足を恥じ入るばかりであるが、第1集の内容や編集の方向性（改定）や、作詞関係の日付（大正4年12月頃）等から判断する事は可能だと思われる。飽くまでも推測の域を出ないのだが。

　例えば新作唱歌からは以下の曲が考えられる。

◇2-2「**達磨さん**」本居長世作曲　既に言及済みであるが詞の大幅改定。

◇3-1「**かみなりさま**」永井幸次作曲　詞の改定。

◇2-1「**つばめ**」北村季晴作曲　「親つばめ」に改題

◇2-5「**木の葉**」梁田貞作曲　「落葉」に改題。大正4年12月25日。敬文館著作。
　　　　傍書きに新作小学唱歌用とある。

◇5-4「**烏**」樋口信平作曲　「畑のからす」に改題と共に、文語から口語へ、詞の大幅改定とそれに基づいて旋律の部分改定。大正4年12月25日。敬文館著作。

　これ等の曲は各曲の紹介毎に相互の異同及び新作小学唱歌への関連を述べてきた。（「木の葉」「烏」以外は推測であるが。）ただ次に掲げる2つの外国曲への訳詞は、日付からみて、新作小学唱歌所載と断定の上紹介。

わたり鳥　　　米人アップルトン 作曲

1. やよ　わたり鳥　われに語れよ
　　親子連れだちて　何処へ行くか
2. さぞや楽しき　旅路行くらん
　　われをも連れて　行けわたり鳥

（大正4年12月25日、敬文館著作）

雪　　　米人ヘンリー・ハッドレー 作曲

1. こん　こん　こゆき　柿の枯枝　垣根の松　花と降るかも
2. こん　こん　こゆき　花と降るかな　あの美しさ　降れいつまでも
3. こん　こん　こゆき　花と降りきて　この世を飾れ　降れ降れ　こゆき

（大正4年12月25日　敬文館著作）

この新作小学唱歌で吉丸一昌は何を言いたかったのか。勿論、凡例1にある様に「唱歌教材に資せんがため」である。それは、吉丸一昌達が心血を注いで新しい音楽教科書「尋常小学唱歌」（1学年～6学年）の補助教材の目的があった。決して文部省唱歌へのアンチテーゼではなかった。ただ、文部省唱歌の編纂過程で一つの作品が「徳性の涵養」という名目で審議され、歪められ、削られ、換骨奪胎され、本来の詩の主張する所は全く違ったものが出来てしまった。特に子供の活き活きとした感受性を育てると言う事は遠くかけ離れたものになってしまった。そういった文部省唱歌への子供観に対する不備を補う為の補助教材がこの「新作小学唱歌」の刊行になったと考えられる。そこには、子供達により完璧な作品をという事で、「作歌者としての責任」として一語一句の吟味と研磨を重ねた改訂版が出来上がった。詩句の改変は、他人が寄ってたかって為すものではなく、作者自身が冷徹な創作者の目で見つめ自身の手で書き直すべきものである。

第7楽節〈コーダ 「新作唱歌」からのメッセージ〉
新作唱歌の子供の歌

　今迄で見てきた様に吉丸一昌の詞作の初期、北村季晴著「中等音楽教科書」を中心とする作品群では尊皇愛国を前面に押し出した内容が多く、吉丸の信念として晩年迄書き続けた。それは一方では教育家としての信念でもあった。しかし詩人として人間を描き「個」を見詰める事でその書き方は大きく転換していった。明治43年に創刊された雑誌「音楽」で吉丸は、彼の内在する詩才を存分に発揮した。そこで「人間」を深く探究した名作を数多く書いた。

　更に「子供の世界を子供の目を通して書く」という新たな創作の地平を拓いた。その記念すべき第1作が、明治45年春に上演された「歌あそび　うかれ達磨」である。そこで吉丸は達磨ころがしをして遊ぶ子供達を活写。子供の想像力の広がるがままに達磨に手足が出来、動き、喋り、はては子供達と一緒に浮かれ踊り出すという楽しいオペレッタに仕上げた。ここに描かれた大達磨こそ、「遊ぶ子供達に揺がされた」吉丸一昌の自己投影であった。

　その精神は、同年7月30日刊行「幼年唱歌」（後に「新作唱歌」と改題）と名付けられた作品集に引き継がれた。この第1集の冒頭の「手鞠と紙鳶」で、いかつい顔をした絵紙鳶の達磨は遠くに飛んで小さくなっていろと宣言。以後一作毎に試行され、深められ、究められ続けた。

「新作唱歌」の子供の歌にないもの

だが、一口に「子供の純粋な心で物を見る」と言うが、大変な事である。あたかも「お玉じゃくし」に目が出来、手足が出来ると書いた様に研鑽を重ねたが、蛙となって背戸の藪から出て来ては、「私の用事は何だっけ！？」と本来の目的を見失ったり、そんな自分を「放り出されて起きてはみたが　どこが西やら東やら　そんな座禅は役には立たぬ」とばかりに嘲ったり、叱咤し乍ら。

　そして吉丸の子供の歌の到達点が「10－1　かくれんぼ」作曲工藤富次郎、と「10－2　お祖父さん　お祖母さん」作曲梁田貞、である。この２つの作品に見られる活き活きとした子供の世界の描写は、吉丸一昌に内在する「子供の純な心」でしか捉えられないものである。まさに先程触れた「遊びをせんとや生まれけむ　戯れせんとや生れけん　遊ぶ子供の声聞けば　我身さえこそ揺がるれ」の世界そのものと言えよう。

　「子供」は、盆栽の姫小松（幼稚園唱歌「数え歌」P.268 参照）の様に大人達の好みに合わせて撓められ刈り込まれ矯められ、こぢんまりとした鑑賞用の人間を作る事ではない。自由にのびのびとした存在である。子供達には遠大な国家主義の思想や、人間がお互い憎しみ合う戦争は必要ない。子供達がお互いにお互いの人格を尊重し認め合い許し合う「愛」を育てる事が必要である。

　吉丸一昌はこの「新作唱歌」で始めて「尊皇愛国詩」を取り上げなかった。この事こそが吉丸が伝えたかったメッセージである。

音楽の庭

　それ迄の「幼年唱歌」から第３集より「新作唱歌」に改題され、編集方針は大きく転換した。幼年唱歌用の歌から高学年用に。外国曲の翻訳曲。音楽本来を楽しむための小品の器楽曲。遊戯唱歌、滑稽歌へと吉丸の創作の対象は広がっていった。

　吉丸のそれらの領域への創作の研鑽過程は「新作唱歌」全10集に纏められた。そこは、単なる唱歌集ではなく、いわば「音楽の庭」として広く一般に開放された。我々音楽愛好者達にとってはその庭を自由に逍遥し、新しい音楽作品の花々を鑑賞し堪能する事の出来る「音楽の庭」であった。

　しかし、庭園の持ち主がここを真剣な研鑽の場とした様に、作曲を任された作曲家達にとっては、吉丸以上に厳しい研鑽の場であった。だが、そこで産まれた卵は幼虫となり蛹となり成長し、美事な蝶となっていった。

　高学年の唱歌では３－５「早春賦」（中田章作曲）を頂点とする創作曲の数々。外国曲への翻訳曲では、３－６「ニーナ」５－５「故郷を離るる歌」等々。全て時代を超えて歌い継がれてきた。

第３楽章　吉丸一昌のミクロコスモス　　253

滑稽歌曲は吉丸の詩作の到達点である。作品の数々、特に障害者を主人公にした詩想。暖かいのである。

　絵画作品、小説詩歌等の文芸作品は、表現方法に主義主張の違いはあれ全て究極は「個の表現」「人間の探究」であった。吉丸一昌は短い乍ら充実した詩作期間の間に、「尊皇愛国」「徳性の涵養」の為の文語定型詞から「個」を描く作品へ。更に子供の歌の口語詞で、「あるがままの子供」を発見し活き活きと描いた。最後の「滑稽唱歌」で、そこには胸襟を開きあるいは裸になった吉丸一昌が居た。描く側が鳥の目で「芸術」とやらにお高く止まって、人を見下していても本物の人間は到底描く事は出来ない。裸になって自己をすっかり曝けだす事でしか相手も本心を見せてくれない。お互いの失敗を笑いというオブラートに包んで、はじめてお互いを認め合い共振し合う事が可能となってくる。例えはやや違うが、剣道で相手から一本取るのにその数倍は痛い思いをしなければならないとよく言われる。剣道5段の腕前の吉丸一昌の詩作を考える為には役に立つ。殴られる者の痛みをよく知り、青春時代に坐折し克服した者のみが解る心の痛み。それは上から目線で「まあ！可愛そう」と同情したり、政治家の演説によくある言葉だけの「皆様に寄り沿う」事でなく、同じ立場になり共に笑い泣き共振する事でしか描けない吉丸の詩作の境地である。

　だから彼の詞は暖かい。

　吉丸一昌が作った「音楽の庭」は、見てきた様に色とりどりの花（作品）を育てた。しかし咲いたは咲いたが、そのままで終った花も数多い。それは、「子供の歌」と「滑稽唱歌」である。勿論、吉丸の天成の才能でしか成し遂げられない事は言う迄もない。しかしその根本精神である「相手と同じ立場に立って、人間を描く」という創作精神。但し言うは易く、行うは難し。である。特に「芸術」と称し自我の主張だけが蔓延る現代社会では最も難しいテーマである。ただ音楽の創作に携わる者にとっては、吉丸一昌が遺したこの課題こそ最も深く心に刻み込んでおく事が求められる。

　先ずは隗より始めよ。であるが、それにしても大変な課題を残してくれた。

第４楽章

数え歌　教え歌

第4楽章　数え歌　教え歌

第1楽節〈かぞえ歌とこどもたち〉

　この章は、2012年から始まった熊本市中央公民館主催「うたごえ広場・童謡唱歌の世界へ」の講演内容をまとめたもので、室町時代起源とされて今なお歌い継がれている「数え歌」が、時代と共に大人たちの手によってどの様に改変され変貌していったか。歌詞による子供観の移り変わりを「数え歌」の旋律を定点にして観察したものである。

　先ずは、その正調から。

〈正月かぞえ歌〉

一つとや　　　一夜（ひとよ）明くれば賑やかで　賑やかで

　　　　　　　お飾り立てたり松飾り　松飾り

二つとや　　　双葉の松は色ようて　色ようて

　　　　　　　三階松は上総（かずさ）山①　上総山

三つとや　　　皆様（みなさん）子供は楽（らく）あそび　楽（らく）あそび

　　　　　　　穴市独楽取り（あないちこまどり）②羽根をつく　羽根をつく

〈三つとや〉　皆様（みなさん）子供衆は楽（らく）あそび　楽（らく）あそび

　　　　　　　穴打ち駒取り（あなうちこまどり）羽根をつく　羽根をつく

四つとや　　　吉原（よしわら）女郎衆は手鞠（てまり）つく　手鞠（てまり）つく

　　　　　　　手鞠の拍子の面白（おもしろ）や　面白（おもしろ）や

五つとや　　　いつも変わらぬ年男　年男

　　　　　　　年も取らずに嫁を娶（と）る　嫁を娶（と）る

六つとや③　　無病に畳（たた）んだ玉章（たまずさ）を　玉章（たまずさ）を

　　　　　　　雨風吹きてもまだ解けぬ　まだ解けぬ

〈六つとや〉　無理よりたたんだ玉襷（たまだすき）　玉襷（たまだすき）

　　　　　　　雨風吹きてもまだとけぬ　まだとけぬ

七つとや　　　南無阿彌陀佛と手を合わせ　手を合わせ

　　　　　　　後生願い④にお爺（じじ）さま　お爺（じじ）さま

〈七つとや〉　何よりめでたいお酒（さか）もり　お酒（さか）もり

　　　　　　　三五に重ねて祝いましょ　祝いましょ

八つとや⑤　　やれやれこの子はお千代の子　お千代の子

　　　　　　　お乳で育てたお子じゃもの　お子じゃもの

〈八つとや⑥〉　やいはらやいこはお千代の子　お千代の子

　　　　　　　お千代が育てたお子じゃもの　お子じゃもの

　九つとや　　此処へ御座んせ姉さんや　姉さんや

　　　　　　　足袋や雪駄⑦〈白足袋　雪踏で〉でちゃらちゃらと　ちゃらちゃらと

　十とや　　　年神様のお祭りは　お祭りは

　　　　　　　橙 かち栗ほんだわら⑧　ほんだわら

〈十とや〉　　年神様のお飾りは　お飾りは

　　　　　　　橙九年母ほんだわら　ほんだわら

　十一とや　　十一、二月は蔵開き　蔵開き

　　　　　　　お蔵を開いて祝いましょう　祝いましょう

〈十一とや〉　十一吉日や蔵開き　蔵開き

　　　　　　　お蔵を開いて祝いましょう　祝いましょう

〈十二とや〉　十二の神楽を舞い上げて　舞い上げて

　　　　　　　年神様へ舞い納め　舞い納め

　引用は「日本歌謡類 聚 下巻」より駿河国静岡市の歌　大和田建樹編明治 32 年（1899 年）博文館。カッコの方は「諸国童謡大全」東京の子供のうたより　明治 42 年（1909 年）春陽堂。殆ど前者に比べて異同はないが大きく異なる所だけを 〈　〉 で示した。

　この二つの歌詞が記録されたのはほぼ 100 年程前。現代とは習慣も言葉も大きく変わっている為、あるいは童歌として口伝えで、決して紙の上に記録することなしに広まったため、意味不明の箇所があるが、出来得る限りの解釈を試みたい。

　①三階松は上総山　三階松は三蓋松とも書き、松の枝ぶりを三段重ねに仕立てたもの。紋所にもなっている。上総山は千葉県夷隅郡東海村（現在は市町村合併でその名はないが、御宿の北側に位置する）。
　②穴市独楽取り　穴打ちとした東京編の方が理解出来る。地面に浅く穴を穿ち三歩程離れて銭を投げ、入ったらその人のものになる遊び。私の頃は、小銭でなくビー玉で似た様な遊びをした思い出がある。駒取りは親とろ子とろの事（広辞苑）とあるがどちらかといえば独楽取りの方が理解できる。コマを同時に回し回転の長さを競うあそびで、ベーゴマなどもその一種か。いずれにせよ、決して昔が良かったという訳ではないが、かつては、表で大地を相手に、大空を相手に子供社会の独自のルールを作り、陽の落ちるまで精一杯泥んこで遊んだものだ。さあ、現代の子供たちよ。スマホを捨て、ゲームを止め、独り遊びを止め、外に出よう。（老婆心でなく老爺心から）

第4楽章　数え歌　教え歌　　257

③六つとやの頃は、どちらも非常に解りにくい。無病を願って畳んだ玉章（手紙）あるいは玉襷（たすきの美称）が雨風にさらされても（時間が経っても）まだ解く事が出来ない……。と訳してみたのだが……。

④後生願い　仏様に極楽に行けます様にと願うこと。

⑤お千代の子　突然固有名詞「お千代」が出てきた。当初は、江戸時代徳川吉宗の頃、お千代半兵衛の"嫁をとるか、この母親をとるか"と、責めたてられ、嫁とその４才の連れ子（あるいは身籠って４ヶ月の子）を道連れに心中した事件を題材にした浄瑠璃「心中二つ腹帯」のヒロインお千代かと考えたが私の作曲の大先輩の中村節也氏の指摘では、江戸時代以降、貴人富豪の乳児には乳をのませる「御差し人」と、抱くだけの「抱き乳母」がいて他に保育を司る「御乳の人」がいたという事。この御乳の人が、当時流行の名前の「おちよ」に転訛したのではないだろうか。千代という名前は江戸期には、今はやりの「翔太」「サヤカ」「優香」の様にかなり流行した名前であった。との教示をいただいた。

⑥の「やいはらやいこ」も節也氏の教示では、「やいはら」は「やはら」の転訛で静かで、柔らかでと同じ意。「やいこ」は「やや子」（赤ん坊）の転訛した言葉である。

⑦雪駄　普通、「せった」と呼ばれている。草履の裏に革を張り鉄鋲でとめたはきもの。

⑧ほんだわら　海藻の一種。食用や肥料として、特に正月飾り用として使われる。

⑨九年母　橙と同じ様に柑橘類。正月飾りに使う。

⑩蔵開き　新年の吉日を選んで蔵を開ける行事。多くは１月11日かそれ前後の吉日。

　ここにある「十一、二月」は十一、二日の誤記か。

　四つとやの所であるが、はたして子供たちが「吉原女郎衆」の意味を理解していたかどうか。現代とちがって、「性」の取り扱いが開放的な頃の歌である。多分、大人達の会話を傍らで聞いて何をする人かはしっかり理解していたのではないか。まだ知らぬ大人の世界をちょこっと垣間見た得意感と気恥ずかしさがないまぜになって、ここだけ少し声を張り上げて歌ったに違いない。また「そんな歌、唄っては駄目！」と咎める無粋な大人もいなかった筈だ。やがて、少年少女期になると正月行事と合わせて次の様な歌詞になってくる。

一つとや　　人のしゃくりで切らりょうか　なおりょうか。
　　　　　　骨身になっても切れやせん　奴紙鳶

二つとや　　蓋をする様に隠せども　隠せども
　　　　　　逢えば互いの色に出る　屠蘇の酒

三つとや　　みんなお前の為じゃもの　ためじゃわいな
　　　　　　人には羽根じゃと言われても　羽子板か。

四つとや　　夜中にふっと目を覚し　見し夢を
　　　　　鬱いで焦れ裂く枕紙①　宝船

五つとや　　出雲とやらの神さんが　結びやしゃんした
　　　　　縁と思えば切れはせぬ　福引き②か。

六つとや　　昔も今も恋の道　色の中
　　　　　ふせても人には悟られる　歌がるた。

七つとや　　何を言うにもあどけなき　あどけなき
　　　　　お前と私は親がかり　十六むさし③。

八つとや　　やさしくいわれる意見でも　私やいやよ
　　　　　離ればなれは気にかかる　貝合せ。

九つとや　　この土地ばかりに日は照らぬ　日は照らぬ
　　　　　二人して行って見たさの上方へ　道中双六。

十とや　　　とけて嬉しき春の夜に　一ツ夜着
　　　　　二人で着て寝るお目出たき　注連飾り。

「諸国童謡大全」東京の東京の子供のうたより（明治42年）

筆者註

①枕紙　木枕の枕をつつんで髪の油汚れなどをふせぐ枕カバー。宝船は、七福神や宝物をのせた帆掛船を描いた絵。「ながきよのとをのねぶりのみなめざめなみのりぶねのをとのよきかな」（回文）と書いて、正月二日枕の下に置いて寝るという縁起物。（「辞海」より）

②福引き　二人でつきたての餅を引きあい取り分の多少によって吉凶を占う。福引きの本来の意。

③十六むさし　江戸期は博打として、後に子供たちの正月あそびとして広がった。

　この様な庶民のわらべ唄でも、辞書を片手に読まなければ意味が解らなくなってきた。ともあれ、やっと二人は結ばれ、めでたしめでたし。当時の女性の結婚適齢期は15〜16才とこの程度のおおらかで開けっぴろげな表現は当たり前だったに違いない。

　浅野建二著「数え歌の系譜」によると、数え歌の歴史は古く、室町時代御伽草子「和泉式部」に柑子売りが、数えながら歌ったと記されている。あるいは手毬売りが手玉に取りつつ歌ったものを柑子売りがそれをまねて歌い広がったともされている。また、大黒舞を演ずる門附け遊芸人、大道の辻芸人である放下師などが歌い広めた唄が、次第に幼童の遊び歌（手毬歌、お手玉歌等）に転用された。ちなみに大黒舞は、年頭に大黒の面をつけ宝の槌を持ち、歌や舞を奏して銭を乞うた門附けの芸人によって歌われた。広く伝播しているが現在では次の歌詞が一般的である。

大黒様という人は　一に俵ふんまえて　二ににっこり笑って　三に酒を造って　四つ
世の中よいように　五ついつでもニコニコ　六つ無病息災に　七つ何事ないように
八つ屋敷を広めて　九つ紺屋をおっ立てて　十でとうとう福の神

　全国的な広がりをみせ、同時に替え歌と変化した。明治の頃の名古屋では上記正調の他に

大黒様という人は　一に俵を神にして　二で日本破壊にして　三で侍士わやしられ
四つ四つ足食いしろめ　五ついつもの業得で　六つ無性に銭を取り　七つ何事ない
ように　八つ屋敷を売り払い　九つここにもよう居らず　十で東京へ逃げていった

　明治維新の偶意であろうか。文字だけ読んでいても正調と全く逆の意味で、庶民の発想がいかに自由奔放で楽しいものか御理解出来ると思う。

　話がとんだついでに、長崎の手毬歌を紹介。中村節也氏の採譜によるもので詞も楽譜も全て中村節也氏より提供いただいた。子供の世界の楽しさを感じとっていただければ幸いである。なお同氏によれば「とかく」は「いずれにしても」「何はさておき」の意で、この場合「あれやこれや唄い上げましたが…」といった意味。

いもいも　にんじん

いも　いも　いも
にんじん　にんじん　いもにんじん
さかな　さかな　いもにんじんさかな
しいたけ　しいたけ　いもにんじんさかなしいたけ
ごぼう　ごぼう　いもにんじんさかなしいたけごぼう
ろうそく　ろうそく　いもにんじんさかなしいたけごぼうろうそく
しちりん　しちりん　いもにんじんさかなしいたけごぼうろうそくしちりん
ばなな　ばなな　いもにんじんさかなしいたけごぼうろうそくしちりんばなな
くじら　くじら　いもにんじんさかなしいたけごぼうろうそくしちりんばななくじら
とかく　とかく　いもにんじんさかなしいたけごぼうろうそくしちりんばななくじらとかく
やれこのいっかん

　添附の楽譜は漢字を使って解りやすいが、それでも歌いながら毬をつく動作が入ると本当に大変。（筆者老齢故もあるが、書きうつすだけでも３回まちがった）途中失敗する度に笑い声がおこり、運よく"やれこのいっかん"と歌い上げた時の（運動神経だけは抜群の子の）得意気な顔が見える様だ。まさに"遊びをせんとや生まれけん　戯れせんとや生まれけん　遊ぶ子供の声聞けば　我が身さえこそ揺るがるれ"の世界である。

260　　第4楽章　数え歌　教え歌

第2楽節〈教え歌と大人たち〉

　前章では、子供の歌として「かぞえ歌」を筆者の子供観を含めて考察してきた。ここでは、「かぞえ歌」が大人たちの考えで「教え歌」として変わってゆく過程を考えてみたい。

　一とや　ひとりまろ寝の草枕袂しばらぬ暁もなし

　二とや　ふたへ屏風の内に寝て恋しき人をいつか見るべき

　三とかや　見ても心の慰までなどうき人の恋しかるらん

以下略

　＊などうき人の…何故に思い通りにならない人（筆者注）

◇参考文献「お伽草子」下、市古貞次校注（岩波文庫）P.133

　これは文字として初めて記されたかぞえ歌で、室町時代に出された「お伽草子」和泉式部の項である。
　遊女和泉式部が若い時に産んだ子が町人に拾われ育てられ、比叡山へ。そこで立派なお坊さんになった主人公が、宮中で法会の時にみかけた女性に一目惚れ。苦労の末彼女の居場所を探しあて、柑子売り（原種に近い蜜柑）に身をやつし、柑子をお手玉にして自分の思いを伝える。本来は21番まで、延々と。やがて彼の思いが通じ一夜を共にするが、彼女こと和泉式部は、その柑子売りが自分の産んだ子と解り、大いに恥じ、後悔し仏門に入る。仏教説話である。「御伽草子」は岩波より出版されご存知の方が多いと思われるが為念。
　かぞえ歌は、この様に誕生の時から替え歌としての運命を持っていた。筆者は職業上の興味からこの歌のメロディーを知りたいと思ったが、和泉式部に思いを馳せるお坊さんより土台無理で出来ない相談である。恐らく陽旋法で民謡的であったろうと想像する。それが、江戸後期になりお座敷歌となり三味線と共に唄われる様になり現行に近い陰旋法（都節）と変化したとされている。又、この頃、日本の北端、青森県民謡「弥三郎節」と東端、千葉県銚子の「大漁節」が出来た。どちらも民謡音階（陽旋法）である。そこから、お座敷歌になる前の本唄を考察することも、一興であろう。
　次に江戸時代の数え歌を二編紹介。

〈伝高山彦九郎作〉

江戸後期の勤皇家高山彦九郎（延享4年（1747）～寛政5年（1793））の作と云われている。

　一つとや　人に生まれし印には　親に孝行せにゃならぬ　　。

　二つとや　二人の親にあずかりし　からだを大事にせにゃならぬ　　。

　三つとや　三年の間の母親の　くるしみ給うを思い知れ　　。

四つとや　よくよく思えば親程に　大事なものは外にない ＿〳〵＿ 。

五つとや　何国の浦でも孝行の　人には御恵み有るぞかし ＿〳〵＿ 。

六つとや　昔々の教えには　孝行ばかりは徳の本 ＿〳〵＿ 。

七つとや　何事よくとも二親に　不孝なものは人でない ＿〳〵＿ 。

八つとや　やっぱり親をば我身とぞ　思えば大事なるものを ＿〳〵＿ 。

九つとや　心をよくよくつけてみよ　ひとりで大きくなるものか ＿〳〵＿ 。

十とや　　とおからこのうた覚えたら　世話をばやかせず親たちに ＿〳〵＿ 。

◇参考文献　少年世界第4巻第2号増刊（P.8）より

　親殺し、子殺しのニュースが連日賑わしている昨今、是非共今の子供達に覚えて欲しいと思うが、何が何でも昔は良かったという事ではなく、当時も親不孝な子供が多く、必然的に子供達に孝心を教え込まねばならなかった時代背景も考慮しなければならない。
　次に恐らく江戸後期に流行ったと思われる教え歌。

〈百年前に流行せしもの〉

一つとや　人は孝なを人という　思を知らねば孝ならじ。

二つとや　富士より高き父の恩　常に思うて忘れまじ。

三つとや　水海却って浅しとは　母の親ぞや思うべし。

四つとや　よしや貧しく暮すとも　直なる道を曲ぐるまじ。

五つとや　いつも心の変らぬを　誠の人と思うべし。

六つとや　空しく月日を暮しなば　後の嘆きと知りぬべし。

七つとや　慈悲は人の為ならで　我身の為と思うべし。

八つとや　厄難無量の禍いも　心善なら逃るべし。

九つとや　心詞の直ならば　神や仏も守るべし。

十とや　　貴い人と或るならば　孝行者といわるべし。

大和田建樹 編「日本歌謡類聚　下巻」（P.255）博文館

　枕書きに100年前にとあるが、これは恐らく、時を経た昔という事の修辞的表現であろう。とにかく江戸時代にはやった教え歌である。
　享保の改革（1716年）を行った、八代将軍吉宗は、当時江戸市内で盛んになってきた寺子屋に、読み書きそろばんの技術だけでなく、子供の精神面の教育、修身教育を行うように指示した。お上による教育改革のはじまりである。
　話変わって、元を滅し明を建国した洪武帝（太祖）は1397年民心教化の目的で「六諭」

第4楽章　数え歌　教え歌　263

という教訓を作った。1、父母に孝順なれ。2、長上を恭敬せよ。3、郷里と和睦せよ。4、子孫を教訓せよ。5、各々の生理（職業）に安ぜよ。6、非為（わるいこと）をなすなかれ。の六項目に及ぶ教えである。吉宗は、享保7年儒学者室鳩巣に命じ「六諭衍義大意」を作らせ、享保8年手習師匠へ頒布した。その後、寺子屋の増大につれて、幕府は天保14年（1843年）弘化5年（1848年）と蘭学禁止の目的もあり度々の干渉を行った。それはとも角、この教訓集をもっと子供に理解させようと、寺子屋師匠に当時流行のかぞえ歌の旋律に乗せて流布させた、と推察される。

◇参考文献　「日本教育史」石川松太郎 他　玉川学園出版部

〜　〜　〜〈間奏曲〉〜　〜　〜

昔も今も為政者、教育者は皆さん自分の教えをかぞえ歌にするのはお好きなようである。

〈アフリカぞう〉

あわてない。

ふり込まない。

かくにんする。

そうだんする。

これは数年前、筆者の住んでいる警察署から管内の町会の回覧板を通して頒布されたものである。タイトルは「アフリカぞう」。理解しやすい様にゴチックで表したが、振り込め詐欺防止キャンペーンの標語である。しかし万が一、電話があっても咄嗟にこの標語が思い浮かぶ人は果たして居るだろうか。第一、「あ」はすぐ出ても「ふ」は？「か」は？と、あら「り」があったかしら。読む人の心を揺さぶるひとかけらの言葉もない。ウィットもない。ただのこじつけ。何の関係もないアフリカ象こそいい迷惑である。

蛇足ついでにもう一つ。2014年4月28日のNHKTV「子供への犯罪をふせぐ」という内容の番組の中の一節。

〈はちみつじまん〉

は	はなしかけてくる
ち	近づいてくる
みつ	見つめる
じまん	じっとまっている
ん	？

タイトルの「はちみつじまん」とは、どこかの養蜂所のキャンペーンにしてはお粗末。この様な標語を暗唱させられる子供達を考えると本当に寒気のする時代になりました。さてその効果の程はいかが。

〜 〜 〜 〜 〜

一つとや　福羽美静と保育唱歌（明治 13 年）

　巷で子供たちが、正月かぞえ歌に興じていた頃「駄目じゃ、駄目じゃ‼　まだ物事の良し悪しもわからない子供がそんな下品な歌を唄って。まして"吉原女郎衆"など何事じゃ。もっての外である。日本国中の子供が、大人の言う事をよく聞く良い子に育つ様、わしが、とてもいい詞をつけてやるから、これを皆に教えなさい。」

　頑固一徹な融通のきかない大人はどこにでも居るが、津和野藩出身の国学者、宮内省歌道文学御用掛福羽美静先生もその一人である。明治 13 年、東京女子師範学校（お茶の水大学）及び附属幼稚園摂理（校長）であらせられたが、「保育唱歌」に上記の如く宣まわれたかどうかは定かでないが次の様な「教え歌」を園児たちに下された。

```
一つとや　人は心が‖第一よ‖　みがいておさめて‖世を渡れ‖
二つとや　ふたたびかえらぬ‖光陰を‖　むなしくすごして‖すむものか‖
三つとや　三つ四つ五つの‖稚児の‖　ちしきをそだつる‖幼稚園‖
四つとや　よき友えらんで‖交わらば‖　よき友よき師は‖身の守り‖
五つとや　いつまで言えども‖つきせぬは‖　我身をそだてし‖親の恩‖
六つとや　昔をわきまえ‖今を見て‖　いまよりひらくる‖世をおもえ‖
七つとや　何より大事は‖人の道‖　人々はげめば‖国も富み‖
八つとや　八千代をことぶく‖君が世を‖　たすくるひとこそ‖人ぞかし‖
九つとや　こころ修むる‖学問を‖　光はさやけき‖窓の月‖
十とや　　ところは日の本‖日の光‖　あまねく国恩‖わするなよ‖
```

（註）‖　　‖はワクの中をくりかえす。（リピート記号、音楽用語）

　当時の３才〜５才の幼児が果たしてこの歌詞を理解したかどうか。もっとも園児たちは、五、六十人程度。富豪、高級役人、貴族たちのステイタスシンボルとしての幼稚園であった。代々、上流社会には、四書五経、中でも論語の素読という、文章の解釈なしで言葉だけをおうむ返しに反復するという伝統的な学習法があり、「今」理解できなくとも「将来」

理解できるであろうという「刷り込み」効果を狙った様だ。子供達の能力は本当に素晴らしいものであるがしかし、幼児たちが〳一つとや　人は心が第一よ…〵と声をそろえて歌う姿は、不気味なものを感じる。最近、どこかの幼稚園が教育勅語を暗唱している姿と重なって見え、時代が 100 数年前に戻ってしまった。

〜　〜　〜〈間奏曲　保育唱歌〉〜　〜　〜

　明治政府が最も力を注いだのが教育である。明治 6 年徴兵令や地租改正令、つまり軍隊の充実や税金の確保をはかる前の年、明治 5 年に学制頒布。小学校を下等小学（6 才〜 10 才まで）と上等小学（〜 14 才迄）と定め教育内容（フランス式）を定めた。そして教育指導者の養成を図るため同年東京師範学校（現在の筑波大学）を設立。明治 7 年には愛知、広島、長崎に師範学校。女子教育者の為の東京女子師範学校（現在のお茶の水女子大学）が夫々設立された。明治 2 年京都に小学校が設立されて以来各地に小学校が設立されたが、当時の先生は資格はいらず誰でも先生になれる時代であった。明治 5 年学制頒布で国家で管理される様になると、学費の不払い等で、一揆や先生宅焼き打ちまで起った程、混乱を極めていた。

　その様な流れの中で明治 9 年東京女子師範附属幼稚園が設立された。主席保母は、松野クララ。松野クララは旧姓クララ・ツィーテルマン（ドイツベルリン生れ）で、当時林業の勉強の為留学していた松野礀（はざま）と出会い、婚約。明治 8 年松野が帰国し翌年結婚の為来日。何だか森鴎外の「舞姫」の幸せ版を見るような出来事である。彼女は、ピアノが得意で且つフレーベルの教えを中心とした保母養成機関出身である為、木戸孝允の紹介で、主席保母として迎えられた。

　以後、幼児の本来もっている能力を開発し高めるというフレーベルの教育思想 Kindergarten（キンダーガルテン）（子供の庭、日本では幼稚園と訳された。）に基づき、音楽教育、遊戯を重視した、非常に先進的、開明的な幼児教育であった。それに伴い宮内省雅楽伶人（雅楽奏者）達に作曲を依頼。明治 10 年から 13 年にかけておよそ 100 曲余りの曲が作曲された。この福羽美静の手による「教え歌」はその中の一曲である。

　この保育唱歌は現在、殆ど歌われていないが、次の明治 20 年発行「幼稚園唱歌」（全 29 曲）の第 26 「風車」（かざぐるま）が残されている。日本近代音楽館発行「明治の作曲家たち」（P.4）によると保育唱歌最初期の作品として宮内省伶東儀季熙（すえなが）撰譜とある。因みに「日本唱歌全集」（井上武士編。音楽の友社刊）P.397 によると催馬楽の旋律をもとにしたとあった。

　筆者の友人で松久佳立氏（熱田神宮桐竹会員、同神宮篳篥（ひちりき）主管）と御子息貴郎（催馬楽、朗詠、神楽等謡物（うたいもの）の奏者、研究家）の御両名の調べによると、この「風車」の旋律は、今はすでに廃絶された曲を含めてもどこにもないとの事。ただ、昭和 25 年「祭祀舞」（さいしまい）

266　　第 4 楽章　数え歌　教え歌

が制定された時新たに「豊栄舞」が作られた。その間奏の部分に、祖父季煕氏を偲んで孫の東儀和太郎が「風車」を挿入。この曲を混同したのではないか。との研究結果であった。

　高名な音楽家故井上武士先生の揚げ足を取る様だが、この項に関しては、研究が足りなかった様で、残念な事である。

　その後、幼稚園は明治13年5園、426園児、明治18年30園1893園児と急増。それに伴い、フレーベル主義の理想に満ちた当初の教育理念は、幼稚園の開祖として神格化、形骸化、矮小化の道を辿る事になる。

◇参考文献「松野クララの経歴」原田朋香 著

～ ～ ～ ～ ～

　この福羽摂理の教え歌は、明治13年、文明開化の知育中心主義から、儒教の五常（仁義礼智信）五倫（父子に親あり。君臣義あり。夫婦別あり。長幼別あり。朋友信あり）の徳道を重んじる「徳育」へ方向転換した。改正教育令がその根幹になっている。活き活きとした子供の「心」を取り上げ、大人の都合に合わせた歌にすり換えた罪作りな行為の始まりである。

二つとや　幼稚園唱歌集より（明治20年）

　明治20年、増え続ける幼稚園と園児たちの為に、文部省編集の「幼稚園唱歌集」（全29曲）が出版された。その緒言第一に「児童の始めて幼稚園に入り（中略）嬉戯唱和の際、自ら幼徳を涵養し、幼智を開発させるために用うる歌曲を編纂した」とある。その殆どが先の「小学唱歌集Ⅰ～Ⅲ」（明治14年～明治17年）と同じ様に外国の旋律に幼徳の涵養、幼智の開発の為の日本語を当て嵌めたものである。一例を挙げると、

◇うずまく水　（第廿一）

　1）見よ見よ子供　うずまく水を
　　　うずまく水に　習いてめぐれ
　　　見よ見よ子供　うずまく水を
　2）見よ見よ子供　うずまく水を
　　　うずまく水も　巻きてぞ解くる
　　　見よ見よ子供　うずまく水を
　3）見よ見よ子供　うずまく水を
　　　うずまく水の　夜昼わかず
　　　努めよ子供　　みよみよ子供

どうぞ「キラキラ星」のふしで歌ってみて下さい。文語である故、ゆっくり歌うと荘重な趣があるが、ちっとも面白くなーい！

◇操練（第廿五）

1) 今より我等は操練はじめん
　　よくできたるは　かしらとなりて
　　指図せよ。

2) 操練するのは兵士におなじ
　　足なみそろえ　うたをもうたい
　　すすめや。

3) 大きな子供も小さな子供も
　　二行に分かれ　我家に帰り
　　明日も来よや

やれやれ当時のエリートの御子息は帰り道は軍隊式に分列行進しなければならないのか。私たち熊本の貧農の子は、学校が終ると（勿論幼稚園はなかった）道草するのが帰りの楽しみだったのに。

◇教え歌（第廿九）

一つとや　人々一日も‖忘るなよ‖　はぐくみ育てし‖親の恩‖

二つとや　二つとなき身ぞ‖山桜‖　ちりても香れや‖君の為‖

三つとや　みどりは一つの‖幼稚園‖　千草に花咲け‖秋の野辺‖

四つとや　世に頼もしきは‖兄弟ぞ‖　たがいにむつびて‖世を渡れ‖

五つとや　いつわり言わぬが‖幼児の‖　学びの始めぞ‖よく守れ‖

六つとや　昔をたづねて‖今を知る‖　ひらけや富ませや‖我が国を‖

七つとや　七つの宝も‖何かせん‖　よき友よき師は‖身のたすけ‖

八つとや　養い育てよ‖姫小松①‖　雪にも色増す‖そのみさお‖

九つとや　心は玉なり‖琢きみよ‖　光はさやけし‖秋の月‖

十とや　　豊旗②み旗の‖朝日かげ‖　いよいよ隈なし‖君が御代‖

① 　姫小松　鑑賞用のマツ科の木。五葉松とも（ここでは園児たちの事）。
② 　豊旗　旗がたなびいているように美しい朝の光（例解古語辞典）ここでのかげは光の事。

緒言の「幼徳の涵養」と「幼智の開発」はまさにここに極まれりである。しかし、だがしかし、当時の就学前の児童たちに、ただ先生の「箏、胡弓、もしくは洋琴（ピアノ）、風琴（オルガン）に合わせて唱和する」だけの耳から入った事をおうむ返しに歌うだけの授業で、エリートたちの "良い子" とは申せ、理解出来たかどうか。先に述べた様に論語の素読の「今」解らずとも「将来」解る悟りの世界である。

三つとや　教育勅語と伊沢修二の小学唱歌（明治 25 年）

　明治 23 年 10 月「教育勅語」が発布され、その主旨を受けた小学校令が改正され、小学校教育の目的が「道徳教育及び国民教育の基礎を授ける事」を明確にした。修身科はその為の「尊王愛国の志気」と「国家にたいする責務」を子供たちに体得させる「殊に重要な教科」とされた。また先にも述べた様に「唱歌科は、音楽の美を理解させると共に徳性の涵養を要旨」と定められた。文部省はやっと「音楽の美」という芸術そのものの持つ要素を認めたが、あくまでも唱歌は、修身科を補完する脇役の科目でしかなかった。

　ついで乍ら、明治 26 年には「君が代」を始めとする「祝祭日唱歌」が制定され、休日毎に歌う唱歌が定められた。「君が代」「勅語奉答」「一月一日」「元始祭」「紀元節」「神嘗祭」「天長節」「新嘗祭」で、文部省官僚、国文学者、宮内省伶人、東京音楽学校関係者等々当時の総力をあげて、国家意識の植え付け、高揚を図った。「勅語奉答」は作歌勝安房（海舟）、作曲は小山作之助。何故に取り上げたかというと、この曲は雅楽調でもヨナヌキ音階でもなく西洋音階を完全に使いこなしている点で特異である。特に終止はドーシラソファファミ、レミファソラシドー。と、当時としてはアカ抜けした終止である。（何事でもすぐ拒否しないで一応は歌ってみるものだ。）この「勅語奉答」は長すぎる為か、後年、中村秋香作歌の短いものに改定された。作曲者は同じ小山作之助。明治の元勲、勝海舟もここで唱歌界から消え去った。また、「元始祭」「神嘗祭」「新嘗祭」の各儀式唱歌も歌う必要がなかったのだろうか。姿を消してしまった。

　明治 24 年、音楽取調掛から昇格した東京音楽学校校長であった伊沢修二は同校の存廃をめぐって文部省と対立、辞職。翌 25 年に自作唱歌を含む「小学唱歌」（全 6 巻）を刊行した。

　一巻の曲「ゑのころ（犬の子）」「カラス」「かり」と童唄を元にした（ここでは「童謡」とある）曲が続き夫々、教育勅語による解説が詳しく書いてある。2 番目「カラス」を紹介。

2）カラス　作曲　伊沢修二　　童謡　同人改作

からすからす　かんざぶろう
おやのおんをバ　わするなよ

（注意）烏には反哺の孝として、親烏老ゆるきわ、子烏之に餌を与え幼児教育の恩をかえす。（中略）人道をわきまえ両親に孝行せねばならぬことを諭し、唱歌の教授にかかるべし。教育に関する勅語にも「爾臣民、父母に孝に」とありて第一に孝道を重ぜさせ給えり。能々心得べきことなりかし。

と細かく指導内容が書かれている。反哺の孝は中国の諺。子烏が老いた親烏に餌を与える時に「カウ」と鳴く（孝と鳴く）ところから。

子供にとっては楽しい筈の唄が、ここまで奥深いものがあったのか。それにしても明治の子供たちは大変だったなあ。「小学唱歌校門を出ず」という根源はここにあった様だ。

ずっとこの様な調子で曲目が並び、第5番目「まなべ」の項では、挿絵として「皇室ニ忠　父母ニ孝　兄弟に友　朋友ニ信」と掲げられている。もう一つの「夫婦相和し」はさすがにカット。

ところで我が「教え歌」はというと、第1巻の巻末と第2巻の後半に「教育数へ歌」として再登場。

一つとや　人と生れて‖忠孝を‖　かきては皇国の‖人でなし‖
二つとや　ふた親兄弟‖うちそろい‖　楽しく暮らすも‖君の恩‖
三つとや　皆々日々日々‖つれだちて‖　うれしく学ぶも‖親の恩‖
四つとや　よみ書き算盤‖よく覚え‖　体操唱歌も‖習うべし‖
五つとや　いつも尊き‖先生の‖　教えのことばを‖よく守れ‖
六つとや　無病で勉強‖卒業し‖　あっぱれよき子と‖いわるべし‖
七つとや　なにを成すにも‖学問の‖　たすけによらでは‖叶うまじ‖
八つとや　やまと心を‖やしないて‖　君と国とに‖つくすべし‖
九つとや　この身のもとたる‖父母の‖　名をもあらわせ‖名をあげて‖
十とや　外国人も‖仰ぐまで‖　皇国のほまれを‖あげよかし‖

と終るまで「学童に国家教育の旨意（主旨）を知らせる為作り」「先ず忠孝より始め家族朋友子弟間の道徳まで及び、次に勉強に励む様、最後は国家に対する心得を」延々とかぞえたてている。

270　　第4楽章　数え歌　教え歌

～　～　～〈間奏曲〉～　～　～

又々、私事で恐縮だが、戦後しばらく経って、遠い親戚が私の家に身を寄せていた時の事。予科練を終え特攻隊として出撃を予定していたのだが、敗戦になり、辛うじて生き延びたそうな。ある日突然、大人たちの笑い声が起きた。後で聞いたところによると、若い彼は教育勅語を読むふりをして「チンオモフニ、チンハチンノチンチンヲ……」とやらかしたそうな。

今考えると世の流れとは言え、国を守る強い意志をもっていた（あるいは、もたせられていた）青年が、ある日突然その支えをなくし、世の中の価値観が 180 度転換。その心の支えを失くした鬱積した思いは、せめて、今までの権威のシンボルをパロディーにして笑い飛ばす他に方法はなかったのだろう。庶民のささやかな生きのびる為の知恵である。又、そのような時代が二度と起こらぬ様にするのも庶民のささやかな願いである。

～　～　～　～　～

四つとや　尋常小学校唱歌（明治 43 年～大正 3 年）

明治 27、28 年の日清戦争、10 年後明治 37、38 年の日露戦争の二つの大戦の勝利は、教育界にも大きな影響を与えた。特に日清戦争では兵力としても労働力としても国民の基礎学力の普及向上の必要が生じた。それに伴い、明治 33 年小学校令が全面的に改正され、初等教育の基本が整備された。就学率は明治 35 年には 90％を越え同 41 年には義務教育の期間が 6 年に延長。又、中学校は、高等小学校を経なくても尋常小学校から直接進学出来る様になった。そして「唱歌科」は、従来「当分之を欠く」（明治 5 年学制頒布）とか、「土地の状況によっては図画・唱歌の一もしくは二科を加えることが出来る」（明治 19 年小学校令）といういわば冷や飯食いの扱われ様であった。正科となったのはこの年からである。

また「殖産興業」の旗印のもとに急速に発達した資本主義はその歪みによって、足尾鉱毒事件や、様々の労働争議を生みだした。加えて戦後の急激なインフレにより各種商店の休業、破産が相次ぎ、庶民の社会不安は増大する一方であった。その様な人心の乱れや、戦勝に酔い痴れ浮華に流れる人心を引き締めるため、明治 41 年国民教化の目的で「戊辰の詔勅」が宣布され、国民生活の教育のあり方を定めた。

この様な激動の時、我が「教え歌」は一体どこに行ったのか。多少心配したが、明治 43 年「尋常小学校読本唱歌」全 27 曲中 12 番目に、発見。この読本唱歌は翌年から大正三年にかけ刊行された尋常小学校唱歌と同じ編纂委員の手で作成され、そのまま尋常小学校唱歌へ移動された。明治 40 年に教育年限が 4 年から 6 年に延長された結果、国定教科

書に2年間の空白が生じ、唱歌教科書の方も、それを補うため急いで間に合うように読本中の詞に旋律をつけて曲集を作った。（前章「文部省唱歌成立過程」参照）数年間だけの短命な教科書であった。

　その緒言2に「かぞえ歌」の曲は明治20年12月本省出版の幼稚園唱歌集に載せたるものを其の儘（そのまま）採録せり……（後略）とある。ここでいう「曲」とはメロディーの事で、歌詞は教育勅語の補完道具として、「皇室に忠　父母に孝　兄弟（けいてい）に友（ゆう）　朋友に信」の中心主題は変っていない。以後昭和16年（1941年）国民学校令が出るまでの約30年の間、思想教育の要（かなめ）として第3学年の最後に置かれ歌わされた。

〈数え歌　読本唱歌版〉

　　一つとや　　人々忠義を ‖第一に‖ 仰げや高き君の恩　国の恩

　　二つとや　　二人の親御を ‖大切に‖ 思えやふかき父の愛　母の愛

　　三つとや　　幹は一つの ‖枝と枝‖ 仲よく暮せよ兄弟（あにおとと）　姉妹（あねいもと）

　　四つとや　　善きこと互いに ‖勧（すすめ）めあい‖ 悪しきをいさめよ友と友　人と人

　　五つとや　　いつわりいわぬが ‖子供らの‖ 学びの光をみにそえよ　身につけよ

　　六つとや　　昔を考え ‖今を知り‖ 学びの光を身にそえよ　身につけよ

　　七つとや　　難儀をする人 ‖見る時は‖ 力のかぎり労（いた）われよ　あわれめよ

　　八つとや　　病は口より ‖入るという‖ 飲物（のみもの）食（く）い物（もの）気をつけよ　心せよ

　　九つとや　　心はかならず ‖高くもて‖ たとい身分はひくくとも　軽くとも

　　十とや　　　遠き祖先の ‖おしえをも‖ 守りてつくせ家のため　国のため

五つとや　国民学校と初等科音楽（昭和16年〜18年）

　昭和16年国民学校令が出され、義務教育年数が6年から8年になった。太平洋戦争突入前夜の事で、臨戦態勢を支え強化する為に教科はすべて軍国主義教育が中心となった。唱歌科は習字・図画・工作・裁縫（さいほう）と一組に纏められ「芸能科」となった。再び冷や飯食いの扱いとなった。

　その状況の中で、昭和16年3月から昭和にかけてウタノホン（上）一年生用、うたの本（下）2年生、初等科音楽1〜4（3学年〜6学年）が刊行された。ウタノホンの要旨は「第一に皇国の道に則（のっと）って初等科教育を施し国民の基本的練成をなす」（中略）「単に技能や知識の伝習のみでなく　道を求め道を極める心がなくてはならない。それは皇国の道の修練である。故に我が国の伝統を忘れた外国の芸能への心酔や　国家を超えた芸術至上主義とか、美のための美とかであってはならない。あくまでも皇国の道を体得せしむるものであ

らねばならない」と芸能科指導の精神に始まり、延々と五章にわたって、他教科目及び行事儀式との関係まで、微に入り細をうがって何をどうすべきか述べられている。（ウタノホン教師用から転載）

　ところで唱歌や習字等は上記の精神をあてはめる事は解らぬ事はないが、果たして「裁縫」に「道を求め道を極める心、すなわち皇国への道の修練」が必要なのだろうか。褌一枚、雑布一枚縫うのに……。

　それはさておき、従来の小学校唱歌が、初等科音楽1（3学年）からだんだんと姿を消し軍国主義を鼓舞する新作が増えてくる。次に文部省唱歌には載せなかった（当時は別売）儀式唱歌。「君が代・勅語奉答・一月一日・紀元節・天長節・明治節（後に加わった）」が巻頭を飾っている。

　この様な中、今まで教育勅語の唱歌版として頑張ってきた我が「教え歌」は、さぞかし皇国の道を更に格調高く強調していることだろうと期待（？）して探したら、初等科音楽2（4学年用）17に意外な歌に変身していた。

〈かぞえ歌〉

　一つとや　ひとりで早起き ‖:身を潔め:‖　日の出を拝んで庭はいて　水まいて
　二つとや　ふだんにからだを ‖:よくきたえ:‖　み国に役だつ人となれ　民となれ
　三つとや　身支度きちんと ‖:整えて:‖　言葉は正しくはきはきと　ていねいに
　四つとや　良し悪しいわずに ‖:よくかんで:‖　御飯をたべましょ　こころよく　行儀よく
　五つとや　急いで行きましょ ‖:左側:‖　道草しないで学校に　お使いに
　六つとや　虫でも草でも ‖:気をつけて:‖　自然の姿を調べましょう　学びましょう
　七つとや　仲良くみんなで ‖:お当番:‖　ふく人・はく人・はたく人・みがく人
　八つとや　休みの時間は ‖:元気よく:‖　まり投げなわ飛び鬼ごっこ　かくれんぼ
　九つとや　心は明るく ‖:身は軽く:‖　進んで仕事の手伝いに　朝夕に
　十とや　　東亜のまもりを ‖:になうのは:‖　正しい日本の子どもたち　わたしたち

　明治30年代中期より流行った「公徳唱歌」のかぞえうた版である。公徳唱歌として言葉をやさしく口語体で内容を十分に理解できるように配慮。しかし何故「公徳しつけ歌」に変わったのか。この曲の次の曲は尋常小学校唱歌より「広瀬中佐」、新作「少年戦車兵」「無言のがいせん」と軍歌調が続く。すでに教育勅語を延々と歌うより目下の急務は戦争をたたえる歌が必要になったせいか。釣った魚に餌は要らないという事か。「十とや」でやっとその考えた方が出たが、何が正しい「日本の子」かよく解らない。解説には「大東亜を守るのは立派な国民となる私達子供であるという意」とある。又「指導要旨」には「かぞ

第4楽章　数え歌　教え歌　273

え歌を歌わせて日本固有の童謡の旋律美を味得させ、躾に関する自覚を促し、決活純美の情を養う」とある。何だか解った様なわからない様な……。

それにしても昭和16年、太平洋戦争開戦前夜、臨戦態勢のなかの銃後の小国民たち。

「一つとや：ひとりで早起き身を清め」とは。朝寝坊が過ぎてひとりでは起きられないし、「身を洗う」つまり顔を洗ったり歯をみがいたりしないし、身なりはいいかげん。言葉使いは乱れ、食べ物の好き嫌いは激しく、こんなどうしようもない我が儘な子たちに「東亜のまもり」を荷なわせていいのだろうか。と揚足をとりたくなる程、日常生活全般に及んで子供達を細々と躾ている。まさに「しつけ」ではなく「押しつけ」である。

六つとや　戦後の平和主義と教え歌（昭和22年）

そして、昭和20年8月敗戦、全ての価値観が180度転換。軍国主義は平和主義へ、天皇制は民主制へと新しい一歩を踏み出した。当然あの「教育勅語」と「御真影」を安置奉った「奉安殿」は、二宮金次郎の像と共に各小学校からとり払われた。もっとも二宮金次郎の「銅像」は、とっくに出征と称し供出させられ溶かされ、金属としてふたたび皇国のお役に立っていたが。取り払われたのは「銅」以外の石像、胸像である。

さてさて、戦い済んで日が暮れて、我が「教え歌」はいづこ。「教え歌」は居ずや。あれ程教育勅語の唱歌版として修身教育の先峰を努めたのだから、きっと栄えある名誉の戦死を遂げたに違いない。嗚呼………。と思いきや先の初等科音楽（昭和17年）の「躾歌」を一部分訂正して、昭和22年「四年生の音楽」（文部省）にそのまま、たくましく生きていた。重複の煩わしさを避け改変された所のみ紹介。

◇二つとや　ふだんに体をよくきたえ　み国に役立つ人となれ民となれ　は、「ふだんに体をよくきたえ　**いつでもにこにこほがらかに**」

——さあ、済んだ事は済んだ事。反省したって始まらない。いやな事は早く忘れてほがらかに笑って暮らそう。——意地悪い見方がだがこれが、当時の知識人達の一般的な考え方である。

◇五つとや　急いで行きましょ　左側　は、「**右側**」に　そうか戦前は左側通行だったのか。まさに左から右への回れ右の大転換である。思想的には右から左へだが。

◇六つとやの項　自然の姿を　は「**何でもくわしく**」に

◇八つとやの項　休みの時間は元気よく　は、「**よくあそび**」に夫々改作。変更した詩人の意図はよく解らない。芸術的な意図か。

◇十とや　東亜のまもりを荷なうのは　正しい日本の子どもたちわたしたち　は、部分改変でなくさすがに全面改作。「**年月重ねてよく学び　心も体ものびのびとすこやかに**」

と来た。

　2015年4月8日朝日新聞連載だった「新聞と9条」を引用させていただく。敗戦当時毎日新聞の記者古谷糸子の気持ちとして「（戦争中の）自分を棚に上げたまま回れ右は、あまりにも虫がよすぎるような気がしてならなかった。周りでは、戦争中、競って国民を戦争に駆り立てるような記事を書いていた人たち……が大きな声で民主化を叫んでいた。」
　この教え歌の詞を戦前に書いた人も戦後に改変したのも同一人物（名前は特に秘す）。いかに文部省御用達と言え、作っている時はかなりの魂を込めて作った筈である。それは一言一句、助詞一つさえもおろそかにしない創作家の矜持であるべきだ。自分の詞すべてに責任をもっている筈だ。社会体制が変っただけで、詞の言葉を安易に入れ替え、全て事足れりとする無責任な創作姿勢は疑問が残る。

終りとや

　この項では、大人たちが子供に対してどういう考えをもっているかを、かぞえ歌を定点として考察してきた。
　曲は日本伝統旋法にもとづいた。子供から大人まで親しみやすい魅力的なメロディーである。江戸後期から明治にかけて広く一般に流行した。特に子ども達には遊び歌として愛された曲である。
　ただ、数えるというこの歌の性格から、教訓好きの大人たちに取り上げられ、その時その時の時代の要請により大人の都合を押し付けてきた。江戸時代の「六諭衍義」から始まり、儒教の「五常・五倫」それを基にした「教育勅語」と一貫して思想教育の先陣となってきた。これは「教え歌」に限らず「唱歌教育」全体の方針であった。教え歌はその核を成す中心存在であった。そこには、子供の本来の能力を発見し開発し高めるという子供観は全く見られない。「教育」と称し、あの活き活きとした歌詞を取り捨て、子供の「心」を奪ってしまった大人達。子供の大切な宝物や玩具を奪う事より悪質でその責めは大きい。教育勅語を園児たちに暗唱させて悦に入っている大人達の姿が重なって見えるのは何故だろうか。子どもは「八つとや　養い育てよ姫小松（幼稚園唱歌）」であってはならない。大人の都合であちこち鋏で刈り込まれた盆栽にしてはならない。最後にもう一度「遊びをせんとや生れけむ　戯れせんと生れけん　遊ぶ子供の声聞けば　わが身さえこそ揺るがるれ」と記してこの章の終りとさせていただく。

新作唱歌名曲選

荷車（1－4）　大和田愛羅 作曲 ･･････････････････････････p. 277

冬の夜のひびき（1－7）　澤崎定之 作曲 ････････････････p. 278

つばめ（2－1）　北村季晴 作曲 ･･･････････････････････p. 280

木の葉（2－3）　梁田貞 作曲 ･･････････････････････････p. 282

なんだっけ⁉（3－2）　大槻貞一 作曲 ･･･････････････････p. 283

かくれんぼ（第10集1）　工藤富次郎 作曲 ･･････････････p. 284

雲雀（5－1）　本居長世 作曲 ･･････････････････････････p. 285

お祖父さん　お祖母さん（10－2）　梁田貞 作曲 ･･･････p. 286

早春賦（Ⅳ－1）　中田章 作曲 ････････････････････････p. 288

歌詞 ･･p. 290

荷車

大和田愛羅　作曲

つばめ

北村季晴 作曲

1. のきに すを ーくう おや つばーめ
あさから ばんーまで えさ とりに
あめの ふるひも かぜ ふくひにも こ ゆーえに まよう

2. つばさや すーむる ひまも なーく
いーっしん ふらんに とびーまわる
おやの こころを こどもは しらず なぜに おそいと

新作唱歌名曲選

なんだっけ!?

大槻貞一 作曲

新作唱歌名曲選

雲雀

本居長世 作曲

※ 第1節の歌の時は上の音、第2節の時は下の音符にて唱ふべし。

新作唱歌名曲選

お祖父さん　お祖母さん

梁田 貞　作曲

新作唱歌名曲選

1−4　荷車　　　大和田愛羅 作曲

1．雨に崩れた坂道を
　　　山のような荷車が
　　えんやら　やっと登りゆく

2．道が悪くて気の毒だ
　　　待てよ小父さん僕が今
　　えんさか　ほいと押してやろ

1−7　冬の夜のひびき　　　澤崎定之 作曲

1．寒い霜夜の　月影に
　　からりころりと　急ぎゆく
　　人の下駄音　なくなると
　　夜啼きうどんの　鈴のおと

2．鈴の響きに　つづいては
　　うどんそばやの　寒い声
　　それも遠くに　なくなると
　　あとは雨戸に　風の音

2−1　つばめ　　　北村季晴 作曲

1．軒に巣をくう親つばめ
　　朝から晩まで餌とりに
　　雨の降る日も風吹く日にも
　　子ゆえに迷う西東

2．つばさ休むる暇もなく
　　一心不乱に飛びまわる
　　親の心を子供は知らず
　　なぜに遅いと泣きさわぐ

2−3　木の葉　　　梁田貞 作曲

1．散るよ　散るよ
　　木の葉が散るよ
　　風も吹かぬに
　　木の葉が散るよ
　　ちら　ちら　ちら
　　ちら　ちいら　ちら

2．飛ぶよ　飛ぶよ
　　落葉が飛ぶよ
　　風に吹かれて
　　落葉が飛ぶよ
　　ひら　ひら　ひら
　　ひら　ひいら　ひら

3−2　なんだっけ⁉　　　大槻貞一 作曲

1．背戸の薮から　のそのそと
　　とのさま蛙が　罷りでて
　　雨手をついたが　やや考えて
　　わたしの用事は　なんだっけ⁉

2．太郎使いに出ていって
　　みちくさ喰って　暇取れて
　　行ったは行ったが　やや考えて
　　わたしの用事は　何だっけ⁉

第10集 1 「かくれんぼ」　　工藤富次郎 作曲

1．顔に両手を当てながら

　　縁にうつぶし「もういいか」

　　笑忍んで抜足差足

　　そっと隠れて「もういいよ」

2．声のあたりへ走り行き

　　ここかそこかと探せども

　　どこへ居るのかありかが知れねば

　　あたり見廻し「もういいか」

5－1　雲雀　　本居長世 作曲（巻末に添付楽譜）

1．欠伸のような風が吹く

　　夢路のような野が見える

　　眠い眠い春の日を

　　さて　気短の雲雀かな

2．雲雀の声がするようだ

　　ようだがどうも目に見えぬ

　　何処の空にかくれんぼ

　　もう　戯れまいぞ揚雲雀

10－2　お祖父さん　お祖母さん　　梁田貞 作曲

1．「お祖父さん　お祖父さん

　　あなたは何でも食べられる、

　　固いものでも食べられる」

　　「いやいや私は歯が抜けて

　　固いものなど食べられぬ。」

　　「そんなら使いに行く間

　　この菓子あなたへ預けましょう」

2．「お祖母さん　お祖母さん

　　あなたの眼鏡で見ますると

　　物が大きく見えますか」

　　「老人眼鏡で物見ると

　　物が大きく見えますよ」

　　「そんならカステラ切る時は

　　必ず外して下さいな」

Ⅳ－1　早春賦　　中田章 作曲

1．春は名のみの　風の寒さや

　　谷の鶯　歌は思えど

　　時にあらずと　声も立てず

2．氷解け去り　葦は角ぐむ

　　さては時ぞと　思うあやにく

　　今日もきのうも　雪の空

3．春と聞かねば　知らでありしを

　　聞けば急かるる　胸の思を

　　いかにせよとの　この頃か

〈エピローグ　言い訳と謝辞と〉

　手元に集めた２００曲の作品を一作毎に丹念に読み込みあるいは歌い込んだ３年間は、吉丸一昌と時には楽しく、時にはしみじみと語り合った３年間であった。

　「新作唱歌」は吉丸の心血を注いだ作品集、即ち吉丸のミクロコスモスである。そこで旧来の尊皇愛国、国家主義の訓育唱歌から「児童の音楽遊戯の資材」へと、音楽本来の持つ楽しさを味わうものへと「唱歌」を止揚させた。それが出来たのは、吉丸自身が、子供と同化し動がされる「子供の心」を持っていたからである。

　次に「滑稽歌」という新しい分野を拓き「人間」を見詰め描いた。次して「芸術家」の難解な言葉を使った、上から目線でなく、暑い夏の夕べ端居（縁台）で蚊遣を烟らせ談笑するステテコ姿の庶民の目で「人間」を描いた。東京音楽学校「倫理、国文学」教授、同校学生監という厳めしい肩書から受ける吉丸一昌像とは全く異る庶民そのものの吉丸一昌。あの端正な顔立ちの眼鏡の奥の鋭い目は、日常の庶民の泣き笑いを、庶民と同じ立場で暖かく見ていたのである。

　吉丸一昌の「ミクロコスモス」の核心は、かくの如きであるが、私の筆力がはるか及ばず彼のミクロコスモス（小宇宙）の周りを堂々めぐりをしている事を反省している。

　本書は、重ねて言うが決してエッセイではない。自称真摯な研究書である。従来の研究書、論文を拝読すると、まるで官公庁の何とか白書を読んでいる様で、統計による数字の羅列、事実だけを述べた乾いた文章。所謂、紋切り型ではなく、資料を丹念に読み込み自分の言葉で考える事に終始した。結果、皆様の心にどこまで届くかを危惧しているのだが……

　昭和３年生れ、御歳９１の中村節也氏は、筆者の学（楽）兄であり人生の師である。この書を著すに際し、コールサック社の紹介、から楽譜作成、序文は勿論、事ある毎に私の相談に乗り厳しくとも暖かい御指導をいただいた。本書は節也氏との共著とも言うべく筆舌に尽くし難い感謝の念で一杯である。

　吉丸昌昭氏には貴重な楽譜を御提供いただき序文の栄まで賜り鳴謝の程限りない。氏は本年３月に『「早春賦」をつくった吉丸一昌』をほおずき書籍より刊行。祖父吉丸一昌の生き様を浮き彫りにしたエッセイであり、本書と併せて読まれれば吉丸ファンになること必定である。

　臼杵市教育委員会文化財管理センターには吉丸一昌記念館の貴重な資料の数々を開示していただいた。そして記念館の館員の方々の暖かい御教示の数々。この数年来、小生の帰省の折には必ず寄り道する憩いの場である。

　パソコンは親の仇と称する私に代わって資料を検索して揃え、「新作唱歌」を拙い私の歌に合わせ辛抱強く伴奏していただいたピアニスト杉林浩美氏、あるいは書道家松岡容子氏を始め許多諸氏に篤く感謝致します。末尾で恐縮であるが、６００枚に及ぶ手書きの原稿の浄書から始まり筆者の我儘に付き合い出版の労を執っていただいたコールサック社の鈴木比佐雄氏、鈴木光影氏に謝意を申し上げます。

2019 年 8 月　中村雪武

中村雪武（なかむら　ゆきたけ）　略歴

1944年、熊本生まれ。田迎小学校、出水中学校、熊本高校を経て早稲田大学政治経済学部新聞学科卒業。

ギター演奏を故高橋八郎氏、故小倉俊氏、音楽理論を故浜田徳昭氏に夫々師事。

1966年、大学在学中にデビュー・リサイタル。以後連続10回、ソロリサイタル開催。

1976年、ギター合奏団「アルス　ノヴァ」結成。中村節也氏に作品を依嘱したのを契機に氏との交流が始まる。

1991年、東京と熊本で同窓生主催「あくしゃうつこんさあと」（望郷コンサート）開催。

2004年および2007年、チェコにて自作作品発表会。チェコの新聞に大きく取り扱われる。「新・波の会」「詩と音楽の会」「日本童謡協会」等を経て、現在、日本作曲家協議会、及び日本音楽著作権協会各会員。

主著「クラシカルギターメソッド」「ふたり中村セレクション」「メゾソプラノと児童合唱のための虹よ永遠に《橋爪文詞》」（以上シンキョウ社刊）。「歌曲集 望郷《平井多美子他詞》」「女声合唱組曲　遠い日の歌《平井多美子詞》」（以上音楽之友社刊）。「女声合唱曲 生ましめんかな《栗原貞子詞》」「ピアノアルバムⅠ」（以上木菟舎刊）「ピアノのための小組曲」（マザーアース刊）。

著者略歴　293

石炭袋

詩人 吉丸一昌のミクロコスモス
―― 子供のうたの系譜 ――

2019年10月13日　初版発行
著　者　　　中村　雪武
編集・発行者　鈴木　比佐雄
発行所　　株式会社 コールサック社

〒173-0004　東京都板橋区板橋 2-63-4-209
電話 03-5944-3258　FAX 03-5944-3238
suzuki@coal-sack.com　http://www.coal-sack.com
郵便振替　00180-4-741802
印刷管理　（株）コールサック社　製作部
＊装幀デザイン　奥川はるみ
落丁本・乱丁本はお取り替えいたします。
ISBN978-4-86435-411-0　C1095　¥2000E